SMART FINANCIAL ANALYSIS WITH CHATGPT

챗GPT와 함께하는 스마트 재무 분석

나도 이제 데이터 해독 전문가다

챗GPT와 함께하는
스마트 재무 분석

초판 발행 2025년 2월 20일

지은이 곽승욱
펴낸이 류원식
펴낸곳 **교문사**

편집팀장 성혜진 | **책임진행** 김성남 | **디자인·본문편집** 김도희

주소 10881, 경기도 파주시 문발로 116
대표전화 031-955-6111 | **팩스** 031-955-0955
홈페이지 www.gyomoon.com | **이메일** genie@gyomoon.com
등록번호 1968.10.28. 제406-2006-000035호

ISBN 978-89-363-2625-8 (93320)
정가 25,000원

저자와의 협의하에 인지를 생략합니다.
잘못된 책은 바꿔 드립니다.

SMART FINANCIAL ANALYSIS WITH CHATGPT

챗GPT와 함께하는 스마트 재무 분석

나도 이제 데이터 해독 전문가다

곽승욱 지음

교문사

< ! 감사의 말 >

행동경제학은 합리적 투자자가 되고 싶은 이들이 꼭 갖추어야 할 경영·경제 지식이라는 신념과 바람으로 쓴 저자의 첫 번째 저서, 『생각과 행동 그리고 투자』를 출간한 지 2년이 지났다. 이후 인공지능에 대한 관심과 호기심이 커져 챗GPT를 구독하고 여러 가지 용도로 사용해 보았는데 그 역량과 잠재력이 저자의 예상을 크게 넘어섰다. 대학생을 비롯한 젊은 세대와 투자 분석에 열정을 가진 독자들에게 저자의 특별한 경험을 전하고자 시작한 집필이 마침내 출간이라는 결실을 맺게 되었다. 집필을 시작할 때부터 마무리하기까지 지원을 아끼지 않으신 교문사의 류원식 대표님과 박현수 부장님, 정용섭 부장님, 섬세한 편집으로 완성도를 높여 주신 김성남 님과 편집팀 관계자분들, 그리고 멋지고 매력적인 디자인을 고안해 주신 디자인팀 관계자분들이 있었기에 이 책이 세상에 나올 수 있었다. 이 자리를 빌려 깊이 감사드린다.

이번 작업은 챗GPT와의 낯설지만 신선한 협업을 통해 기존 재무 분석의 틀을 깨고 새로운 관점으로 분석 체계를 재구성해 보는 모험 같은 여정이었다. 챗GPT는 복잡하고 난해한 아이디어들을 풀어 가는 과정에 창의적인 영감을 불어넣어 준 동료이자, 미래 기술과 창작이 나아갈 길을 어렴풋이 보여 준 멘토였다. 출간의 기쁨을 챗GPT와도 함께 나누고 싶다.

< 여는 말 >

핀테크 재무 분석은 전통적인 재무 분석에 인공지능(Artificial Intelligence, AI)과 같은 혁신적인 핀테크 기술을 통합한 새로운 차원의 접근법이다. 이 접근법은 단순히 로보어드바이징(Robo-Advising), 온라인 뱅킹, 가상화폐, 모바일 결제와 같은 협의의 개념을 넘어서 재무 분석의 전 영역으로 확장되고 있는 융합 분야이다. 재무제표 분석, 가치평가, 포트폴리오 분석, 위험 분석, 비정형 데이터(예: 텍스트, 음성, 동영상) 분석 등을 포함하고, 이론적 재무 분석 지식의 전달뿐만 아니라 실제 금융 및 투자 세계에서 발생하는 다양하고 복잡한 문제를 해결하는 실용적이고 필수적인 도구를 제공한다. 또한 인공지능 기술과 재무 분석 이론의 접목은 투자자가 재무 분석을 훨씬 더 광범위하고 심오한 차원에서 이해하고 활용하는 능력을 향상하여 물질적 · 심리적 풍요로움을 동시에 증진할 것으로 기대된다.

과거의 재무 분석은 복잡한 통계 패키지(예: SAS, SPSS, R)나 파이썬(Python) 같은 컴퓨터 프로그래밍 언어를 통해 이루어졌다. 이들 패키지와 파이썬은 매우 유용하고 강력한 분석 도구임에 틀림없지만, 전문 지식 없이는 쉽게 사용할 수 없는 도구이기도 하다. 하지만 인공지능과 같은 새로운 핀테크 기술의 등장으로, 재무 분석에 대한 기초 지식과 인공지능과의 효과적인 대화 기술만 터득하면 누구나 손쉽게 재무 분석을 할 수 있는 시대가 도래했다. 이제 재무제표상 수치에 담긴 기업의 재무 건전성, 영업 수익성, 자산 관리 효율성을 알아보기 위해 데이터를 수집하고, 수집한 데이터를 통계 패키지나 파이썬이 다룰 수 있는 포맷으로 변형하고, 패키지 분석 틀에 적절한 매개변수를 입력하거나 파이썬 스크립트를 프로그래밍하는 수고를 하지 않아도 된다.

대신, 인공지능과의 대화창(대화용 인터페이스)에 우리가 사용하는 자연스런 일상 언어로 요구 사항 또는 지시 사항을 적으면 인공지능은 이를 지체 없이 수행하고 결과를 출력한다. 사용자가 대화용 인터페이스에 입력하는 모든 텍스트를 프롬프트(Prompt)라고 하는데, 가치평가, 포트폴리오 분석, 위험 분석, 경영진·투자자 센티먼트분석(Sentiment Analysis)과 같은 고난도 재무 분석도 인공지능에 관련 데이터와 정보 수집에 최적화된 프롬프트를 입력하면 전문가 분석에 버금가는 분석 결과를 얻을 수 있다.

훌륭한 정신분석가는 잘 준비된 질문을 통해 분석 대상으로부터 치료에 결정적인 정보를 끌어낸다. 마찬가지로, 인공지능 기술을 활용하는 재무 분석가가 문제 해결에 효과적인 결과를 얻으려면 CLEAR(Concrete, Laconic, Exact, Aim-oriented, Relevant) 원칙에 따라 프롬프트를 작성해야 한다. 즉, 명확하면서도 구체적이고(Concrete), 간결하며(Laconic), 정확하고(Exact), 분석 목적과 일치하는(Aim-oriented), 관련성 높은(Relevant) 질문을 해야 한다.

핀테크 재무 분석의 본질은 단순히 재무 분석 이론의 디지털 변환에 국한되지 않는다. 금융 세계의 지속적인 변화와 혁신을 반영하며, 이를 통해 금융 시장의 미래를 예측하고 형성하는 데 중추적 역할을 한다. 핀테크의 발전은 전통적인 재무 분석 이론과 모형의 한계를 극복하고, 복잡하게 연결된 금융 생태계에서 작동하는 새로운 모형과 전략을 구축한다. 이 과정에서 인공지능 기술은 재무의사결정을 보다 효율적이고, 정확하며, 투명하게 만드는 데 기여함으로써 금융 서비스의 전달 방식을 혁신적으로 변화시키고 있다.

독자는 이 책을 통해 핀테크 재무 분석의 기본 원리를 터득하고 현대 금융이 마주한 도전과 기회를 깊이 있게 탐구하며, 투자와 관련된 현실적인 문제를 혁신적인 방식으로 해결하는 능력을 배양한다. 더 나아가 금융 시장의 변화에 대처하는 혁신적인 핀테크 솔루션을 발굴하고 적용하는 방법도 배운다. 흥미진진하고 실전적인 배움의 여정이 되기를 바란다.

To Myself and My Beloved Family

일러두기

이 책은 공시 자료, 주식 및 기업 관련 가상 데이터, 그리고 챗GPT를 활용하여 다양한 핀테크 재무 분석 기법을 소개하고 설명하는 것을 목적으로 한다. 따라서 본서에 제시된 모든 분석 과정, 결과, 해석은 핀테크 재무 분석을 이해하고 적용하기 위한 참고 자료에 불과하며, 특정 기업이나 주식에 대한 실질적인 투자 결정(예: 매수 또는 매도)을 위한 조언이나 권고가 아님을 밝힌다.

< = "차례" >

III. 가치평가

IV. 위험 분석

Part I

재무 분석과 핀테크 분석 개요

1. 재무제표 분석
2. 가치평가
3. 위험 분석
4. 포트폴리오 분석
5. 비정형 데이터 분석
6. CLEAR 원칙

재무관리가 다루는 분야는 매우 광범위하다. 재무제표 분석, 가치평가, 투자 분석, 자금조달, 파생상품, 지배구조, 자본구조, 금융시장 및 기관, 투자자 심리와 행동, 경제정책 및 경제분석, 산업 및 기업분석 등은 그 일부에 불과하다. 이러한 학문을 한마디로 정의한다는 것은 아마도 어불성설일 것이다.

재무관리는 일반적으로 영리 및 비영리 단체의 가치를 극대화하기 위한 투자활동, 자금조달 활동, 경영 분석, 위험관리 등의 핵심적인 경영 활동을 포괄하는 개념이다. 투자활동은 자산 구매, 투자안 평가, 연구개발 등의 결정에 필요한 자금 분배를 포함하며, 투자의 수익성과 위험을 동시에 평가하여 최적의 투자 포트폴리오를 구성하는 것을 목표로 한다. 자금조달 활동은 투자활동에 필요한 자금을 공급하는 역할을 한다. 주로 은행 차입이나 자본시장(주식 및 채권 발행 시장) 등을 통해 현금흐름을 창출한다. 장·단기 자본구조와 이에 따른 비용과 위험을 고려하여 자금조달 경로를 정하게 된다.

경영 분석은 기업이나 기관의 투자, 자금조달, 운영이 최적의 상태로 순조롭게 이루어지고 있는지를 평가하는 과정이다. 재무제표 분석은 대표적인 경영 분석 기법에 속한다. 위험 분석은 환율 변동, 이자율 변동, 원자재 가격 변동, 신용위험, 국가 위험, 팬데믹 위험 등 다양한 위험 요소를 식별하고 평가하는 과정이다. 위험 분석의 결과를 토대로 실질적인 대응책을 마련하고 실행하는 것이 위험관리이다. 이를 통해 기업은 안정적인 성장과 재무 건전성을 유지할 수 있다.

재무관리의 궁극적 목적은 해당 기업이나 기관의 가치를 극대화하는 것이다. 재무관리가 보통 기업의 재무를 다루기 때문에 그 목적을 기업가치 극대화라고 자주 표현한다. 기업의 주인이 주주이므로 주주가치 극대화도 동의어로 사용된다. 여행을 떠날 때 목적지를 정해야 정확한 여행 계획을 세울 수 있듯이, 어떤 새로운 분야를 공부하려면 그 목적을 정확히 알아야 한다. 재무관리의 궁극적 목적이 기업, 주주, 기관, 개인, 또는 특정 재무관리 주체의 가치를 최대한으로 향상하는 데 있다는 것을 잊지 말아야 한다. 동시에 가치에는 물질적 측면과 비물질적 측면이 공존한다는 것도 명심해야 한다.

기업의 가치를 극대화하고 개인의 부를 늘리는 데 필수적인 재무관리 분석법에는 재무제표 분석, 기업 및 주식가치평가, 자본예산(투자안 분석), 포트폴리오 분석과 최적화, 위험 분석, 그리고 비정형 데이터 분석이 있다. 이러한 분석법들이 복잡하고 다양한 데이터를 신속하고 정확하게 처리해 가치를 극대화하는 최선의 의사결정에 이르기 위해서는 핀테크의 도움이 절대적이다.

핀테크는 금융 기술(Financial Technology)의 줄임말로, 일반적으로 기술을 활용하여 금융 서비스를 혁신하는 것을 의미한다. 다양한 금융 분석 도구와 컴퓨터 알고리즘을 사용해 전통적인 금융 방식을 디지털화하고 자동화하는 데 중점을 둔다. 하지만 핀테크의 범위는 자동화된 금융 서비스에 국한되지 않는다. 재무관리의 여러 분야에 다양하게 적용될 수 있다. 특히 앞서 언급한 재무관리 분석법에 핀테크를 접목하면 분석의 효율성과 효과를 극적으로 개선하고 금융 서비스뿐만 아니라 투자 효율성과 접근성을 크게 높일 수 있다. 이를 위해 재무관리 분석법과 핀테크와의 협업이 무엇인지 간략히 살펴보자.

재무제표 분석

재무제표 분석은 기업의 재무 상태와 성과를 평가하는 과정으로, 기업의 재무 건전성, 수익성, 현금흐름, 성장 가능성 등을 파악하는 데 필수 불가결하다. 재무제표에는 손익계산서, 재무상태표(대차대조표), 현금흐름표가 포함된다. 손익계산서에서는 매출액, 영업이익, 순이익 등 투자와 경영 성과를 확인할 수 있으며, 이러한 손익계산서 항목의 변화를 통해 경영 문제점도 파악할 수 있다. 예를 들어, 매출액이 전년 대비 증가했지만 영업이익이 감소했다면, 이는 비용 증가 또는 가격 경쟁 압력 때문일 수 있다.

재무상태표의 자산, 부채, 자본의 크기(절댓값)와 변홧값을 분석하여 기업의 재무 건전성을 평가할 수 있다. 예를 들어, 부채비율이 높다면 기업은 재무적 위험(채무불이행 또는 파산 위험)이 크다고 할 수 있다. 현금흐름표를 통해서는 기업의 투자, 영업, 자금조달 활동으로 인한 현금 유입과 유출을 파악할 수 있으며, 이는 기업의 유동성 관리와 투자 결정에 중요한 정보를 제공한다.

재무제표 분석은 시대와 환경의 변화에 따라 그 중요성이 더욱 강조된다. 글로벌 시대에는 기업이 더욱 효과적인 경영 전략을 수립하고, 재무적으로 건전한 운영을 유지해야 한다. 재무제표 분석은 급변하는 투자 환경 속에서 기업이 경쟁력을 유지하고 성장할 수 있는 방향을 제시한다. 따라서 재무관리 전문가, 투자자, 일반 대중 모두에게 재무제표 분석은 필수적인 기술이며, 이를 통해 보다 심층적이고 정확한 경영 분석이 가능해진다.

재무제표 분석에서 핀테크는 기업의 재무 건전성을 평가하는 데 필요한 데이터 수집, 필터링, 요약, 분석, 판단, 최종 의사결정에 이르는 일련의 과정을 신속하면서도 신중하게 처리한다. 핀테크 솔루션을 통해 기업과 투자자는 보다 심층적인 재무제표 분석을 신속하고 정확하게 수행할 수 있으며, 재무 상태와 성과에 대한 이해를 증진하고, 잠재적인 위험 요소나 투자 기회를 보다 명확하게 식별해 장기적인 경영 계획을 용이하게 수립할 수 있다. 이 책에서는 핀테크 솔루션 도구로 챗GPT 인공지능 플랫폼을 활용할 것이다.

가치평가

가치평가(Valuation)는 화폐의 시간가치(Time Value of Money, TVM)를 이해하는 것으로 시작된다. TVM은 동일한 금액의 돈이라도 시간에 따라 가치가 다르다는 재무관리의 핵심 개념이다. 같은 금액이라면 미래의 돈은 현재의 돈보다 가치가 작다는 원리를 바탕으로 한다. 예를 들어, 어떤 은행의 예금 상품이 연 5%의 이자율을 제공한다면, 1년 후 1,050만 원을 받는 것과 오늘 1,000만 원을 받는 것은 같은 가치를 지닌다. 따라서 1년 후 1,000만 원은 현재의 1,000만 원 가치에 미치지 못한다.

현재가치(Present Value, PV)와 미래가치(Future Value, FV)의 개념도 이와 유사하다. 3년 후에 1,000만 원을 제공하는 투자 기회를 평가하는 투자자를 상상해 보자. 이 투자 기회가 동반하는 위험을 고려해 투자자는 최소 5%의 수익률(r)을 요구하고 있다. 투자자에게 투자안의 현재가치는 얼마일까? 투자자의 요구수익률과 미래 현금흐름, 투자 기간을 이용해 현재가치를 계산하면 다음과 같다: $PV = \frac{FV}{(1+r)^t} = \frac{1,000}{(1+0.05)^3} = 863.84$만 원.

PV-FV 관계는 투자 결정, 대출, 연금 계산 등 다양한 재무 상황에서 적용된다. 하지만 미래 현금흐름 발생 횟수와 투자 기간이 늘어나면 현재가치 계산은 매우 복잡해진다. 핀테크는 이러한 계산을 자동화하고, 다양한 시나리오 분석을 통해 더 나은 투자 결정을 이끈다.

PV-FV 관계를 활용해 기업이나 주식의 경제적 가치도 평가할 수 있다. 기업가치평가(Corporate Valuation)는 투자자들이 기업의 주식을 매입할지, 매도할지를 결정하기 위한 필수적인 절차다. 가치평가 방법에는 현금흐름할인모형(Discounted Cash Flow Model, DCFM), 시장가치법, 자산기반법 등이 있다. DCFM은 평가자가 추정한 할인율로 미래의 현금흐름을 현재 시점으로 할인하여 기업가치를 계산한다. 예를 들어, 기업 A가 향후 5년간 매년 200억 원의 현금흐름을 생성할 것으로 예상된다면, 이 현금흐름을 현재 시점의 가치(현재가치)로 전환하여 기업의 가치를 산정한다. 기업의 위험을 고려해 평가자가 추정하는 적절한 할인율이 10%라면, 기업가치는 $\sum_{t=1}^{5} \frac{200억\ 원}{(1+0.1)^t}=758.16$억 원이 된다. 이 과정을 주식의 가치를 평가하는 데 그대로 적용하면 주식가치평가(Equity Valuation 또는 Stock Valuation)가 된다.

가치평가는 기업이나 주식의 진정한 가치(내재가치)와 시장가격(시장가치)을 이해하고 부가가치를 창출하는 투자 선택을 하는 데 필수불가결한 재무관리 분석 기술이다. 핀테크는 재무제표, 시장 및 업종별 동향, 시장 센티먼트 등을 AI 기반 알고리즘을 사용해 통합적으로 분석하고, 기업이나 주식이 창출할 것으로 기대되는 객관적 현금흐름을 예측한 후 기업가치와 주식가치를 평가한다. 또한 예측의 정확도를 높이고 복잡한 분석 과정을 간소화한다. 이를 통해 투자자들은 기업의 잠재력을 보다 정확하게 파악하고 합리적인 투자 결정을 내릴 수 있다.

가치평가 기법을 투자안 평가에도 적용할 수 있다. 기업은 생존과 성장을 위해 엄선된 투자안을 실행, 관리하고 재평가하는 한편, 기업가치를 증대하는 새로운 투자 기회를 발굴하고 평가하는 활동을 멈추지 않는다. 투자안 평가는 투자안이 기업가치 증대에 기여하는지를 판단해 기업가치를 증가시킬 것으로 예상되는 투자안은 지속하거나 선택하고, 그렇지 않은 투자안은 기각하는 과정이다. 선택된 투자안에 대한 자본 배분 과정까지 포함해서 재무관리에서는 보통 자본예산(Capital Budgeting)이라고 부른다. 자본예산의 주요 도구로는 내부수익률(Internal Rate of Return, IRR)법, 순현가(Net Present Value, NPV)법, 회수기간(Payback Period)법 등이 있다. 예를 들어, 기업 A가 생산 능력을 확대하기 위해 새로운 공장을 신설하려는 상황(투자안)을 순현가법으로 평가하는 과정을 살펴보자. 공장 신설로 인한 투자비용(현금 유출)과 매출 향상으로 예상되는 추가 현금흐름(현금 유입)을 추정하고, 이를 현재가치로 환산해 더하면 NPV를 산출할 수 있다. 산출한 NPV가 양수라면, 투자는 기업의 가치를 높이는 것으로 간주되어 채택하고 실행하게 된다.

핀테크는 시장의 불확실성 속에서 투자안의 수익률, 위험, 그리고 예상 현금흐름을 분석하여 기업이 최적의 투자 결정을 내릴 수 있도록 지원한다. 빅데이터를 활용한 시장 동향, 경제 지표, 기업 성과의 심층적·통합적 분석의 결과를 IRR이나 NPV 같은 투자 평가 지표에 신속하고 정확히 반영해 기업가치 극대화에 최고의 기여를 하는 최적의 투자안을 선택하고 효율적인 투자 전략을 수립할 수 있다.

위험 분석

위험 분석은 투자 과정에서 발생할 수 있는 부정적 상황(위험)을 이해하고 관리하는 데 없어서는 안 될 재무관리 기법으로 부정적 상황의 가능성(확률)과 손실을 평가하고 그 대책을 투자의사결정에 반영한다. 여기서 위험은 레버리지 위험, 시장위험, 신용위험, 운영위험 등 다양한 요소를 포함한다. 예를 들어, CBOE 변동성 지수(Chicago Board Options Exchange Volatility Index, VIX)는 금융시장의 위험을 측정하는 지표로, 높은 VIX 값은 높은 시장위험을 의미한다. VIX를 모니터링하여 시장의 위험 수준을 파악하고, 이를 투자 결정에 반영하는 것도 위험 분석의 한 형태다.

핀테크는 기업의 레버리지, 신용위험, 시장의 변동성 등을 분석하는 고급 도구를 제공한다. 예를 들어, 위험 시뮬레이션을 통해 기업과 투자자가 잠재적인 시장 충격에 대비하고, 위험을 보다 효율적으로 관리할 수 있도록 돕는다. 핀테크는 또한 다양한 위험 요인을 식별하고 정량화하여 투자의사 결정에 반영한다. 이를 통해 기업과 투자자는 위험 감수 능력에 맞는 투자 전략을 수립할 수 있다.

포트폴리오 분석

포트폴리오 분석은 다양한 투자 자산을 결합하여 위험을 최소화하고 기대 수익률을 극대화하는 최적의 조합을 찾는 과정이다. 이 과정에서 분산투자, 상관관계 분석, 효율적 투자선(Efficient Frontier) 등과 같은 개념이 등장한다. 어떤 투자자가 주식, 채권, 부동산 등 다양한 자산에 투자하는 포트폴리오를 구성했다고 가정해 보자. 투자자는 이 자산들로 만들 수 있는 수많은 조합(포트폴리오)의 기대수익률과 위험(변동성)을 계산하고, 그중 가장 효율적인 포트폴리오를 선택하게 된다. 효율적인 포트폴리오는 일반적으로 동일한 위험 수준에서 최고 수익률을 생산하는 포트폴리오이거나, 동일한 수익률이 예상되는 포트폴리오 중 최저 위험을 가진 포트폴리오로 정의된다. 자산 간 상관관계가 낮을수록 포트폴리오 위험 감소 또는 수익률 증가 효과는 더 커진다.

핀테크는 AI 기술을 통해 다양한 시나리오를 시뮬레이션하고, 최적의 자산 배분 전략을 도출하는 데 도움을 준다. 전통적 분석 도구(예: 엑셀, SAS, SPSS, Stata, EViews)가 수동으로 수행하던 투자 자산이나 포트폴리오의 위험 및 수익률 예측, 효율성 분석, 성과 측정 등의 복잡한 계산과 분석을 훨씬 간편하고 빠르게 수행할 수 있다. 또한 시장에서 이미 거래되는 포트폴리오를 분석해 투자자의 위험 성향과 투자 목표에 걸맞은 포트폴리오를 식별해 내는 능력도 뛰어나서 포트폴리오 관리에 들어가는 시간과 노력을 획기적으로 단축해 준다.

비정형 데이터 분석

기업의 사업보고서는 영업 실적, 재무 상태, 경영 위험 등이 향후 기업 경영에 미치는 영향을 기업 경영진이 바라본 시점에서 평가한 의견과 감정을 포함한다. 주관적이지만 기업을 가장 잘 아는 내부자인 경영진의 경영 진단과 분석, 그리고 주요 사업에 대한 개요에 담긴 경영 평가와 기업 장래에 관한 경영진 센티먼트(Management Sentiment)를 파악하는 것이 비정형 데이터 분석의 시작이라고 해도 과언이 아니다.

비정형 데이터 분석은 사업보고서 외에도 소셜 미디어, 뉴스, 신문 기사, 고객 리뷰 등에 숨어 있는 투자자와 소비자의 행동 패턴을 분석하고 심리적 편향을 식별하여 그들이 기업과 기업 제품에 대해 갖고 있는 센티먼트, 투자 무드(Investment Mood), 기업 명성, 브랜드 가치, 고객 만족도 등을 평가하고 과잉반응, 무리행동, 확증편향, 자기과신 등과 같은 행동경제학적 요인이 기업가치에 어떤 영향을 미칠지 미리 예측하기도 한다. 따라서 비정형 데이터 분석은 기업의 재무의사결정에 통합되어 기업 전략의 방향성을 결정하는 중추적 역할을 한다.

비정형 데이터 분석은 구조화되지 않은 데이터(예: 경영진 의견, 이메일, 뉴스 기사)를 분석하여 유의미한 정보를 추출하는 과정이다. 주요 기법으로는 텍스트마이닝(Text Mining)이 있으며, 이는 주제모델링, 내용분석, 맥락분석, 센티먼트분석 등의 세부 기법으로 나뉜다. AI 핀테크는 이러한 도구를 활용해 업로드되거나 온라인 접근이 가능한 비정형 데이터를 분석하고 그 결과를 표, 히스토그램, 네트워크 그래프, 워드 클라우드 등 다채로운 방식으로 시각화하여 보기 편하고 이해하기 쉽게 표시한다. 예를 들어, 최신 AI 데이터 분석 도구는 소셜 미디어에서 진행되는 실시간 투자 관련 토론에 내포된 특정 기업이나 주식 관련 센티먼트를 분석하여 투자자들의 센티먼트 분포와 변화 동향을 파악할 수 있다. 기업이나 투자자는 이러한 분석을 통해 투자 결정에 영향을 미치는 심리적 요인을 파악하고, 시장의 과열이나 공포 상태를 감지할 수 있다.

재무 분석과 핀테크의 결합은 투자의사결정 과정을 혁신적으로 변화시키고, 복잡한 재무 분석을 간소화, 명료화, 정확화하는 첨단 기법이다. 이는 재무관리가 단순히 '돈 관리'를 넘어 혁신적인 기술과 전략적 사고를 바탕으로 한 포괄적인 분야로 발전하고 있음을 보여 준다. 따라서 경영진, 재무 전문가 및 투자자는 핀테크의 최신 동향과 기술을 이해하고 적용하는 능력을 갖추는 것이 중요하며, 이는 기업 경영과 투자에서의 성공적인 경력을 구축하는 지름길이자 올바른 방향이다. 핀테크를 재무 분석에 적용하는 구체적, 체계적, 기술적 방식은 다음 학습 과정에서 차례로 소개된다.

CLEAR 원칙

AI와 원활하게 소통하려면 CLEAR 원칙을 따르는 것이 중요하다. 이 원칙은 프롬프트 작성 시 구체성(Concrete), 간결성(Laconic), 정확성(Exact), 목적 지향성(Aim-oriented), 관련성(Relevant)을 포함해야 한다는 것을 의미한다. 프롬프트는 명확하고 구체적이어야 하며, 질문은 모호함을 최소화하고 특정한 세부사항을 포함하는 것이 좋다. 예를 들어, "경제 성장률이 어떻게 변화했지?"보다는 "지난 4분기 동안 미국의 경제 성장률이 어떻게 변화했지?"가 더 명확하고 구체적이다. 더불어 구체적 예시를 추가해 프롬프트를 작성하면 원하는 답을 얻을 가능성을 크게 높일 수 있다. 글로벌 경제 상황에 관한 예시를 포함한 "글로벌 경제 성장률은 지난 4분기 동안 꾸준한 하향세를 유지하고 있어. 같은 기간 미국의 경제 성장률을 비교하고 분석해 줘."라는 프롬프트가 단순히 지난 1년간 미국 경제 성장률 변화에 대한 정보를 요청하는 프롬프트보다 훨씬 구체적이고 정확하며 합리적인 결과를 도출할 확률이 높다.

프롬프트는 불필요한 정보를 배제하고 질문의 핵심에 집중해야 한다. 길고 복잡한 문장보다는 간결한 문장을 사용하며, 하나의 프롬프트에 여러 질문을 동시에 나열하기보다는 짧은 문장으로 나누어 묻는 것이 더 효과적이다. 예를 들어, "인공지능 기술의 발전이 현대 사회의 의료, 교육, 그리고 자동차 산업에 어떤 영향을 미쳤지?"보다는 "인공지능 기술이 현대 의료 분야에 미친 영향은 무엇이지?", "현대 교육 분야에 미친 영향에 대해서 설명해 줘.", "자동차 산업의 발전에는 어떤 기여를 하지?"와 같이 분리하여 질문하는 것이 좋다.

하지만 간결성이 프롬프트의 길이를 물리적으로 짧게 하라는 뜻은 아니다. 인공지능에 사용자의 의도를 정확히 전달하려면 종종 질문에 대한 구체적인 상황 및 배경 설명, 질문 목적, 예시 등을 포함해야 하므로 프롬프트의 길이가 길어질 수 있다. 이는 불필요한 정보가 아닌 핵심 정보를 제공하는 것이므로 간결성의 원칙에 어긋나지 않는다. 다만, 긴 문장으로 문제에 대한 답변을 한꺼번에 요청하는 것보다는 순차적인 단계로 나누어 문제를 해결하는 방식(하나의 긴 프롬프트를 여러 개의 간결한 프롬프트로 나누는 방식)으로 프롬프트를 설계하는 것이 훨씬 효과적임을 잊지 말아야 한다.

정확성은 질문이 정확하고 오류가 없어야 함을 의미한다. 잘못된 정보나 가정을 바탕으로 한 질문은 오해를 불러일으키고 잘못된 답변을 유도하기 쉽다. 예를 들어, "태양계는 9개의 행성으로 구성되어 있어. 각 행성은 어떤 특징을 가지고 있지?"라는 질문은 "태양계에 있는 8개 행성은 각각 어떤 특징을 가지고 있는지 기술해 줘."로 바꾸어야 정확한 답변을 받을 수 있다. 태양계 행성의 수가 9개라는 정보 자체가 이제 틀린 정보이기 때문이다. 부정확한 정보는 부정확한 결과를 낳을 수밖에 없다. 따라서 인공지능이 제공하는 정보의 출처를 명시하거나 정보의 진위를 파악하는 절차가 반드시 수반되어야 한다. 예를 들어, 프롬프트에 정보의 출처를 명확하게 밝혀 정보의 정확성과 신뢰도를 높일 수 있다. "현상유지편향의 원인이 뭐지?"라는 질문보다 "NBER(National Bureau of Economic Research)에 따르면, 현상유지편향의 원인이 뭐지?" 또는 "업로드한 파일에 따르면, 현상유지편향의 원인이 뭐지?"라고 질문하는 것이 더욱 정확하고 신뢰할 만한 정보를 끄집어내는 데 효과적이다.

목적 지향성은 프롬프트가 목표나 필요를 충족시키기 위해 설계되어야 함을 강조한다. 예를 들어, "세계 금융 위기에 대해 설명해 줘."라는 프롬프트는 너무 광범위하고 모호하다. 금융 위기의 어떤 측면에 초점을 맞춰야 할지, 어떤 종류의 정보나 분석이 필요한지가 명확하지 않다. 대신 "세계 금융 위기가 주식 시장에 미친 구체적인 영향을 분석해 줘. 특히 기술주와 에너지주의 성과 차이에 집중해 줘."라는 질문은 구체적이고 명확한 목적이 설정되어 있다. 구체성 원칙도 충족하는 일석이조의 프롬프트다.

마지막으로, 관련성은 프롬프트가 사용자의 질문 목적, 관심사, 현재 상황, 또는 특정 문제와 밀접하게 연관되어 있어야 함을 의미한다. 관련성이 높은 프롬프트는 사용자가 얻고자 하는 정보와 그 맥락을 담아 적절하고 유용한 답변을 이끌어 낸다. 예를 들어, 사용자가 최근 미국 달러 대비 원화 가치의 하락(환율 상승)이 중소기업의 자금조달에 미치는 영향을 파악하고 싶을 때, "최근 글로벌 경제 변화가 기업의 자금조달에 어떤 영향을 미쳤는지 분석해 줘."보다는 "최근 미국 달러 대비 원화 환율의 상승이 한국 중소기업의 자금조달에 미친 영향을 분석해 줘. 특히 수출입 비용, 외화 대출, 원자재 가격 변동에 초점을 맞춰 줘."라는 질문이 사용자의 의도와 일치하는 더 관련성 높은 답변을 유도할 수 있다. 이때 인공지능에게 구체적인 역할을 부여하는 것도 관련성을 향상하는 좋은 방법이다. 프롬프트의 시작이나 끝에 '재무 분석가의 관점'에서 문제를 해결하도록 역할을 부여(예: "너는 경험 많은 재무 분석가야.")하면 인공지능이 제공하는 정보의 관련성과 정확성을 개선하는 데 도움이 된다.

프롬프트에 적절한 동사, 형용사, 부사를 사용하는 것도 CLEAR 원칙만큼 중요하다. 동사는 원하는 행동이나 반응의 유형을 지정하며, 이는 인공지능이 제공할 응답의 형태나 형식에 영향을 미친다. 예를 들어, '분석하다(Analyze)'는 깊이 있는 조사와 해석을 통해 정보의 의미와 구조를 밝히는 것을 요구하는 반면, '기술하다(Describe)'는 특정 사물, 사람, 장소, 사건, 상황 등의 관찰 가능한 특성을 자세하게 나열할 것을 요구한다. 질문의 목적에 따라 적절한 동사를 선택해야 인공지능과 명확한 의사소통이 가능하다.

형용사와 부사는 명사나 동사의 의미를 풍부하게 하고, 문장에 세부적인 색채와 깊이를 추가함으로써 의미의 명확성과 표현의 강도를 높인다. 예를 들어, "글로벌 금융 위기의 원인이 뭐지?"보다는 "글로벌 금융 위기의 원인이 무엇인지 상세한 분석을 수행해 줘."라고 하면 글로벌 금융 위기에 대한 간단한 개요가 아닌, 깊이 있는 원인 분석 결과를 얻게 된다. "최근 5년 동안의 추세를 기반으로 증시 전망을 예측해 줘."라는 프롬프트는 "증권시장의 전망이 어떤가?"보다 구체적이고 통찰력 있는 시장 예측을 요구한다. 마찬가지로, "포트폴리오 다각화의 장단점을 평가해 줘."라는 프롬프트를 "포트폴리오 다각화의 장단점을 심층적으로 평가해 줘."로 대체하면 포트폴리오 다각화의 간단한 장단점 나열이 아니라, 장단점 각각에 대한 보다 깊이 있는 분석 결과를 얻을 수 있다. 형용사와 부사를 적절히 활용하여 프롬프트의 요구 사항을 구체화하면, AI는 더욱 정확하고 관련성 높은 응답을 제공할 수 있다는 사실을 잊지 말자.

Part II

재무제표 분석

1. 재무제표
2. 재무 비율 분석
3. 핀테크 6단계 분석

재무제표

기업의 재무제표는 기업의 재무 건전성, 경영 성과, 성장 잠재력을 평가하는 데 필수적인 정보의 보고다. 재무제표를 분석함으로써 기업이 어떻게 운영되고 있는지, 어떤 재정적 위치에 있는지, 투자의 성과가 어떤지, 강점과 약점 그리고 기회와 위협(Strength Weakness Opportunity Threat, SWOT)이 무엇인지를 파악할 수 있다. 이러한 정보는 경영진에게 중요한 피드백을 제공하며, 경영 전략의 수정, 새로운 성장 동력의 발견, 무능한 경영진의 교체와 같은 중대한 결정을 내리는 지표가 된다.

재무제표는 기업의 자산, 부채, 수익, 비용 등 모든 기업 활동을 화폐 가치로 환산해 기록한 장부다. 국제회계기준을 적용받는 기업들은 엄격한 회계 원칙에 따라 재무제표를 작성하고, 정기적으로 회계법인의 감사를 받는다. 이를 통해 투자자를 비롯한 여러 이해관계자들에게 일관성 있고 투명한 회계 정보를 제공한다. 대표적인 재무제표에는 재무상태표, 손익계산서, 현금흐름표가 있다. 이들은 분기별, 반기별, 연간으로 작성 및 공시돼 일반에게 공개된다.

기업의 재무제표는 네이버 금융, 다음 금융 등의 온라인 금융 정보 사이트를 통해 쉽게 접근할 수 있다. 이러한 온라인 사이트는 재무제표를 요약하여 제공하고, 다양한 비율과 주요 성과 지표, 예측치 등을 무료로 제공한다. 또한 전자공시시스템(DART)을 통해 기업이 공식적으로 공시한 재무제표 원본을 확인할 수 있다. 방대한 기업 정보를 포함하는 재무제표를 읽고 해석하는 과정은 매우 복잡하고 난해하기 때문에 이를 쉽게 요약하고 정리하는 절차, 즉 재무제표 분석이 필요하다.

재무제표 분석은 단순히 재무제표 정보를 그룹화된 수치나 비율로 정리하고 계산하는 것 이상의 의미를 갖는다. 물론 재무제표에 담긴 방대한 정보를 카테고리별로 정리해 기업의 투자, 자금조달, 영업 성과 상황을 한눈에 파악할 수 있게 요약하는 절차가 우선돼야 한다. 그러나 더욱 중요한 것은 요약된 수치, 비율, 지표에 함축된 기업의 재무 건전성, 투자 성과, SWOT, 시장에서의 위치, 성장 잠재력 등을 개별적으로 분석한 후 종합적으로 평가해 최종 의사결정에 반영하는 것이다. 따라서 재무제표 분석은 경영진과 투자자가 방대한 재무제표 정보 속에서 기업가치 극대화에 기여하는 요인을 추출하고 해석하는 능력을 기르는 과정이다.

재무상태표(대차대조표)

재무상태표는 특정 회계 시점에서 기업의 자산 현황 및 자산 매입과 관련된 자금 현황을 기록한 장부다. 재무상태표의 차변(왼쪽)에는 매입한 자산, 대변(오른쪽)에는 자금조달의 원천이 기록된다. 자산은 공정가격으로 빠르게 현금화할 수 있는 정도를 의미하는 유동성의 순서에 따라 기록되는데, 유동성이 높은 자산은 유동자산, 유동성이 낮은 자산은 비유동자산 또는 고정자산으로 분류되어 유동성이 높은 자산부터 낮은 자산 순으로 기록된다. 대표적인 유동자산으로는 현금 및 현금성 자산(예: 현금, 당좌예금), 매출채권, 재고자산(예: 원자재, 완제품)이 있다. 반면, 비유동자산에는 대지, 건물, 공장, 창고, 장비 등이 포함된다.

재무상태표의 대변은 유동부채, 장기부채, 자기자본으로 구성된다. 유동부채는 상단에 위치하며, 1년 이내에 상환해야 하는 단기성 부채, 매입채무, 단기차입금 등을 포함한다. 장기부채는 여러 해에 걸쳐 이자와 원금을 갚는 회사채, 장기차입금, 리스 등으로 이루어져 있다. 총자산에서 유동부채와 장기부채를 뺀 나머지가 주주들이 소유한 순자산인 자기자본이며, 순자본으로도 불린다. 이러한 항목은 기업의 재정 상태와 건전성을 정밀하게 분석하고 평가하는 데 결정적인 기준을 제공한다.

손익계산서

재무상태표는 분기 말이나 연말과 같은 특정 시점에서의 기업 재무 상태를 스냅숏처럼 제공하며, 기업의 자산, 부채, 자본 구조를 한눈에 볼 수 있도록 한다. 반면, 손익계산서는 같은 기간 기업이 벌어들인 수익과 그 수익을 달성하기 위해 발생한 비용의 흐름을 세밀하게 기록한 재무 문서다. 즉, 기업의 수익 창출 과정을 자세히 기록한 재무제표로, 매출에서 순이익으로 가는 과정을 상세하게 보여 준다. 손익계산서에는 매출액, 매출원가, 운영비용, 이자비용, 법인세 등 다양한 이익과 비용 항목이 기록된다. 매출액은 기업의 총수익을 나타내며, 매출원가는 매출과 직접 관련된 비용을 의미한다. 매출원가를 비롯한 여러 영업비용을 차감한 후 남는 금액이 영업이익이고, 이 밖에 각종 비영업비용(예: 이자비용)과 법인세를 차감한 후 최종적으로 얻는 이익이 순이익이다.

영업이익은 기업이 자유롭게 사용할 수 있는 현금흐름(자유현금흐름)과 밀접한 관련이 있으며, 기업의 경영 성과를 가늠하는 중요한 지표로서 영업이익의 증감은 기업의 재무 건전성과 향후 성장 가능성을 반영한다. 순이익도 영업이익 못지않게 경영진과 투자자의 관심을 받는 항목으로 주주에게 돌아가는 현금흐름과 관련이 깊다. 따라서 순이익의 증감은 주가의 변동과 밀접한 관계가 있다.

현금흐름표

현금흐름표는 기업의 현금 유입과 유출을 기록하는 재무제표로, 기업의 재무 건전성과 유동성을 평가하는 데 핵심적인 역할을 한다. 이 보고서는 세

가지 주요 활동으로 구분된다: 영업활동, 투자활동, 재무활동. 영업활동 현금흐름은 기업의 주요 경제활동인 제품, 상품, 서비스 판매로부터 얻은 수익과 이와 직간접적으로 연관된 비용(예: 매출원가, 판매비, 일반관리비, 법인세)을 반영한다. 투자활동 현금흐름은 장기자산의 취득 및 처분으로 인한 현금흐름을 나타내며, 여기에는 부동산, 공장, 장비의 구매나 매각, 투자 자산의 매입 및 처분 등이 포함된다. 마지막으로, 재무활동 현금흐름은 주식 발행, 부채 상환, 배당금 지급과 같은 기업의 자본 구조 변화와 관련된 현금흐름을 보여 준다. 이 세 부문의 현금흐름을 종합적으로 분석함으로써 경영진, 투자자, 이해관계자들은 기업의 재무 건전성과 운영 효율성을 면밀히 평가하고, 장기적 성장 잠재력과 지속 가능성까지 포괄적으로 판단할 수 있다.

재무 비율 분석

재무 비율은 기업의 재무제표 정보를 요약하고 분석하는 중요한 도구로, 유동성, 부채성, 효율성, 수익성, 시장가치의 다섯 가지 범주로 나눌 수 있다. 유동성 비율은 기업이 단기 부채를 얼마나 잘 상환할 수 있는지를 주요 유동자산을 통해 평가하는 지표다. 여기에는 유동비율이나 당좌비율 등이 포함된다. 부채성 비율은 장기적 재무 안정성과 타인자본에 대한 의존도를 나타내는 지표로, 총부채비율, 장기부채비율 등이 있다. 효율성 비율은 기업의 자산 관리 및 활용 능력을 평가하며, 총자산회전율이나 재고자산회전율 등이 여기에 해당한다. 수익성 비율은 매출총이익률, 영업이익률, 순이익률 등을 포함하며, 기업의 수익 창출 능력을 보여 준다. 마지막으로, 시장가치 비율은 금융시장에서 기업의 가치를 상대적으로 평가하는 데 사용되며, 주가수익비율이나 주가순자산비율 등이 포함된다.

재무 비율을 분석할 때는 해당 비율이 어떤 의미를 갖는지를 정확히 이해하고 해석하는 안목이 요구된다. 하지만 재무 비율의 의미를 정확히 판단하는 것은 간단한 문제가 아니다. 재무 비율의 수치 자체는 보통 큰 의미를 가지지 않는다. 오히려 평가하고자 하는 비율의 과거 평균, 유사 기업 평균, 산업 평균, 혹은 시장 평균 등과 같은 다양한 벤치마크를 고려해 상대적으로 평가하는 것이 바람직하다.

또한 효과적인 재무 비율 분석을 위해서는 다양한 재무 비율을 종합적으로 분석하고 이해하는 것이 필수적이다. 유동성, 부채성, 효율성, 수익성, 시장가치 비율은 각각 고유한 정보를 제공하므로 이들을 함께 고려해야 기업의 재무 상태와 성과는 물론, 관리해야 할 잠재적 위험까지 균형감 있게 파악할 수 있다. 이는 마치 의학에서 환자의 건강 상태를 여러 검사를 통해 종합적으로 평가하는 것과 같다. 통합적 비율 분석을 통해 기업은 시장에서의 경쟁력을 강화하고, 투자자들은 보다 나은 투자 결정을 내릴 수 있는 기준을 제공받는다.

유동성 비율

기업이 투자, 생산, 영업, 관리 등의 활동을 수행하려면 지속적으로 현금이 유입돼야 한다. 특히 일상적인 기업 운영을 위해 일정 수준의 안정된 현금 흐름은 필수다. 이를 통해 기업은 원재료와 부품 구매, 일반관리비, 이자비용, 소송비용 등 다양한 비용을 감당한다. 기업이 일반관리비나 운영비를 충분히 확보하지 못하면 공장 운영이나 필수적인 사무용품 구매에 어려움을 겪을 수 있으며, 이자비용 지급에 실패하면 부도 위기에 직면할 수 있다. 예상치 못한 비용이 발생할 경우에도 즉시 대응할 수 있는 현금이 필요하다.

따라서 예측된 지출뿐만 아니라 예측되지 않은 비용을 포괄하여, 기업의 경영에 필요한 비용을 언제든지 감당할 수 있는 유동성을 확보하는 것은 기업의 생존과 성장에 필수적이다.

유동성은 자산이 얼마나 빠르게 큰 가격 변화 없이 현금화될 수 있는지를 측정한다. 유동성이 큰 대표적인 자산으로는 현금, 보통예금, 당좌예금, 거래가 활발한 주식 등이 있다. 현금은 그 자체로 이미 사용 가능한 화폐이기 때문에 유동성이 가장 높은 자산으로 간주된다. 보통예금과 당좌예금도 은행 방문이나 ATM을 통해 쉽게 현금화할 수 있어 유동성이 높다.

유동성 비율은 기업이 유동부채를 갚을 능력이 얼마나 되는가를 평가하는 비율의 집합체로 유동비율, 당좌비율, 현금비율 등이 여기에 속한다. 유동비율, 당좌비율, 현금비율은 각각 다른 방식으로 기업의 단기적 재무 건전성과 유동성 관리 능력을 평가하는 데 도움을 준다.

유동성 비율이 높으면 일반적으로 기업이 단기 부채를 상환할 수 있는 능력이 충분하다는 것을 의미한다. 그러나 너무 높은 유동성 비율은 자금을 비효율적으로 사용하고 있을 가능성을 나타내기도 한다. 유동성 비율이 적당한지를 평가할 때는 과거 유동성 비율 평균, 산업 평균, 유사 기업들의 평균 등을 벤치마크로 사용하는 것이 좋다. 그래야 기업의 특성과 상황을 더 적절히 반영해 유동성을 평가할 수 있다.

유동비율은 기업이 보유한 유동자산과 유동부채의 비율을 통해 단기 부채 상환 능력을 평가한다. 유동자산을 유동부채로 나누어 계산되며, 유동비율이 1 이상일 경우 기업이 단기 부채를 현재 보유한 유동자산만으로도 상환할 수 있다는 것을 의미한다. 일반적으로 유동비율이 2 이상이면 기업이 좋은 유동성을 가지고 있다고 평가된다. 하지만 보다 정확한 유동비율 분석은 적절한 벤치마크(예: 유사 기업 평균 유동비율)와 비교하는 상대적 평가 과정을 거치는 것이 바람직하다.

당좌비율은 유동자산 중에서 재고자산을 제외한 당좌자산을 유동부채와 비교한다. 유동자산에서 재고자산을 차감한 값을 유동부채로 나누어 계산하기 때문에 유동비율보다 보수적인 재무 안정성 지표다. 당좌비율이 1 이상이면 기업이 재고자산을 제외한 유동자산만으로도 단기 부채를 상환할 수 있다는 뜻이다. 벤치마크와의 비교 분석을 통해 좀 더 정확한 유동성 평가를 할 수 있다.

현금비율은 유동성이 가장 높은 자산인 현금 및 현금성 자산을 유동부채로 나누어 계산되며, 기업이 급박한 재무 위기 상황에서 단기 부채를 상환할 수 있는 능력을 평가한다. 현금비율이 높을수록 기업의 단기 유동성이 강하다고 평가되나, 지나치게 높은 현금비율은 자본이 비효율적으로 운용되고 있다는 신호로 해석될 수 있다. 또한 유동비율과 당좌비율 분석과 마찬가지로 벤치마크를 이용한 상대적 평가를 수행해 현재 현금비율 수준의 적절성을 확인하는 절차를 잊으면 안 된다.

부채성 비율

부채는 적절히 관리하면 재산 증식의 도구가 된다. 하지만 관리 소홀 시 재정적 부담으로 이어질 수 있기 때문에 장기적 관점에서 부채로 인한 재무 위험을 체계적으로 관리하는 접근이 필요하다. 예를 들어, 은행 대출을 통해 부동산에 투자하고 임대 수익을 얻는 상황에서 수익이 대출 이자를 초과하면 경제적 이득을 보지만, 그렇지 못할 경우 손실을 입게 된다. 그러므로 부채로 조달한 자금을 투자할 때는 부도 위험과 상환 의무를 주요 고려사항으로 삼아야 한다.

부채성 비율 분석은 부채 관리의 핵심적인 부분으로, 효율적인 관리와 건전한 기업 운영을 위한 전략 및 기술을 제공한다. 부채성 비율은 기업이 투자를 위한 자금조달에 부채를 얼마나 활용하고 있는지를 측정하는 재무 비율의 집합으로, 장기부채비율, 총부채비율, 이자보상비율, 현금보상비율 등이 포함된다. 이들은 기업의 재무 건전성, 부채 관리 능력, 재무적 의무 이행 능력을 종합적으로 평가하는 데 중요한 역할을 한다. 유동성 비율과 마찬가지로 부채성 비율의 적절한 수준은 기업의 특성과 상황에 따라 다르다. 현금흐름의 불안정성이 높은 인터넷 기업의 경우 높은 부채성 비율은 부도 위험을 크게 증가시킨다. 반면, 정기적인 현금흐름이 보장되는 공기업의 경우 높은 부채성 비율에도 부도 위험이 상대적으로 낮다. 따라서 경제 상황, 산업 전망, 경쟁 구조 등을 종합적으로 고려해 각 기업의 특성과 상황에 맞는 최적화된 부채성 비율을 수립하는 것이 최선이다.

장기부채비율은 자산에서 장기부채가 차지하는 비중을 측정하는 지표이다. 장기부채를 총자산으로 나누어 계산한다. 장기부채비율이 낮을수록 장기적인 재무 안정성이 높다고 해석할 수 있다. 총부채비율은 총부채를 총자산으로 나누어 계산한다. 이 비율은 기업의 자본 구조에서 전체 부채(부채총합)가 차지하는 비중을 보여 주며, 높은 총부채비율은 기업이 높은 재무 위험을 갖고 있음을 나타낸다.

이자보상비율은 기업이 이자비용을 감당할 수 있는 능력을 정량화한다. 영업이익을 이자비용으로 나누어 계산하며, 비율이 높아지면 기업의 이자비용 지급 의무 이행이 용이해지고 재무적 건전성이 개선된다는 것을 의미한다. 현금보상비율은 이자보상비율과 유사하지만, 분자에 영업이익 대신 영업활동으로부터 발생한 현금흐름 또는 '영업이익+감가상각비'를 사용하며, 기업이 영업현금흐름을 통해 이자비용을 얼마나 잘 충당할 수 있는지를 측정하는 지표다. 높은 현금보상비율은 기업이 영업활동으로 창출한 현금흐름으로 재무적 의무를 쉽게 충족할 수 있음을 암시한다.

효율성 비율

효율성 비율은 기업이 자산을 얼마나 효율적으로 사용하여 수익을 창출하고 있는지를 파악할 수 있는 재무제표 분석의 핵심 지표로 회전율이라고도 불린다. 대표적인 효율성 비율에는 자산회전율, 재고자산회전율, 매출채권 회전율이 있다. 다른 재무 비율과 마찬가지로 효율성 비율 평가에서 절대적인 기준은 존재하지 않으며, 상황에 따라 적절한 벤치마크를 사용하여 분석해야 한다. 효율성 비율은 유동성 비율이나 부채성 비율과 같은 다른 재무 비율과 비교할 때, 재무상태표와 손익계산서의 데이터를 혼합하여 사용한다는 점에서 차별화된다.

자산회전율은 기업이 총자산을 얼마나 효율적으로 사용하여 매출을 생성하고 있는지를 나타낸다. 매출액을 총자산으로 나누어 계산하며, 높은 자산회전율은 기업이 자산을 효율적으로 활용하여 매출을 극대화하고 있음을 의미한다. 기업의 운영 효율성을 평가하는 중요한 지표 중 하나다. 재고자산회전율은 기업이 재고자산을 얼마나 빠르게 매출(판매)로 전환하는지를 평가하는 비율이다. 매출원가를 재고자산으로 나누어 계산하며, 높은 재고자산회전율은 재고가 창고에 오래 머물지 않고 빠르게 출고(판매)되고 있으며, 재고 관리가 매우 효율적으로 이루어지고 있음을 나타낸다. 매출채권회전율은 기업이 매출채권을 얼마나 신속하게 현금화하고 있는지를 보여 준다. 매출액을 매출채권으로 나누어 계산하며, 높은 매출채권회전율은 기업이 매출채권을 효율적으로 회수하고 있으며 현금흐름 관리를 잘하고 있음을 반영한다.

수익성 비율

수익성 비율은 기업이 일정 기간 투자 대비 얼마만큼의 수익을 올렸는지를 비율로 표현하여 투자와 영업의 성과, 즉 기업의 수익 창출 능력을 평가한다. 자본수익률(Return on Capital, ROC), 자산수익률(Return on Assets, ROA), 자기자본수익률(Return on Equity, ROE)이 잘 알려진 수익성 비율이다. 높은 수익성 비율을 유지하는 기업은 일반적으로 비용 관리 능력, 원가 구조, 시장 경쟁력이 우수하고, 내부 유보금 및 재투자 역량이 풍부하다.

ROC는 투자한 총자본으로 기업이 얼마나 효율적으로 수익을 창출하고 있는지를 측정하는 지표다. 여기서 총자본은 장기부채와 주주의 자기자본을 합친 금액을 의미한다. 비율 계산은 EBIT(Earnings Before Interest and Taxes, 영업이익)에 세후 요소(즉, '1－법인세율')를 반영하여 총자본으로 나누는 방식으로 이루어진다. ROC가 높다는 것은 기업이 투하한 자본이 높은 수익을 창출하고 있다는 의미로, 투하 자본의 수익 창출 능력이 우수하다는 것을 나타낸다. 그러나 이 지표는 산업이나 업종에 따라 상이할 수 있으므로, 같은 산업이나 업종 내 유사 기업들과의 비교 분석이 필요하다.

경제적 부가가치(Economic Value Added, EVA)는 ROC와 밀접한 관련이 있는 개념이다. 세후영업이익에서 투하 자본의 총액을 차감해 계산한다. 여기서 투하 자본 총액은 장기부채와 주주의 자기자본을 합한 총자본과 같은 의미다. EVA를 계산하는 또 다른 방법은 ROC에서 장기부채와 자기자본으로 자금을 조달할 때 발생하는 비용(자금조달비용, 가중평균자본비용, 또는 간단히 자본비용)을 차감한 값에 총자본을 곱하는 것이다: EVA＝(ROC－WACC)×총자본. 여기서 WACC는 가중평균자본비용(Weighted Average Cost of Capital)을 뜻하며 장기부채(타인자본)와 자기자본이 총자본에서 차지하는 비중(가중치)으로 각각의 비용을 곱해서 합한 값이다. 예를 들어, 장기부채의 가중치가 40%, 자기자본의 가중치가 60%이고 각각의 비용이 5%와 10%라고 하면, WACC는 8%가 된다. 공식에서 알 수 있듯이, 기업의 EVA 창출 능력을 향상하려면 자금조달비용을 줄이는 노력과 더불어 ROC를 높이는 전략을 강구해야 한다.

ROA는 기업이 보유한 총자산을 이용해 어느 정도의 수익을 창출하는지를 보여 준다. ROA의 분자는 ROC의 분자와 동일하다. 즉, EBIT에 세후 요소를 반영해 산출한 세후영업이익이다. 이를 재무상태표 차변의 총합인 총자산으로 나누면 ROA가 된다. ROA가 높다는 것은 기업이 매출은 늘리고 이에 따른 비용은 줄이는 방향으로 자산을 활용하여 더 많은 세후영업이익을 창출하고 있다는 뜻이다. 그러나 자산의 수익 창출 능력은 산업에 따라 다르기 때문에, 이 비율 역시 동일 산업 내 유사 기업 간 비교가 필요하다.

ROE는 주주가 투자한 자본(자기자본)이 창출하는 순이익의 상대적 수준을 나타내는 지표다. ROE는 순이익을 주주의 자기자본으로 나누어 계산한다. 이 지표가 높으면 주주의 투하 자본에 대한 수익성이 높다는 것을 의미하며, 기업이나 주식은 매력적인 투자 대상으로 인식된다. 그러나 높은 ROE는 높은 레버리지(Leverage, 부채 수준)의 결과일 수도 있기 때문에, 이를 고려해 신중히 해석해야 한다.

ROE는 특히 기업의 수익성과 효율성, 재무 위험(레버리지 위험)을 종합적으로 반영해 기업의 재무 건전성과 경영 성과를 동시에 평가하는 지표이기도 하다. ROE의 통합적 기능을 이해하기 위해 ROE 공식에 간단한 산술적 변형을 시도해 보자. ROE 공식에 '매출액÷매출액'과 '총자산÷총자산'을 곱하면, 이는 각각 1의 값을 가지므로 공식의 본질을 변화시키지 않으며 원래 ROE 공식(순이익÷자기자본)을 순이익률(순이익÷매출액), 총자산회전율(매출액÷총자산), 그리고 자기자본 대비 부채비율(부채÷자기자본)로 구성된 3요인 공식으로 변형시킨다. 3요인 듀퐁 공식으로 불리는 이 공식은 기업의 수익성, 효율성, 그리고 자본 구조가 수익률에 미치는 영향력을 동시에 평가하게 해 준다. 다시 말해서, ROE를 높이기 위해서는 매출 증대, 비용 절감, 자산의 효율적 관리, 부채 수준의 적정 관리를 해야 한다. 이는 기본적인 경영 원칙이지만, ROE 듀퐁 공식을 통해 그 의미를 명확히 이해할 수 있다.

시장가치 비율

시장가치 비율은 주식시장에서 기업이 어떻게 평가되고 있는지 추측할 수 있는 도구다. 기업이 발행한 주식의 시장가격(Price)을 재무제표의 주요 항목으로 나누어 계산된다. 대표적인 시장가치 비율에는 주가수익비율(Price-to-Earnings Ratio, PER), 주가순자산비율(Price-to-Book Ratio, PBR), 주가현금흐름비율(Price-to-Cash Flow Ratio, PCFR), 주가매출액비율(Price-to-Sales Ratio, PSR) 등이 있다. 이들 비율은 주식가격과 기업의 주요 재무 지표를 연결하여 투자자와 경영진에게 기업의 주식이 고평가되었는지, 저평가되었는지를 판단할 수 있는 정보를 제공한다.

주식가격은 주식시장에서 주식의 수요와 공급에 의해 형성되며, 기업의 미래에 대한 투자자들의 예상을 반영한다. 주식가격이 오르는 것은 그 주식을 발행한 기업의 미래가 밝다고 시장에서 평가되고 있음을 의미하며, 반대로 떨어지는 것은 기업에 대한 시장 전망이 어둡다는 것을 암시한다. 따라서 경영진은 시장가치 비율 분석을 통해 자사의 상품과 서비스에 대한 시장의 평가를 알 수 있고, 재무 분석가와 투자자들은 매력적인 주식을 찾는 데 필요한 정보를 얻을 수 있다.

시장가치 비율을 이용할 때는 주의해야 할 점이 있다. 너무 높거나 낮은 시장가치 비율은 투자와 영업의 결과가 아닌 회계장부의 조작, 비정상적 재무상태나 손익구조 때문일 가능성을 항상 의심해야 한다. 시장가치 비율이 높다는 것은 일반적으로 시장에서 해당 기업을 높이 평가하고 있다는 것을 의미하며, 이는 기업 입장에서는 기분 좋은 일이다. 하지만 시장가치 비율이 지나치게 높을 경우, 주식이 과대평가되었을 수도 있다. 과대평가된 주식은 정상적인 평가를 받고 가격 조정을 거치게 되면 가격이 하락한다. 반대로 과소평가된(비율이 지나치게 낮은 경우) 주식은 정상적인 평가와 가격 조정 후에 가격이 상승하기 마련이다.

따라서 주식투자에서 시장가치 비율을 최종 투자 결정을 내리는 수단으로 여겨선 안 된다. 시장가치 비율은 다수 주식 중에서 부가가치 창출 가능성이 있는 소수 주식을 선별하는 필터 정도로 활용하는 것이 바람직하다. 최종적인 투자 결정은 다양한 비율 분석, 기업 관련 뉴스, 공시 정보, 재무 분석가들의 연구 보고서, 그리고 개인의 재무 상태, 투자 전략, 위험에 대한 태도를 종합적으로 고려하여 이루어져야 한다.

PER은 회사의 현재 주가가 순이익 대비 얼마나 높은지를 나타낸다. 이 비율은 주가(Price)를 주당 순이익(Earnings Per Share, EPS)으로 나누어 계산된다. PER이 높으면 주식이 상대적으로 비싸다고 볼 수 있으며, 낮으면 상대적으로 저렴하다고 볼 수 있다. 그러나 이 비율 역시 산업별로 큰 차이를 보일 수 있어, 같은 산업 내의 유사 기업들과 비교하는 것이 유용하다. 비율 분석은 상대성의 원칙을 따른다는 것을 꼭 기억해 두자.

PBR은 회사의 주가가 회사의 순자산(총자산에서 부채를 뺀 금액, 즉 자기자본 장부가액)에 비해 얼마나 높은지를 나타낸다. PBR은 주가를 주당 순자산(Book Value Per Share, BPS)으로 나누어 계산된다. PBR 비율이 1보다 작으면 자기자본의 시장가치(주식가격)가 자기자본의 장부가액보다 낮다는 것을 의미한다. 주주들이 투자한 자본의 가치가 늘기는커녕 오히려 투자 원금을 잠식했다는 뜻이다. 주주의 투자 자본이 시간이 지남에 따라 조금이라도 성장했다면 PBR은 1보다 커진다. 따라서 성장하는 기업의 PBR은 대부분 1보다 크다.

PCFR은 회사의 주가가 그 회사의 잉여현금흐름 또는 자유현금흐름에 비해 얼마나 높은지를 나타낸다. PCFR은 주가를 주당 자유현금흐름(Free Cash Flow Per Share, FCFPS)으로 나누어 계산된다. PCFR은 기업의 실제 현금 창출 능력을 반영하기 때문에, 수익이 아닌 현금흐름에 중점을 두는 투자자에게 유용하다. 마지막으로, PSR은 회사의 주가가 매출액에 비해 얼마나 높은지를 나타낸다. 주가를 주당 매출액(Sales Per Share, SPS)으로 나누어 계산한다. 특히 PSR은 아직 이익이 발생하지 않은 신생 기업의 성과를 평가할 때나 투자자들이 매출 성장을 중요시할 때 유용하다.

핀테크 6단계 분석

재무제표 분석: 요약, 장단점 분석, SWOT 분석

재무제표 분석을 포함한 모든 재무 분석의 시작점은 분석의 목적을 명확하고 구체적으로 설정하는 것이다. 분석의 목적이 복잡한 재무제표를 주요 항목별로 요약하고 이를 바탕으로 기업의 장단점을 추출하는 것이라고 가정해 보자. 이를 위해선 재무제표 정보가 필요하다. 기업의 재무제표를 구할 수 있는 출처는 다양하지만 가장 신뢰할 수 있는 제공처는 전자공시시스템(Data Analysis Retrieval and Transfer System, DART)이다. DART는 금융감독원이 운영하는 온라인 시스템으로 상장기업들이 공시하는 다양한 정형(예: 재무제표) 및 비정형(예: 경영진의 경영 진단 및 분석 의견) 정보를 제공한다. 공시 문서에는 연간 사업보고서, 반기·분기 보고서, 발행공시, 지분공시, 외부감사 관련 보고서 등이 포함된다. 재무제표 정보는 기업의 정기 보고서(예: 연간·반기·분기 보고서)에 다른 공시 내용과 함께 제공되거나 재무제표 자료만 별도로 모아 둔 엑셀 파일 형태로 제공된다. 모두 다운로드를 받아 활용이 가능하다.

DART는 상장기업뿐만 아니라 상장을 준비하는 기업들이 상장 과정 중 필요한 다양한 공시 자료를 제출하고 공개하는 통로이기도 하다. 예를 들어, 상장을 준비하는 기업은 증권신고서를 포함한 여러 발행공시 자료(예: 모집 및 매출 실적)를 DART를 통해 제출한다. 투자자는 이러한 정보를 바탕으로 상장 예정 기업의 재무 건전성, 사업 성과, 경영 전략 등을 파악할 수 있다.

전자공시시스템에 접근해 기업 정보를 추출하는 방법은 생각보다 간단하고 편리하다. 먼저 DART 홈페이지(https://dart.fss.or.kr)에 접속하면 다음과 같은 초기 화면이 나타난다.

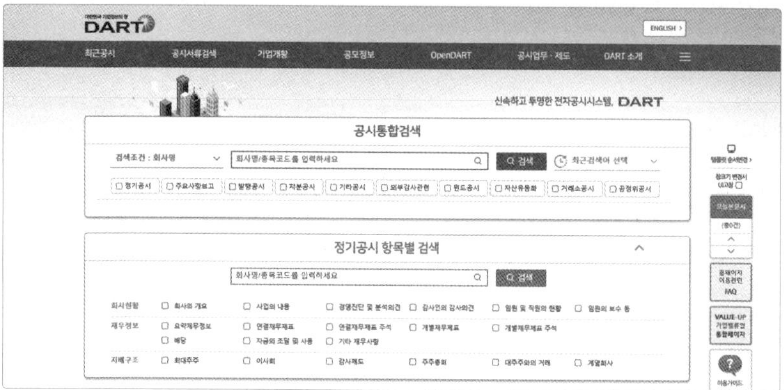

특정 회사(예: 삼성전자)의 정기공시 자료에 접근하려면 먼저 '공시통합검색'의 검색창에 '삼성전자'를 입력한 후 바로 밑 공시 유형에서 '정기공시'를 선택한다. 그리고 검색 버튼을 누르면 삼성전자의 최근 정기공시 자료를 보여 주는 표가 나타난다.

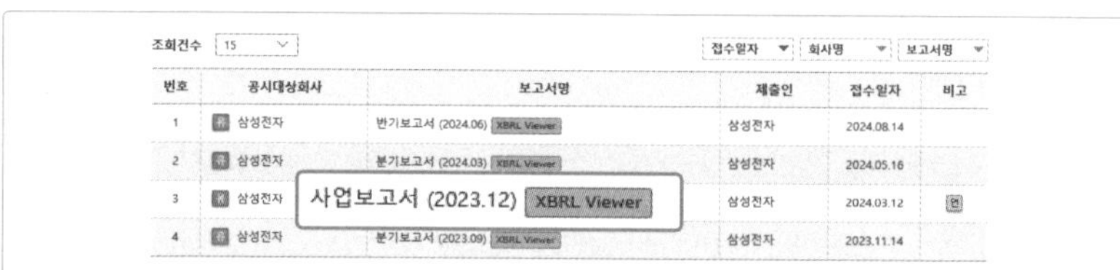

위 표에서 원하는 보고서(예: 사업보고서)를 찾아 클릭해 새 창이 뜨면 온라인상에서 그 내용을 열람하고 검토할 수 있다.

온라인 사업보고서를 오프라인에서 보려면 PDF 파일로 다운로드받으면 된다. 위 사업보고서 창 오른쪽 상단에 '다운로드' 링크를 클릭해 다음과 같은 창이 떴을 때 PDF 파일을 클릭하면 다운로드가 자동으로 진행된다.

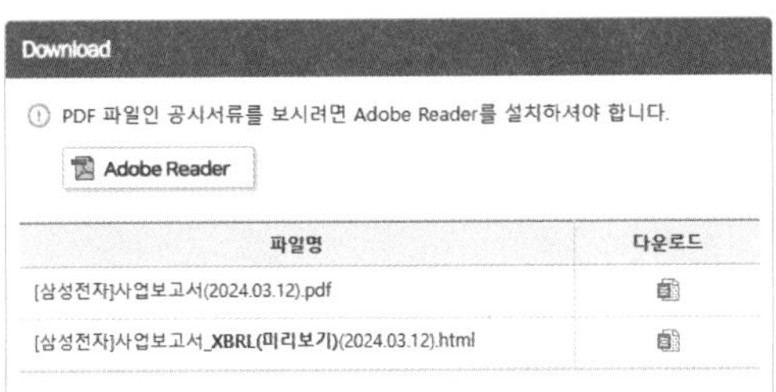

분석의 목적이 재무제표를 주요 항목별로 요약하고 기업의 장단점을 파악하는 것이므로 재무제표 PDF 파일을 다운로드받은 후 재무제표 자료가 표시된 페이지 구간을 확인한다. 삼성전자의 2023 회계연도 사업보고서에는 세 가지 주요 연결 재무제표(연결 재무상태표, 연결 손익계산서, 연결 현

금흐름표)가 77쪽부터 82쪽까지 기록되어 있고 84쪽부터 176쪽까지는 연결 재무제표 주석이 기술되어 있다. 연결 재무제표는 하나의 기업 집단 내 지배기업과 자회사들의 재무 정보를 하나로 통합하여 보여 주는 재무제표로, 모회사와 자회사의 개별 재무제표를 단순히 합산하는 것이 아니라 내부거래를 제거하고 실제 외부로부터의 순자산, 순수익을 더 정확하게 반영하기 때문에 재무제표 분석 시 개별 재무제표보다는 연결 재무제표의 사용이 권장된다.

자료(예: 사업보고서)를 수집하고 특정 분석 대상 자료(예: 연결 재무제표)와 그 위치를 정확히 파악한 후에는 자료를 인공지능 플랫폼(예: 챗GPT)에 업로드한다. 삼성전자 사업보고서를 챗GPT 대화창에 업로드하기 전과 후의 대화창을 보면 다음과 같다.

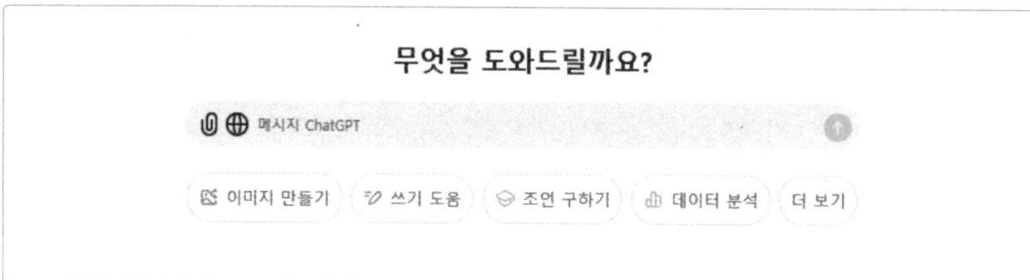

업로드 전 대화창

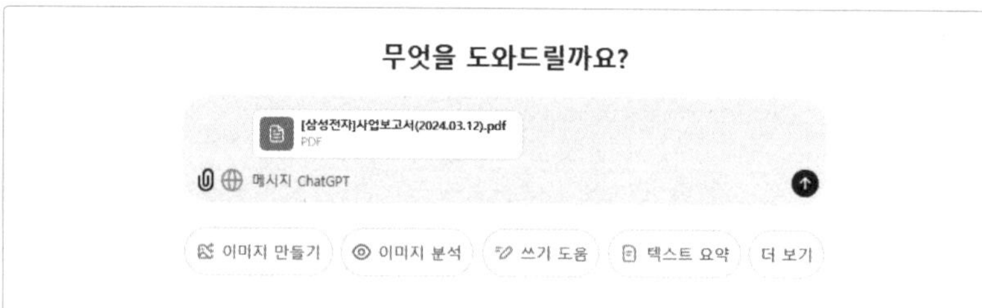

업로드 후 대화창

이제 '재무제표 요약과 장단점 분석'이라는 목적에 부합하는 프롬프트를 작성하고 실행할 차례다. 프롬프트가 CLEAR 원칙을 충실히 반영하도록 심혈을 기울여야 한다. CLEAR 원칙을 감안해 작성한 다음과 같은 프롬프트를 실행해 재무제표 요약을 시도해 보자.

"업로드한 파일은 삼성전자의 2023년 회계연도 사업보고서야. 사업보고서의 77쪽부터 176쪽에는 연결 재무제표와 연결 재무제표 관련 주석이 기재되어 있어. 77쪽부터 176쪽에 포함된 정보를 바탕으로 삼성전자의 세 가지 재무제표(연결 재무상태표, 연결 손익계산서, 연결 현금흐름표)를 요약해 줘."

챗GPT에게 프롬프트를 제시하고 얻은 응답은 다음과 같다. 프롬프트를 실행하면 그 결과는 인공지능 플랫폼의 종류나 실행 횟수에 따라 다양하게 나타날 수 있다는 점을 기억해 두자.

연결 재무상태표 요약

제55기(2023. 12. 31. 현재)

- 자산총계: 455,905,980백만 원
  - 유동자산: 195,936,557백만 원
  - 비유동자산: 259,969,423백만 원
- 부채총계: 92,228,115백만 원
  - 유동부채: 75,719,452백만 원
  - 비유동부채: 16,508,663백만 원
- 자본총계: 363,677,865백만 원
  - 지배기업 소유주지분: 353,233,775백만 원
  - 비지배지분: 10,444,090백만 원

연결 손익계산서 요약

제55기(2023. 01. 01. - 2023. 12. 31.)

- 영업수익(매출액): 258,935,494백만 원
- 매출원가: 180,388,580백만 원

- 매출총이익: 78,546,914백만 원
- 영업이익: 6,566,976백만 원
- 법인세비용차감전순이익: 11,006,265백만 원
- 당기순이익: 15,487,100백만 원

연결 현금흐름표 요약

제55기(2023. 01. 01. - 2023. 12. 31.)

- 영업활동 현금흐름: 44,137,427백만 원
- 투자활동 현금흐름: -16,922,817백만 원
- 재무활동 현금흐름: -8,593,059백만 원

너무 간략하게 요약을 해서 이 결과를 보고 삼성전자 재무제표에서 의미 있는 시사점을 추출했다고 보기 어렵다. 인공지능 관점에서는 수십 페이지에 이르는 난해한 정보를 매우 간략하게 요약했기 때문에 사용자의 요구에 충분히 부응했다고 판단했을 수 있다. 하지만 사용자 입장에서는 무용지물에 가까운 결과다. 또한 이런 초기 단계에서는 회계 수치의 정확성을 철저히 검토해야 한다. 재무제표 요약 과정에서 추출한 핵심 회계 수치가 틀리면 이후의 재무 비율 분석의 결과도 부정확해 신뢰할 수 없게 된다. 따라서 인공지능이 요약한 회계 수치가 사업보고서 원본에 기록된 수치와 일치하는지를 직접 대조해 확인해야 한다. 인공지능은 실제 재무제표 수치와 완전히 다른 수치를 너무도 태연하고 확신 있게 사용하는 경우가 많으니 항상 예의 주시해야 한다.

이번엔 단순히 요약하라고 요청하지 말고 좀 더 구체적으로 사용자가 원하는 결과를 인공지능에게 전달해 보자.

"요약 내용이 너무 간략해서 투자자 입장인 나에게 전혀 유용하지 않아. 연결 재무상태표 요약에는 자산, 부채, 자기자본의 변동, 연결 손익계산서 요약에는 매출, 영업비용, 영업이익, 당기순손익의 변동, 연결 현금흐름표 요약에는 영업활동으로 인한 현금흐름,

투자활동으로 인한 현금흐름, 재무활동으로 인한 현금흐름, 그리고 영업현금흐름에서 투자현금흐름을 차감한 자유현금흐름의 최근 1년간 변동을 수치로 모두 보여 줘. 그리고 이러한 변동이 무엇을 의미하는지 해석해 줘."

연결 재무상태표 요약(2023년)

- 자산총계: 455,905,980백만 원(2022년: 448,424,507백만 원, +7,481,473백만 원, 증가)
  - 유동자산: 195,936,557백만 원(2022년: 218,470,581백만 원, -22,534,024백만 원, 감소)
  - 비유동자산: 259,969,423백만 원(2022년: 229,953,926백만 원, +30,015,497백만 원, 증가)
- 부채총계: 92,228,115백만 원(2022년: 93,674,903백만 원, -1,446,788백만 원, 감소)
  - 유동부채: 75,719,452백만 원(2022년: 78,344,852백만 원, -2,625,400백만 원, 감소)
  - 비유동부채: 16,508,663백만 원(2022년: 15,330,051백만 원, +1,178,612백만 원, 증가)
- 자본총계: 363,677,865백만 원(2022년: 354,749,604백만 원, +8,928,261백만 원, 증가)
  - 지배기업 소유주지분: 353,233,775백만 원(2022년: 345,186,142백만 원, +8,047,633백만 원, 증가)
  - 비지배지분: 10,444,090백만 원(2022년: 9,563,462백만 원, +880,628백만 원, 증가)

해석　자산총계는 현금 및 현금성 자산과 유형자산 증가로 증가했습니다. 유동자산은 단기금융상품 감소로 감소했으며, 비유동자산은 유형자산 증가로 증가했습니다. 부채총계는 유동부채 감소로 감소했으며, 매입채무 감소가 주요 원인입니다. 비유동부채는 장기차입금 증가로 증가했습니다. 자본총계는 이익잉여금 증가로 증가했으며, 지배기업 소유주지분의 증가가 주요 요인입니다.

연결 손익계산서 요약(2023년)

- 영업수익(매출액): 258,935,494백만 원(2022년: 302,231,360백만 원, -43,295,866백만 원, 감소)
- 매출원가: 180,388,580백만 원(2022년: 190,041,770백만 원, -9,653,190백만 원, 감소)
- 매출총이익: 78,546,914백만 원(2022년: 112,189,590백만 원, -33,642,676백만 원, 감소)
- 영업이익: 6,566,976백만 원(2022년: 43,376,630백만 원, -36,809,654백만 원, 감소)
- 법인세비용차감전순이익: 11,006,265백만 원(2022년: 55,654,077백만 원, -44,647,812백만 원, 감소)
- 당기순이익: 15,487,100백만 원(2022년: 55,654,077백만 원, -40,166,977백만 원, 감소)

해석 영업수익(매출액)과 영업이익의 감소는 글로벌 수요 감소와 영업비용 증가에 기인합니다. 매출원가는 원가 절감으로 감소했으나, 매출총이익과 영업이익은 각각 큰 폭으로 감소했습니다. 법인세비용차감전순이익과 당기순이익 역시 큰 폭으로 감소했으며, 이는 전반적인 수익성 저하를 반영합니다.

연결 현금흐름표 요약(2023년)

- 영업활동으로 인한 현금흐름: 44,137,427백만 원(2022년: 62,181,346백만 원, -18,043,919백만 원, 감소)
- 투자활동으로 인한 현금흐름: -16,922,817백만 원(2022년: -31,602,804백만 원, +14,679,987백만 원, 개선)
- 재무활동으로 인한 현금흐름: -8,593,059백만 원(2022년: -13,238,453백만 원, +4,645,394백만 원, 개선)
- 자유현금흐름: 27,214,610백만 원(2022년: 30,578,542백만 원, -3,363,932백만 원, 감소)

해석 영업활동 현금흐름은 영업이익 감소로 감소했습니다. 투자활동 현금흐름은 투자 감소로 개선되었으며, 이는 투자 지출이 줄어들었음을 나타냅니다. 재무활동 현금흐름은 차입금 상환 감소로 개선되었습니다. 자유현금흐름은 영업활동 현금흐름의 감소 영향으로 감소했으며, 이는 기업의 내부 자금 여력이 줄어들었음을 시사합니다.

이전 결과보다는 개선되었지만 여전히 각 재무제표의 내용을 이해하는 데는 한계가 있다. 연결 재무상태표에 초점을 맞춰 좀 더 세부적인 프롬프트를 작성해 실행해 보자.

"연결 재무상태표에 초점을 맞춰 줘. 연결 재무상태표 주석을 참조해 요약해 줘. 삼성전자의 재무 상태와 재무 건전성을 파악하기에 충분한 정보를 담고 있는 요약을 만들어 줘. 요약 내용을 수치나 수치의 변화로 보여 줄 뿐만 아니라 그것들이 의미하는 바를 상세히 설명해 줘."

연결 재무상태표 요약(2023년)

- 자산총계: 455,905,980백만 원(2022년: 448,424,507백만 원, +7,481,473백만 원, 증가)
    - 유동자산: 195,936,557백만 원(2022년: 218,470,581백만 원, -22,534,024백만 원, 감소)
        - 현금 및 현금성 자산: 현금 및 현금성 자산의 감소는 단기금융상품의 감소로 인해 발생했습니다.
        - 매출채권: 매출채권의 감소는 수금된 채권의 증가로 인해 발생했습니다.
- 비유동자산: 259,969,423백만 원(2022년: 229,953,926백만 원, +30,015,497백만 원, 증가)
    - 유형자산: 유형자산의 증가는 공장 및 설비 투자 증가에 기인합니다.
    - 투자부동산: 투자부동산의 증가는 신규 투자로 인한 것입니다.
- 부채총계: 92,228,115백만 원(2022년: 93,674,903백만 원, -1,446,788백만 원, 감소)
    - 유동부채: 75,719,452백만 원(2022년: 78,344,852백만 원, -2,625,400백만 원, 감소)

        - 매입채무: 매입채무의 감소는 지급 기한이 도래한 채무의 결제로 인해 발생했습니다.
        - 단기차입금: 단기차입금의 감소는 상환된 차입금 증가로 인해 발생했습니다.
    - 비유동부채: 16,508,663백만 원(2022년: 15,330,051백만 원, +1,178,612백만 원, 증가)
        - 장기차입금: 장기차입금의 증가는 신규 차입금 증가로 인해 발생했습니다.
        - 이연법인세부채: 이연법인세부채의 증가는 미지급 세금 증가로 인해 발생했습니다.
- 자본총계: 363,677,865백만 원(2022년: 354,749,604백만 원, +8,928,261백만 원, 증가)
    - 지배기업 소유주지분: 353,233,775백만 원(2022년: 345,186,142백만 원, +8,047,633백만 원, 증가)
        - 이익잉여금: 이익잉여금의 증가는 순이익의 누적 증가로 인해 발생했습니다.
    - 비지배지분: 10,444,090백만 원(2022년: 9,563,462백만 원, +880,628백만 원, 증가)

해석 자산: 자산총계는 현금 및 현금성 자산과 유형자산의 증가로 인해 증가했습니다. 유동자산의 감소는 단기금융상품의 감소에 기인하며, 이는 회사의 유동성 관리에 대한 적극적인 조치로 볼 수 있습니다. 비유동자산의 증가는 주로 공장 및 설비 투자 증가에 기인하며, 이는 회사의 장기적인 성장과 수익성 향상에 긍정적인 영향을 미칠 것입니다.

부채: 부채총계는 유동부채의 감소로 인해 감소했습니다. 유동부채의 감소는 매입채무와 단기차입금의 감소에 기인하며, 이는 회사의 단기적인 재무 부담이 줄어들었음을 의미합니다. 비유동부채의 증가는 주로 장기차입금과 이연법인세부채의 증가에 기인하며, 이는 회사가 장기적인 재무 구조 개선을 위해 적극적으로 차입을 활용하고 있음을 나타냅니다.

자본: 자본총계는 이익잉여금의 증가로 인해 증가했습니다. 이는 회사의 순이익이 꾸준히 누적되고 있음을 의미하며, 지배기업 소유주지분의 증가가 이를 뒷받침하고

있습니다. 비지배지분의 증가는 회사의 소수주주들에게도 긍정적인 재무 성과를 제공하고 있음을 나타냅니다.

재무 건전성: 삼성전자의 재무 상태는 전반적으로 건전한 것으로 평가됩니다. 자산이 증가하고 부채가 감소하면서 자본이 증가하는 모습은 회사의 재무 건전성이 강화되고 있음을 시사합니다. 특히 유형자산에 대한 적극적인 투자는 회사의 미래 성장 가능성을 높이는 데 기여할 것입니다. 부채 관리 측면에서도 유동부채를 줄이고 장기차입금을 활용하는 전략은 재무 유동성을 유지하면서 장기적인 안정성을 확보하는 데 도움이 됩니다. 자본의 증가는 이익잉여금의 증가에 기인하며, 이는 회사의 수익성이 지속적으로 향상되고 있음을 반영합니다.

이전의 결과보다 더 심층적이고 유의미한 요약이다. 더욱 세부적인 정보나 추가 정보를 얻고 싶다면 요약 내용을 시작점으로 구체적 요청을 하면 된다. 예를 들어, 유동자산의 감소량과 유동부채의 감소량을 비교하고 분석하기 위해 "유동자산의 감소와 유동부채의 감소 중 어느 것이 더 크지? 이러한 차이가 시사하는 바는 무엇이지?"라는 프롬프트가 유용할 수 있다. 이 밖에 "유동성 관리에 대한 적극적 조치에 대해 보다 구체적으로 설명해 줘.", "차입금 활용이 장기적인 재무 구조 개선에 도움이 된다고 했는데 그 이유를 자세히 설명해 줘.", "재무 건전성을 평가하는 데 도움이 될 만한 추가 사항이 있으면 알려 줘." 등의 프롬프트도 고려할 만하다.

투자의사결정에 유의미한 도움을 줄 수 있는 프롬프트를 작성하려면 결과물이 주는 피드백을 바탕으로 프롬프트를 반복해서 개선해야 한다. CLEAR 원칙은 일회용 적용법이 아니다. 수차례 반복하며 오류를 수정해 나가는 시행착오법임을 명심하자. 연결 재무상태표의 예와 마찬가지로 연결 손익계산서와 연결 현금흐름표를 개별적으로 분석하는 데 초점을 맞춘 프롬프트를 작성해 실행하면 수익 및 현금흐름 창출 능력에 대한 훨씬 세부적인 평가를 획득할 수 있다. 다음 단계로 넘어가기 전에 반드시 실습해 보길 바란다.

인공지능 플랫폼과 프롬프트를 활용해 재무제표뿐만 아니라 그 밖의 재무 분석을 행하는 핀테크 6단계 분석법은 아래와 같이 동일하다.

1. 분석 목적 설정: 예) 사업보고서 요약, 재무제표 요약, 재무제표에 나타난 기업의 장단점, 경영진 기업 전망 분석, 다섯 가지 재무 비율 계산 및 분석
2. 자료 수집 및 특정 분석 대상 결정: 분석 목적과 일치 여부 확인 필수
3. 자료 업로드: 인공지능 플랫폼에 자료 업로드
4. 목적에 부합하는 CLEAR 프롬프트 작성, 실행, 확인: 시행착오법
    - 1차 분석
        - 타당성 확인
        - 타당성 충족 시 5단계로 이동
        - 타당성 결여(예: 입력 오류, 측정 오류, 분석 목적 불일치) 시 프롬프트 수정 및 재실행
    - 프롬프트 수정 및 실행 후 2차 분석
        - 타당성 재확인
        - 타당성 충족 시 5단계로 이동
        - 타당성 결여 시 프롬프트 재수정 및 재실행
    - 타당성이 충족될 때까지 프롬프트 수정, 실행, 분석 반복
5. 최종 결과 및 시사점 도출
6. 결론

핀테크 6단계 분석에서 특히 주목해야 할 부분은 재확인 과정이다. 인공지능이 첨단 기술이긴 하지만 아직 초기 성장 단계를 거치고 있는 도구이기 때문에 이해 오류, 계산 오류, 판단 오류가 생각보다 빈번히 발생한다. 오류의 정도도 종종 매우 심각하다. 오류가 제거됐다는 확신이 설 때까지 확인과 재확인 작업을 소홀히 하면 안 된다.

핀테크 6단계 분석을 이용해 재무제표로부터 기업의 장단점(분석 목적)을 끄집어내 보자. 활용하는 정보가 동일하기 때문에 재무제표 요약을 위해 고안했던 초기 프롬프트의 일부만 수정해서 장단점 분석을 요구하면 된다.

"업로드한 파일은 삼성전자의 2023년 회계연도 사업보고서야. 사업보고서의 77쪽부터 176쪽에는 연결 재무제표와 연결 재무제표 관련 주석이 기재되어 있어. 77쪽부터 176쪽에 포함된 정보를 신중히 분석한 후 삼성전자의 영업활동(수익 창출 활동), 투자활동, 재무활동의 장단점을 최소 두 개씩 꼼꼼히 채집해 줘. 단점에 대해서는 단점을 극복하기 위한 대처법도 제시해 줘."

이해를 돕기 위해 이전 프롬프트의 앞부분(사업보고서 내 재무제표 위치)을 반복했지만, 인공지능이 이전에 학습한 자료를 기억하고 있기 때문에 이 부분이 없어도 동일한 답을 얻을 수 있다.

영업활동(수익 창출 활동)

장점

- 다양한 사업 포트폴리오: 삼성전자는 반도체, 가전제품, 모바일 기기 등 다양한 사업 부문을 운영하여 다양한 수익원을 확보하고 있습니다. 이는 특정 사업 부문의 실적 저하가 전체 수익에 미치는 영향을 완화합니다.
- 강력한 글로벌 브랜드: 삼성전자는 전 세계적으로 강력한 브랜드 파워를 가지고 있으며, 이는 소비자 신뢰를 높이고 제품 판매를 촉진하는 데 기여합니다.

단점

- 시장 포화: 일부 주요 제품 시장이 포화 상태에 이르러 성장률이 둔화될 위험이 있습니다. 이는 특히 스마트폰과 가전 제품 시장에서 두드러집니다.
- 글로벌 경제 불확실성: 글로벌 통화 긴축과 지정학적 이슈 등으로 인해 경영 환경이 악화될 가능성이 있습니다.

대처법

- 신흥 시장 개척: 신흥 시장을 적극 공략하여 새로운 성장 기회를 모색합니다.
- 혁신적인 제품 개발: 혁신적인 제품과 기술 개발을 통해 차별화된 경쟁력을 확보합니다.

투자활동

장점

- 지속적인 R&D 투자: 삼성전자는 지속적으로 높은 수준의 연구개발(R&D) 투자를 통해 기술 혁신을 주도하고 있습니다. 이는 장기적인 성장과 경쟁력 강화에 기여합니다.
- 적극적인 설비 투자: 반도체 공장 등 주요 설비에 대한 투자를 지속적으로 확대하여 생산 능력을 향상하고 있습니다.

단점

- 높은 투자 비용: 대규모 설비 투자와 R&D 투자가 재무 부담으로 작용할 수 있습니다.
- 투자 회수 불확실성: 신기술 및 신사업에 대한 투자 회수 기간이 길고 불확실성이 큽니다.

대처법

- 투자 우선순위 설정: 투자 우선순위를 명확히 하여, 가장 높은 투자 수익을 기대할 수 있는 분야에 집중 투자합니다.
- 리스크 관리 강화: 시장 조사 및 철저한 리스크 관리를 통해 투자 결정의 신중성을 높이고, 포트폴리오 다각화를 통해 투자 리스크를 분산시킵니다.

재무활동

장점

- 건전한 재무 구조: 삼성전자는 낮은 부채비율과 높은 자기자본비율을 유지하고 있어 재무 안정성이 높습니다.
- 적극적인 배당 정책: 주주가치 제고를 위한 배당 정책을 지속적으로 강화하고 있습니다.

단점

- 차입금 증가: 장기차입금의 증가로 인해 이자비용 부담이 늘어날 수 있습니다.
- 외부 충격에 대한 민감도: 글로벌 경제 상황에 따라 재무 상태가 영향을 받을 수 있습니다.

대처법

- 차입금 관리 강화: 차입금 관리 강화를 통해 이자비용을 절감하고 재무적 부담을

줄입니다. 예를 들어, 저금리 차입금으로의 대환이나, 장기적으로 재무 구조를 개선하는 방안을 고려할 수 있습니다.

- 재무 유동성 확보: 외부 충격에 대비해 현금 및 현금성 자산을 확보하고, 유동성 리스크를 관리하는 체계를 강화합니다.

삼성전자의 기업 활동 장단점을 충분히 파악하기에는 부족해 보인다. 좀 더 구체적이고 세부적인 결과물을 끌어내기 위해 새로운 프롬프트를 추가해 보자.

"내용이 너무 간략해서 장단점을 제대로 이해하기 어려워. 보다 구체적이고 세부적으로 정리해 줘. 또한 연결 재무제표뿐만 아니라 주석도 반드시 함께 참조하고, 텍스트뿐만 아니라 회계 수치도 사용해서 장단점의 내용을 알기 쉽게 작성해 줘."

영업활동(수익 창출 활동)

장점

- 다양한 사업 포트폴리오: 삼성전자는 반도체, 가전제품, 모바일 기기 등 다양한 사업 부문에서 수익을 창출합니다. 2023년 전체 매출액은 258조 9,355억 원이며, 이 중 DX 부문이 169조 9,923억 원(65.7%), DS 부문이 66조 5,945억 원(25.7%), SDC 부문이 30조 9,754억 원(12.0%), Harman 부문이 14조 3,885억 원(5.6%)을 차지합니다.
    - 의미: 다양한 사업 포트폴리오는 특정 산업의 경기 변동성에 대한 리스크를 분산시킬 수 있어 전반적인 재무 안정성을 높입니다.
- 강력한 글로벌 브랜드: 삼성전자의 브랜드 가치는 914억 달러로, 전년 대비 4% 증가하며 세계 전체 기업 중 5위를 차지했습니다.
    - 의미: 강력한 브랜드 파워는 소비자의 신뢰를 높이고, 제품 판매를 촉진하는 데 기여합니다. 이는 매출 증가와 시장 점유율 확대에 긍정적인 영향을 미칩니다.

단점

- 시장 포화: 스마트폰, TV 등 주요 제품 시장이 이미 포화 상태에 이르렀습니다. 예를 들어, DX 부문의 매출이 전년 대비 6.8% 감소했습니다.

- 대처법: 신흥 시장을 적극 공략하고, 혁신적인 제품과 기술을 개발하여 새로운 수요를 창출합니다. 예를 들어, 프리미엄 제품 라인업 강화와 차별화된 제품 출시를 통해 경쟁력을 확보합니다.

- 글로벌 경제 불확실성: 글로벌 통화 긴축과 지정학적 이슈 등으로 인해 경영 환경이 악화될 가능성이 있습니다.
  - 대처법: 리스크 관리를 강화하고, 다양한 지역에 분산 투자하여 특정 지역의 경제 상황에 대한 의존도를 줄입니다. 이를 통해 외부 충격에 대한 대응력을 높입니다.

투자활동

장점

- 지속적인 R&D 투자: 삼성전자는 연구개발(R&D)에 매년 막대한 자금을 투자하고 있습니다. 2023년에는 45조 2,620억 원을 유형자산 취득에 투자했습니다.
  - 의미: 지속적인 R&D 투자는 기술 혁신을 주도하고, 장기적인 성장과 경쟁력 강화를 위한 중요한 요소입니다.
- 적극적인 설비 투자: 반도체 공장 등 주요 설비에 대한 투자가 지속적으로 확대되고 있습니다. 2023년 DS 부문에 48조 3,720억 원, SDC 부문에 2조 3,860억 원을 투자했습니다.
  - 의미: 설비 투자는 생산 능력을 향상하고, 시장 수요에 대응할 수 있는 유연성을 제공합니다. 이는 삼성전자의 장기적인 경쟁 우위를 확보하는 데 중요한 역할을 합니다.

단점

- 높은 투자 비용: 2023년 투자활동 현금흐름은 -47조 5,715억 원으로, 이는 2022년 대비 큰 폭의 감소를 나타내고 있습니다.
  - 대처법: 투자 우선순위를 명확히 설정하고, 가장 높은 투자 수익을 기대할 수 있는 분야에 집중 투자합니다. 또한 외부 파트너와의 협업을 통해 투자 비용을 분담합니다.
- 투자 회수 불확실성: 신기술 및 신사업에 대한 투자 회수 기간이 길고 불확실성이 큽니다.
  - 대처법: 철저한 시장 조사와 리스크 관리를 통해 투자 결정의 신중성을 높입니다. 포트폴리오 다각화를 통해 투자 리스크를 분산시킵니다.

재무활동

장점

- 건전한 재무 구조: 삼성전자의 부채비율은 25.4%, 자기자본비율은 79.8%로 견실한 재무 구조를 유지하고 있습니다.
  - 의미: 낮은 부채비율과 높은 자기자본비율은 재무 안정성을 높이고, 외부 충격에 대한 대응력을 강화합니다.
- 적극적인 배당 정책: 2023년 배당금 지급은 9조 8,094억 원에 달합니다.
  - 의미: 주주가치 제고를 위한 배당 정책은 주주 신뢰를 높이고, 기업의 자본 조달 비용을 줄이는 데 도움이 됩니다.

단점

- 차입금 증가: 장기차입금이 22조 9,020억 원으로 증가했습니다. 차입금 증가로 인해 이자비용 부담이 늘어날 수 있습니다.
  - 대처법: 차입금 관리를 강화하여 이자비용을 절감하고, 재무적 부담을 줄입니다. 예를 들어, 저금리 차입금으로 대환하거나, 장기적으로 재무 구조를 개선하는 방안을 고려합니다.
- 외부 충격에 대한 민감도: 글로벌 경제 상황에 따라 재무 상태가 영향을 받을 수 있습니다.
  - 대처법: 재무 유동성을 확보하고, 외부 충격에 대비한 리스크 관리 체계를 강화합니다. 현금 및 현금성 자산을 충분히 확보하고, 유동성 리스크를 줄이는 전략을 마련합니다.

결과가 크게 달라지진 않지만 좀 더 구체적이고 계량적으로 변했다. 이번엔 기업 활동별 장단점이 아닌 전반적인 삼성전자의 강점(Strength), 약점(Weakness), 기회(Opportunity) 및 위협(Threat), 즉 SWOT 분석을 해 보자. SWOT 분석은 이전의 재무제표 요약이나 장단점 분석과는 또 다른 관점을 지닌 유용한 정보를 제공한다.

"사업보고서 전체 정보를 꼼꼼히 읽고 분석한 후 삼성전자가 가진 강점(Strength), 약점(Weakness), 기회(Opportunity) 및 위협(Threat)을 상세히 기술해 줘. 즉, SWOT 분석을 수행해 줘. 분석 내용은 정성적 평가와 정량적 평가가 적절한 조화를 이루도록 해 줘."

강점(Strength)

- 다양한 사업 포트폴리오: 삼성전자는 반도체, 가전제품, 모바일 기기 등 다양한 사업 부문에서 수익을 창출합니다. 2023년 전체 매출액은 258조 9,355억 원이며, 이 중 DX 부문이 169조 9,923억 원(65.7%), DS 부문이 66조 5,945억 원(25.7%), SDC 부문이 30조 9,754억 원(12.0%), Harman 부문이 14조 3,885억 원(5.6%)을 차지합니다. 이러한 다양한 포트폴리오는 특정 산업의 경기 변동성에 대한 리스크를 분산시켜 전반적인 재무 안정성을 높입니다.
- 강력한 글로벌 브랜드: 삼성전자의 브랜드 가치는 914억 달러로, 이는 전년 대비 4% 증가하며 세계 전체 기업 중 5위를 차지했습니다. 강력한 브랜드 파워는 소비자의 신뢰를 높이고 제품 판매를 촉진하는 데 기여합니다. 이는 매출 증가와 시장 점유율 확대에 긍정적인 영향을 미칩니다.
- 지속적인 R&D 투자: 삼성전자는 지속적인 연구개발(R&D) 투자를 통해 기술 혁신을 주도하고 있습니다. 2023년에는 45조 2,620억 원을 연구개발에 투자했습니다. 이러한 투자는 장기적인 성장과 경쟁력 강화를 위한 중요한 요소입니다.
- 반도체 기술 리더십: 삼성전자는 세계 최초로 Gate-All-Around(GAA) 트랜지스터 기술을 적용한 3나노 공정 양산에 성공하였습니다. 이 기술은 전력 효율과 성능을 극대화하며, 5나노 공정 대비 전력 45% 감소, 성능 23% 향상, 면적 16% 감소를 이뤘습니다. 또한 12나노급 D램과 업계 최초 GDDR7 D램 개발 등의 성과를 통해 반도체 분야에서 기술 리더십을 유지하고 있습니다.

약점(Weakness)

- 높은 투자 비용: 대규모 설비 투자와 R&D 투자가 재무 부담으로 작용할 수 있습니다. 2023년 투자활동 현금흐름은 -47조 5,715억 원으로, 이는 2022년 대비 큰 폭의 감소를 나타내고 있습니다. 이는 투자 회수 불확실성과 재무적 부담을 증가시키는 요인입니다.
- 차입금 증가: 차입금 증가로 인해 이자비용 부담이 늘어날 수 있습니다. 장기차입금이 22조 9,020억 원으로 증가했습니다. 이는 재무 부담을 증가시키며, 이자비용이 증가함에 따라 순이익에 부정적인 영향을 미칠 수 있습니다.

- 반도체 부문 영업손실: DS 부문의 매출은 66조 5,945억 원으로 전년 대비 32.4% 감소하였으며, 영업손실은 14조 8,795억 원에 달했습니다. 이는 반도체 판매가 하락 및 고객사의 재고 조정으로 인한 수요 부진이 주요 원인입니다.

기회(Opportunity)

- 신흥 시장 공략: 신흥 시장에서의 성장 가능성이 높으며, 이는 신규 고객 확보와 매출 증대에 기여할 수 있습니다. DX 부문에서 신흥 시장의 매출 비중을 높이는 전략을 통해 성장을 도모할 수 있습니다. 이러한 시장은 아직 포화되지 않은 상태이므로 큰 성장 잠재력을 가지고 있습니다.
- 혁신적인 제품과 기술 개발: 새로운 제품 라인업과 기술 혁신을 통해 시장에서의 경쟁 우위를 확보할 수 있습니다. 삼성전자는 2023년에 '갤럭시 S23', '갤럭시 Z 폴드5', '갤럭시 Z 플립5' 등 다양한 신제품을 출시했습니다. 이러한 혁신은 고객의 요구를 충족시키고, 시장 점유율을 확대하는 데 중요한 역할을 합니다.
- 차세대 반도체 시장: AI와 고성능 컴퓨팅(HPC) 분야의 성장에 따라 고성능, 고용량 반도체 수요가 증가하고 있습니다. 삼성전자는 32Gb DDR5 D램, GDDR7 D램 등 차세대 반도체 제품을 통해 이러한 시장 수요를 충족시킬 수 있습니다.
- 친환경 기술 및 ESG 강화: 삼성전자는 친환경 제품과 에너지 효율적인 기술 개발에 주력하고 있습니다. 이는 글로벌 환경 규제 강화에 대응하며, 지속 가능한 경영을 실현하는 데 중요한 역할을 합니다.

위협(Threat)

- 글로벌 경제 불확실성: 글로벌 통화 긴축과 지정학적 이슈 등으로 인해 경영 환경이 악화될 가능성이 있습니다. 이러한 불확실성은 매출과 수익성에 부정적인 영향을 미칠 수 있으며, 특히 수출 의존도가 높은 삼성전자의 경우 더욱 큰 리스크로 작용할 수 있습니다.
- 시장 포화: 주요 제품 시장이 이미 포화 상태에 이르러 성장률이 둔화될 위험이 있습니다. 예를 들어, DX 부문의 매출이 전년 대비 6.8% 감소했습니다. 이는 신규 고객 확보가 어려워지고, 기존 고객의 수요가 정체될 가능성을 의미합니다.
- 기술 경쟁 심화: 반도체 및 전자 제품 시장에서의 기술 경쟁이 심화되고 있습니다. 경쟁사들이 새로운 기술과 제품을 출시함에 따라 삼성전자는 지속적인 기술 혁신과 품질 개선을 요구받고 있습니다.

추가적인 질문을 통해 SWOT 분석의 세부 항목을 심층적으로 들여다볼 수 있다. 예를 들어, "반도체 및 전자 제품 시장에서의 기술 경쟁이 심화되고 있다고 했는데 기술 경쟁을 하는 주요 경쟁사는 구체적으로 어느 기업을 일컫는 거지?"라는 프롬프트로 추가 정보를 요청하면 매우 상세한 경쟁사 정보를 얻을 수 있다.

- TSMC(Taiwan Semiconductor Manufacturing Company): TSMC는 세계 최대의 반도체 파운드리 업체로, 최신 공정 기술과 높은 생산 능력을 자랑합니다. 삼성전자와 함께 3나노 공정 기술을 선도하고 있으며, 글로벌 반도체 시장에서 큰 비중을 차지하고 있습니다.
- Intel: Intel은 반도체 설계와 제조 분야에서 오랜 역사를 가지고 있으며, CPU와 서버용 프로세서 시장에서 강력한 입지를 유지하고 있습니다. 또한 Intel은 새로운 공정 기술과 파운드리 사업 확장을 통해 경쟁력을 강화하고 있습니다.
- AMD(Advanced Micro Devices): AMD는 고성능 컴퓨팅과 그래픽 카드 시장에서 강력한 경쟁자로 자리매김하고 있습니다. 특히 라이젠(Ryzen) 시리즈와 라데온(Radeon) 그래픽 카드로 시장 점유율을 높이고 있습니다.
- Qualcomm: Qualcomm은 모바일 프로세서와 무선 통신 기술에서 선두를 달리고 있으며, 스냅드래곤(Snapdragon) 프로세서로 유명합니다. 5G 기술과 IoT(사물인터넷) 분야에서도 강력한 경쟁력을 보유하고 있습니다.
- Huawei: Huawei는 통신 장비와 스마트폰 시장에서 강력한 입지를 가지고 있으며, 자체 설계한 반도체 칩인 기린(Kirin) 시리즈로 경쟁력을 강화하고 있습니다. 미국의 제재로 인해 도전에 직면했지만, 여전히 주요 경쟁사로 남아 있습니다.
- Micron Technology: Micron은 메모리 반도체 분야에서 삼성전자와 경쟁하고 있으며, DRAM과 NAND 플래시 메모리 시장에서 강력한 입지를 가지고 있습니다. 지속적인 기술 혁신과 생산 능력 확장을 통해 시장 점유율을 높이고 있습니다.

삼성전자가 AI와 고성능 컴퓨팅 분야의 성장에 따른 차세대 반도체 수요를 충족하기 위해 개발 중인 32Gb DDR5 D램, GDDR7 D램 등 첨단 제품에 관한 자세한 설명과 주요 경쟁자를 알고 싶으면, "32Gb DDR5 D램, GDDR7 D램에 관한 제품 설명을 자세히 해 줘. 그리고 비슷한 제품을 개발하는 주요 경쟁사는 누군지 알려 줘."라고 물으면 된다. 인공지능은 각 제품에 대한 간략하면서도 명확한 설명과 함께 경쟁사들을 보여 준다.

- 32Gb DDR5 D램: 삼성전자의 32Gb DDR5는 높은 데이터 전송 속도와 대용량을 요구하는 응용 프로그램에 최적화된 메모리입니다. DDR5는 DDR4보다 두 배 빠른 속도를 제공하며, 고성능 컴퓨팅, 데이터 센터, 인공지능(AI), 머신 러닝(ML), 고성능 서버 및 워크스테이션에서 사용됩니다. 낮은 전력 소비와 향상된 성능을 제공하여, 전력 효율성과 처리 능력을 동시에 강화합니다. 32Gb DDR5는 데이터 처리 속도를 크게 향상하고, 대규모 데이터 센터의 운영 효율성을 극대화할 수 있습니다.
- GDDR7 D램: GDDR7 D램은 GDDR6보다 더 높은 대역폭을 제공하며, 고해상도 게임, 가상 현실(VR), 증강 현실(AR), 고성능 그래픽 작업에 필요한 속도를 충족시킵니다. 그래픽 카드, 고성능 컴퓨팅, 게임 콘솔, AI 가속기 및 데이터 처리 장치에서 사용되며, 높은 대역폭과 낮은 지연 시간을 제공합니다. 복잡한 그래픽 연산과 대용량 데이터 처리에 필수적이며, 전력 효율성을 개선하여 고성능 그래픽 작업의 에너지 소비를 줄입니다.
- 주요 경쟁사와 비슷한 제품: 32Gb DDR5 D램의 주요 경쟁사로는 Micron Technology, SK Hynix, Intel이 있습니다. Micron과 SK Hynix는 고성능 및 대용량 메모리 시장에서 삼성전자와 경쟁하고 있으며, Intel은 메모리 컨트롤러와 칩셋을 개발하여 메모리 시장의 기술 발전을 주도하고 있습니다.

  GDDR7 D램의 주요 경쟁사로는 Micron Technology, SK Hynix, NVIDIA가 있습니다. Micron은 그래픽 메모리 시장에서 GDDR6X를 포함한 고성능 그래픽 메모리를 제공하며, SK Hynix는 GDDR6 메모리를 양산하고 있고, 차세대 그래픽 메모리 기술인 GDDR7 개발에도 주력하고 있습니다. NVIDIA는 그래픽 카드용 GDDR 메모리의 주요 소비자로서 메모리 제조업체와 협력하여 고성능 메모리 기술을 도입하고 있습니다.

인공지능이 주어진 정보를 요약하고 분석해 결과물을 보여 주는 과정은 일사천리로 진행된다. 이 과정에서 거짓 뉴스와 가상 정보를 진짜와 실제처럼 막힘없이 기술하고 말도 안 되는 주장을 명백한 사실인 양 인용하는 경우가 자주 발생한다. 참고문헌의 저자, 출판 연도, 제목도 제멋대로 작성하기 일쑤다. 존재하지 않거나 전혀 관련 없는 자료를 보여 주는 링크도 자주 제시한다. 25,890백만 원(258억 9천만 원)을 25.89억 원으로 인식하거나 2천억 원의 총자산을 1.5천억 원으로 천연덕스럽게 탈바꿈시키는 행위도 서슴지 않는다. 터무니없는 오류지만 실제로 적지 않게 발생하는 현상이다. 이런 실수를 예방하려면 인공지능에게 정보의 진위 확인을 요청하는 것은 기본이고 인공지능이 제공한 글, 수치, 시각 및 청각 자료의 정확성을 사용자가 직접 확인 및 재확인하는 습관이 필요하다. 인공지능이 제공하는 편의성, 정확성, 신뢰성은 일반적으로 상당히 높은 수준이고 성능이 급속도로 개선되고 있지만 맹신은 절대 금물이다.

유동성 비율 분석

인공지능과 삼성전자 재무제표를 활용해 유동성, 부채성, 효율성, 수익성, 시장가치 비율 순으로 재무 비율 분석을 시도해 보자. 재무 비율의 정의는 교과서, 학자, 분석가에 따라 다소 차이가 있지만 재무 비율과 기준 비율(벤치마크) 계산 시 일관성(동일한 공식 적용)을 유지하면 큰 문제가 없다. 일관성과 더불어 비율 분석의 중추적 기능을 담당하는 것이 벤치마크다. 보통 평가 대상 기업과 유사한 사업을 영위하는 경쟁 기업들의 평균 비율이 적절한 벤치마크로 간주된다. 경쟁 기업 선정이 어려운 경우(예: 다각화된 사업을 하는 기업) 산업 비율이나 시장 비율을 사용하기도 한다.

유동성 비율 분석을 통해 삼성전자의 단기 부채 상환 능력, 운영 자금 효율성, 불확실성 대응 능력을 측정해 보자. 삼성전자는 애플, 화웨이, 소니, 인텔, LG전자 등 여러 경쟁 기업이 있지만 국내외 가전 시장에서 선의의 경쟁을 펼치는 LG전자를 벤치마크로 삼을 예정이다. 다만, 삼성전자와 LG전자는 사업 구조와 핵심 수익원이 근본적으로 다르므로, 실무 차원의 재무 비율 분석에서 LG전자를 직접적인 비교 대상으로 삼는 것은 적절하지 않다. 따라서 LG전자를 벤치마크로 활용하는 것은 재무 비율 분석 과정을 설명하기 위한 편의적 선택에 불과한 만큼 이를 실질적인 비교 기준으로 받아들이지 않기를 바란다.

먼저 핀테크 6단계 분석의 첫 단계인 분석 목적은 '삼성전자의 유동성 비율 분석'으로 설정한다. 유동성 비율의 구성 요소가 모두 재무상태표(대차대조표) 항목들이므로 삼성전자의 2023년도 사업보고서 내 연결 재무상태표 페이지(77~78쪽)를 확인한 후 사업보고서 파일을 인공지능 플랫폼에 업로드한다. 이어 CLEAR 원칙에 입각해 유동성 비율을 계산하는 초기 프롬프트를 작성하고 실행한다.

"업로드한 파일은 삼성전자의 2023년 회계연도 사업보고서야. 사업보고서의 77쪽부터 78쪽에 있는 연결 재무상태표를 이용해 유동성 비율 세 가지를 계산해 줘. 세 비율의 공식은 다음과 같아: 유동비율=유동자산÷유동부채, 당좌비율=(유동자산-재고자산)÷유동부채, 현금비율=현금 및 현금성 자산÷유동부채. 산출 과정과 산출 결과를 모두 보여 줘."

실행 결과는 요구된 세 가지 유동성 비율의 산출 과정과 결과를 모두 포함하고 있다. 만약 "산출 과정과 산출 결과를 모두 보여 줘."라는 구체적인 요청을 생략한다면, 때로는 산출 과정 혹은 산출 결과만 표시될 수 있다. 따라서 과정과 결과를 모두 원한다면, 구체적이고 명확한 지시가 필요하다.

- 유동비율: $\frac{\text{유동자산}}{\text{유동부채}} = \frac{195,936,557}{41,775,101} \approx 4.69$
- 당좌비율: $\frac{\text{유동자산} - \text{재고자산}}{\text{유동부채}} = \frac{195,936,557 - 51,625,874}{41,775,101} \approx 3.45$
- 현금비율: $\frac{\text{현금 및 현금성 자산}}{\text{유동부채}} = \frac{69,080,893}{41,775,101} \approx 1.65$

인공지능이 자신 있게 계산한 유동성 비율은 모두 틀린 값이다. 왜냐하면 유동부채의 값이 41,775,101백만 원이 아니라 75,719,452백만 원이기 때문이다. 타당성 확인 절차가 얼마나 중요한지 잘 보여 주는 사례다. 이런 사례는 다른 분석에서도 얼마든지 발생할 수 있기 때문에 항상 주의를 기울여야 한다. 번거롭더라도 반드시 자료 원본과 대조하는 습관을 길러야 한다. 잘못된 계산 과정을 바로잡아 보자.

"유동부채의 값이 완전히 틀렸어. 올바른 값을 찾아 다시 세 가지 유동성 비율을 계산해 줘."

- 유동비율 계산

  공식: 유동비율 = 유동자산 ÷ 유동부채

  $$\frac{195,936,557}{75,719,452} \approx 2.588$$

- 당좌비율 계산

  공식: 당좌비율 = (유동자산 − 재고자산) ÷ 유동부채

  $$\frac{195,936,557-51,625,874}{75,719,452} \approx \frac{144,310,683}{75,719,452} \approx 1.906$$

- 현금비율 계산

  공식: 현금비율 = 현금 및 현금성 자산 ÷ 유동부채

  $$\frac{69,080,893}{75,719,452} \approx 0.912$$

형식은 조금 다르지만 연결 재무상태표상의 올바른 회계 수치를 사용해 정확한 유동성 비율이 계산됐다. 잘 작동하던 챗GPT가 연결 재무상태표에서 찾아볼 수 없는 수치를 멋대로 사용하는 현상(환각 현상, Hallucination) 때문에 여러 번 로그아웃과 로그인을 반복하고 수차례 프롬프트 수정 절차를 거치고 나서야 위와 같은 답을 얻을 수 있었다. 급속히 진행되는 AI 기술 혁신에 힘입어 환각 현상은 현저히 감소할 것으로 예상된다.

챗GPT 플랫폼엔 기본 플랫폼인 챗GPT 외에 매우 다양한 맞춤형 GPT가 존재한다. 계량 분석 도구로 많이 쓰이는 GPT 중 하나가 Data Analyst이다. 기본 플랫폼의 작동이 원활하지 않을 때 Data Analyst와 같은 맞춤형 GPT를 사용하면 문제가 해결되는 경우가 종종 있으니 참고하기 바란다.

두 개의 프롬프트 실행 결과는 단순히 세 유동성 비율의 수치만을 나타낸다. 이 수치가 어떤 의미를 내포하는지에 대한 설명이 전혀 없다. 추가 프롬프트를 통해 각 유동성 비율이 삼성전자의 단기 부채 상환 능력, 운영 자금 효율성, 불확실성 대응 능력과 어떤 상관관계를 갖는지 파악해야 한다. 무엇보다도 벤치마크인 LG전자의 유동성 비율이 필요하다. 삼성전자 자료 수집과 마찬가지로 DART에서 LG전자의 2023년도 사업보고서를 다운로드한 후 세 가지 유동성 비율을 계산한다.

"LG전자의 2023년 회계연도 사업보고서야. 사업보고서의 64쪽부터 65쪽에 있는 연결 재무상태표를 이용해 유동성 비율 세 가지를 계산해 줘. 세 비율의 공식은 다음과 같아. 유동비율 = 유동자산 ÷ 유동부채, 당좌비율 = (유동자산 - 재고자산) ÷ 유동부채, 현금비율 = 현금 및 현금성 자산 ÷ 유동부채. 산출 과정뿐만 아니라 산출 결과도 보여 줘."

- 유동비율

  유동비율 = 유동자산 ÷ 유동부채

$$유동비율 = \frac{30,341,209}{24,160,380} \approx 1.26$$

- 당좌비율

  당좌비율 = (유동자산 - 재고자산) ÷ 유동부채

$$당좌비율 = \frac{30,341,209 - 9,125,404}{24,160,380} \approx 0.88$$

- 현금비율

  현금비율 = 현금 및 현금성 자산 ÷ 유동부채

$$현금비율 = \frac{8,487,563}{24,160,380} \approx 0.35$$

LG전자 사업보고서에 있는 연결 재무상태표의 해당 자산 금액과 대조해 본 결과 모두 맞는 수치였다. 계산된 비율도 엑셀로 확인해 보니 정확했다. 이제 삼성전자의 유동성 비율과 벤치마크(LG전자)의 유동성 비율이 산출되었고 타당성이 확인되었으므로 삼성전자 유동성 비율이 가진 의미를 보다 심층적으로 분석할 차례다. 삼성전자 유동성 비율들의 개별 결괏값들 자체가 갖는 의미와 벤치마크와 비교했을 때 갖게 되는 상대적 평가의 의미를 동시에 파악해 보자.

"삼성전자의 2023년도 유동비율, 당좌비율, 현금비율은 각각 2.59, 1.91, 0.91이고 벤치마크인 LG전자의 같은 해 유동비율, 당좌비율, 현금비율은 각각 1.26, 0.88, 0.35야. 이 자료를 바탕으로 삼성전자의 세 가지 유동성 비율이 갖는 독립적 의미와 상대적 의미를 기술해 줘. 여기서 독립적 의미는 삼성전자의 세 가지 유동성 비율 수치들이 갖는 자체 의미를 해석하는 것을 뜻하고 상대적 의미는 삼성전자 유동성 비율과 벤치마크 유동성 비율을 비교, 분석해서 나온 해석을 뜻하는 거야."

이 프롬프트의 결과물이 너무 간략해서 추가로 "설명을 좀 더 상세히 해 줘." 라는 프롬프트를 실행한 결과 다음과 같은 응답을 받았다.

 # 삼성전자 유동성 비율의 독립적 의미

- 유동비율(2.59): 유동비율은 유동자산을 유동부채로 나눈 값으로, 기업이 단기 채무를 상환할 수 있는 능력을 나타냅니다. 삼성전자의 유동비율 2.59는 유동자산이 유동부채의 2.59배임을 의미합니다. 이는 삼성전자가 단기 채무를 충분히 상환할 수 있는 능력을 보유하고 있음을 보여 줍니다. 유동비율이 2 이상이면 일반적으로 안정적인 재무 상태를 나타내며, 삼성전자는 매우 건전한 유동성 상태에 있습니다.
- 당좌비율(1.91): 당좌비율은 유동자산에서 재고자산을 제외한 값을 유동부채로 나눈 값으로, 재고자산을 고려하지 않고 단기 채무를 상환할 수 있는 능력을 평가합니다. 삼성전자의 당좌비율 1.91은 재고자산을 제외하고도 유동부채의 1.91배의 자산을 보유하고 있음을 의미합니다. 이는 삼성전자가 재고를 매각하지 않고도 단기 채무를 충분히 상환할 수 있음을 나타냅니다.

- 현금비율(0.91): 현금비율은 현금 및 현금성 자산을 유동부채로 나눈 값으로, 즉시 상환 가능한 현금 자산이 유동부채에 대해 어느 정도인지를 보여 줍니다. 삼성전자의 현금비율 0.91은 유동부채의 91%를 즉시 상환할 수 있는 현금 자산을 보유하고 있음을 의미합니다. 이는 매우 높은 수준으로, 삼성전자가 매우 강력한 현금 유동성을 유지하고 있음을 나타냅니다.

삼성전자 유동성 비율의 상대적 의미(벤치마크: LG전자)

- 유동비율 비교(삼성전자 2.59 vs 벤치마크 1.26): 삼성전자의 유동비율이 2.59로 벤치마크의 1.26보다 훨씬 높습니다. 이는 삼성전자가 벤치마크에 비해 훨씬 더 높은 단기 채무 상환 능력을 보유하고 있음을 의미합니다. 삼성전자는 더 많은 유동자산을 보유하여 단기 부채를 충분히 커버할 수 있으며, 이는 재무적 안정성을 더 높이는 요인입니다.
- 당좌비율 비교(삼성전자 1.91 vs 벤치마크 0.88): 삼성전자의 당좌비율이 1.91로 벤치마크의 0.88보다 훨씬 높습니다. 이는 삼성전자가 재고자산을 제외하고도 벤치마크보다 단기 채무를 상환할 수 있는 능력이 더 뛰어남을 나타냅니다. 삼성전자는 재고를 고려하지 않고도 높은 유동성을 유지하고 있으며, 이는 비상시에 더욱 유리한 위치를 점할 수 있습니다.
- 현금비율 비교(삼성전자 0.91 vs 벤치마크 0.35): 삼성전자의 현금비율이 0.91로 벤치마크의 0.35보다 높습니다. 이는 삼성전자가 즉시 상환 가능한 현금 자산을 벤치마크보다 더 많이 보유하고 있음을 의미합니다. 높은 현금비율은 삼성전자가 단기 채무를 신속하게 상환할 수 있는 능력을 보유하고 있으며, 이는 재무적 유연성과 안정성 측면에서 매우 긍정적인 신호입니다.

종합적 분석

독립적 의미에서 삼성전자의 세 가지 유동성 비율은 모두 매우 높은 수준으로, 삼성전자가 단기 채무를 상환하는 데 충분한 능력을 보유하고 있음을 나타냅니다. 이는 삼성전자가 재무적으로 매우 건전하며, 단기적인 재무 위기에 효과적으로 대응할 수 있는 능력을 보유하고 있음을 시사합니다.

상대적 의미에서 삼성전자는 벤치마크보다 모든 유동성 비율에서 더 높은 값을 나타내고 있습니다. 이는 삼성전자가 벤치마크에 비해 단기 채무 상환 능력이 더 뛰어나며, 더 많은 유동자산과 현금 자산을 보유하고 있음을 의미합니다. 따라서 삼성전자는 벤치마크에 비해 더 높은 재무적 안정성과 유연성을 유지하고 있으며, 이는 투자자나 채권자에게 더 매력적인 재무 상태를 나타냅니다.

공식을 적용해 산출한 비율들이 어떤 의미를 지니는지 간략하면서도 명확히 설명한다. '삼성전자의 유동성 비율 분석'이라는 목적에 상당히 부합하는 결과다. 그리고 '종합적 분석'으로 결론까지 도출하고 있기 때문에 여기서 삼성전자 유동성 비율 분석을 마무리지어도 큰 무리가 없다.

만약 각 유동성 비율의 의미를 더 심도 있게 이해하고 싶다면 추가 프롬프트를 활용해 유동성 비율의 숫자에 함축된 숨겨진 정보를 더 발굴하면 된다. 인공지능은 삼성전자 유동성 분석 결과, 삼성전자의 유동성 비율을 독립적으로 분석했을 때와 벤치마크와 비교해 상대적으로 분석했을 때 모두 재무 안정성과 단기 부채 상환 능력이 우수하다고 결론지었다. 유동성 측면에서 매우 긍정적인 평가다. 그러나 삼성전자 유동성 비율 분석이 시사하는 문제점에 대한 언급은 전혀 없다. 분석 결과가 시사하는 문제점을 알아보고자 추가 요청을 해 보았다.

"삼성전자의 유동성에 대한 독립적 분석과 상대적 분석으로부터 알 수 있는 삼성전자의 문제점을 각각 두 가지만 지적해 줘."

독립적 분석에서 도출되는 문제점

- 과도한 유동성 유지로 인한 기회비용 발생: 삼성전자의 유동비율(2.59)과 현금비율(0.91)은 매우 높은 수준입니다. 이는 단기 채무를 충분히 상환할 수 있는 능력을 나타내지만, 과도한 유동성을 유지함으로써 발생할 수 있는 기회비용이 문제점으로 지적될 수 있습니다. 이러한 자금을 더 높은 수익을 창출할 수 있는 장기 투자나 혁신적인 프로젝트에 투자하지 않음으로써 성장 잠재력을 충분히 발휘하지 못할 수 있습니다.

- 현금성 자산의 비효율적 사용: 삼성전자의 높은 현금비율은 기업이 충분한 현금을 보유하고 있음을 나타냅니다. 그러나 이는 또한 현금성 자산을 효과적으로 사용하지 못하고 있음을 시사할 수 있습니다. 지나치게 많은 현금을 보유하는 것은 자산 운용의 효율성을 저하시킬 수 있으며, 주주에게 더 많은 배당을 제공하거나 기업의 성장 및 확장을 위한 전략적 투자에 활용될 수 있는 자금이 비효율적으로 묶여 있을 가능성을 나타냅니다.

상대적 분석에서 도출되는 문제점

- 재고자산 비율이 높은 경우의 잠재적 위험: 삼성전자의 당좌비율(1.91)은 벤치마크(LG전자)의 0.88보다 훨씬 높습니다. 이는 재고자산을 제외한 유동자산의 비율이 높음을 의미하지만, 상대적으로 재고자산의 비중이 높을 가능성도 있습니다. 높은 재고자산은 시장 변화에 따른 가격 하락이나 재고 관리 비용 증가와 같은 위험을 초래할 수 있습니다. 특히 기술 및 제품의 빠른 변화가 특징인 전자제품 시장에서는 재고자산 관리가 중요한 이슈입니다.
- 유동성 비율의 불균형: 삼성전자의 유동비율(2.59)과 현금비율(0.91)은 벤치마크보다 높지만, 이러한 비율의 큰 차이는 자산 운용의 불균형을 나타낼 수 있습니다. 유동자산 중 현금 및 현금성 자산의 비중이 과도하게 높은 경우, 다른 유동자산(예: 매출채권, 재고자산 등)의 운용이 상대적으로 비효율적일 수 있습니다. 이는 자산 구조의 효율성을 저해하고, 재무 전략의 재검토가 필요함을 시사할 수 있습니다.

이전 분석에서 제시하지 못한 잠재적 문제점을 지시한 대로 나열하고 설명하고 있다. 유동성 비율을 포함한 모든 재무 비율은 양면성을 가지고 있다. 즉, 상황에 따라 장점이 단점이 되고 단점이 장점이 될 수 있다. 똑같은 비율이라도 다층적, 다면적 관점에서 분석하는 것이 전문가가 취해야 할 접근법이다.

다음 재무 분석에 앞서 분명히 짚고 넘어가야 할 사항이 있다. 삼성전자와 LG전자의 유동성 비율을 절대적, 상대적으로 살펴보고 그 의미를 논의했지만, 이 결과가 두 기업의 절대적 또는 상대적 우월성을 의미하는 것은 아니다. 또한 자료 수집 시점에 따라 분석 결과도 천차만별이다. 따라서 핀테크 분석 결과를 예시로 든 기업이나 주식에 대한 실제 투자 판단 기준으로 삼아서는 안 된다. 이 책에서 제시한 모든 재무 분석 과정과 결과는 핀테크 재무 분석 기법의 이해, 적용, 응용을 위한 것임을 다시 한번 상기하자.

부채성 비율 분석

장기부채비율과 총부채비율을 계산하고 분석하려면 재무상태표에 접근해야 하고 이자보상비율 분석은 손익계산서 정보, 현금보상비율 분석은 손익계산서 혹은 현금흐름표 정보가 필요하다. 이들 재무제표 정보 수집에서부터 비율 계산과 해석 과정은 유동성 비율 분석과 별 차이가 없다. 인공지능을 활용한 유동성 비율 분석 과정을 참조하여 일련의 프롬프트를 작성해 부채성 비율을 계산하고 그 의미를 살펴보자.

"업로드한 파일은 삼성전자의 2023년 회계연도 사업보고서야. 사업보고서의 77쪽부터 78쪽에 있는 연결 재무상태표를 이용해 장기부채비율(장기부채÷총자산)과 총부채비율(총부채÷총자산)을 구해 줘. 여기서 장기부채는 비유동부채와 같은 의미야. 계산 과정과 계산 결과를 모두 보여 줘."

- 장기부채비율

$$장기부채비율 = \frac{장기부채}{총자산} = \frac{16,508,663}{455,905,980}$$

$$장기부채비율 \approx 0.0362 \text{ 또는 } 3.62\%$$

- 총부채비율

$$총부채비율 = \frac{총부채}{총자산} = \frac{92,228,115}{455,905,980}$$

$$총부채비율 \approx 0.2023 \text{ 또는 } 20.23\%$$

계산된 값이 정확한지 확인하고 틀린 값이면 수정 프롬프트를 작성해 올바른 비율을 얻을 때까지 반복한다. 이 원칙은 이자보상비율과 현금보상비율 산출 과정에서도 마찬가지로 적용된다. 연결 손익계산서에 감가상각비가 직접적으로 표기되어 있지 않기 때문에 유형자산 감가상각비와 무형자산 상각비를 찾아 더해서 구하고 '이자비용'이라는 표현 대신 '금융비용'이란 용어가 사용되었으므로 이자비용을 금융비용으로 대체하라는 구체적인 지시도 함께 해야 한다.

"삼성전자의 2023년 회계연도 사업보고서에 기록된 연결 손익계산서의 영업이익, 감가상각비, 이자비용을 사용해 이자보상비율(영업이익÷이자비용)과 현금보상비율[(영업이익+감가상각비)÷이자비용]을 계산하는 과정과 결괏값을 보여 줘. 감가상각비는 유형자산 감가상각비와 무형자산 상각비의 합으로 계산하고 이자비용은 연결 손익계산서의 금융비용을 이용하면 돼."

필요한 값 추출

- 영업이익: 6,566,976백만 원
- 유형자산 감가상각비: 35,532,411백만 원
- 무형자산 상각비: 3,134,148백만 원
  - 총감가상각비: 35,532,411 + 3,134,148 = 38,666,559백만 원
- 금융비용(이자비용): 12,645,530백만 원

계산 과정

- 이자보상비율(Interest Coverage Ratio):

$$\text{이자보상비율} = \frac{\text{영업이익}}{\text{이자비용}} = \frac{6,566,976}{12,645,530} \approx 0.52$$

- 현금보상비율(Cash Coverage Ratio):

$$\text{현금보상비율} = \frac{\text{영업이익} + \text{감가상각비}}{\text{이자비용}} = \frac{6,566,976 + 38,666,559}{12,645,530} \approx 3.57$$

요약

- 이자보상비율: 0.52
- 현금보상비율: 3.57

이번엔 현금흐름표를 이용해 현금보상비율을 계산해 보자.

"2023년 회계연도 연결 손익계산서 이자비용(금융비용)과 연결 현금흐름표 영업활동으로부터의 현금흐름(영업현금흐름)을 이용해 현금보상비율(영업현금흐름÷이자비용)을 다시 계산해 줘. 역시 과정과 결과를 모두 보여 줘."

계산 과정

- 현금보상비율(Cash Coverage Ratio):

$$현금보상비율=\frac{영업활동\ 현금흐름}{이자비용}=\frac{44,137,427}{12,645,530}\approx 3.49$$

요약

- 현금보상비율: 3.49

영업이익과 감가상각비를 이용해 계산한 값과 큰 차이가 없음을 알 수 있다. 위와 같은 과정을 벤치마크인 LG전자의 부채성 비율 계산에도 똑같이 적용해 장기부채비율, 총부채비율, 이자보상비율, 현금보상비율을 계산한다.

"업로드한 파일은 LG전자의 2023년 회계연도 사업보고서야. 연결 재무상태표를 이용해 장기부채비율(장기부채÷총자산)과 총부채비율(총부채÷총자산)을 구해 줘. 연결 손익계산서의 영업이익, 감가상각비(유형자산 감가상각비+무형자산 상각비), 이자비용(금융비용)을 사용해 이자보상비율(영업이익÷이자비용)과 현금보상비율[(영업이익+감가상각비)÷이자비용]도 구해 줘. 2023년 회계연도 연결 손익계산서의 이자비용과 연결 현금흐름표의 영업활동으로부터의 현금흐름(영업현금흐름)을 이용해 현금보상비율(영업현금흐름÷이자비용)을 다시 계산해 줘."

필요한 값 추출

- 총자산: 60,240,793백만 원
- 장기부채(비유동부채): 12,581,877백만 원

- 총부채: 36,742,257백만 원
- 영업이익: 3,549,074백만 원
- 감가상각비: 3,204,106백만 원
- 이자비용(금융비용): 1,425,480백만 원
- 영업활동 현금흐름: 5,913,596백만 원

계산 과정

- 장기부채비율(Long-term Debt Ratio):

$$장기부채비율 = \frac{장기부채}{총자산} = \frac{12,581,877}{60,240,793} \approx 0.2088 \text{ 또는 } 20.88\%$$

- 총부채비율(Total Debt Ratio):

$$총부채비율 = \frac{총부채}{총자산} = \frac{36,742,257}{60,240,793} \approx 0.6100 \text{ 또는 } 61.00\%$$

- 이자보상비율(Interest Coverage Ratio):

$$이자보상비율 = \frac{영업이익}{이자비용} = \frac{3,549,074}{1,425,480} \approx 2.49$$

- 현금보상비율(Cash Coverage Ratio):

$$현금보상비율 = \frac{영업이익 + 감가상각비}{이자비용} = \frac{3,549,074 + 3,204,106}{1,425,480} \approx 4.81$$

- 현금보상비율(영업활동 현금흐름 사용):

$$현금보상비율 = \frac{영업현금흐름}{이자비용} = \frac{5,913,596}{1,425,480} \approx 4.15$$

요약

- 장기부채비율: 20.88%
- 총부채비율: 61.00%
- 이자보상비율: 2.49
- 현금보상비율(영업이익 + 감가상각비 기준): 4.81
- 현금보상비율(영업현금흐름 기준): 4.15

산출된 삼성전자와 LG전자(벤치마크)의 부채성 비율을 비교해 각 비율이 갖는 독립적 의미와 상대적 의미를 파악한다.

"삼성전자의 장기부채비율은 3.62%, 총부채비율은 20.23%, 이자보상비율은 0.52,

현금보상비율(영업현금흐름 기준)은 3.49이고, 벤치마크의 장기부채비율은 20.08%, 총부채비율은 61.00%, 이자보상비율은 2.49, 현금보상비율(영업현금흐름 기준)은 4.15야. 삼성전자와 벤치마크의 네 가지 부채성 비율을 바탕으로 삼성전자의 부채성 비율이 갖는 독립적 의미와 상대적 의미를 분석한 후 분석 결과를 상세히 기술해 줘. 여기서 독립적 의미는 삼성전자의 네 가지 부채성 비율이 갖는 자체 의미를 해석하는 것이고 상대적 의미는 삼성전자 부채성 비율과 벤치마크 부채성 비율을 비교, 분석한 결과의 해석을 뜻하는 거야."

삼성전자 부채성 비율의 독립적 의미

- 장기부채비율(3.62%): 장기부채비율은 기업의 총자산 중 장기부채가 차지하는 비율을 나타냅니다. 삼성전자의 장기부채비율이 3.62%라는 것은 총자산 중에서 장기부채가 차지하는 비중이 매우 낮음을 의미합니다. 이는 삼성전자가 장기적인 채무 부담이 적다는 것을 나타내며, 재무적으로 안정적인 상태를 유지하고 있음을 보여 줍니다.
- 총부채비율(20.23%): 총부채비율은 기업의 총자산 중 총부채가 차지하는 비율을 나타냅니다. 삼성전자의 총부채비율이 20.23%라는 것은 전체 자산 중에서 부채가 차지하는 비율이 비교적 낮다는 것을 의미합니다. 이는 삼성전자가 전체적으로 부채에 의존하지 않고 자산을 운용하고 있음을 보여 줍니다.
- 이자보상비율(0.52): 이자보상비율은 영업이익을 이자비용으로 나눈 값으로, 기업이 영업이익으로 이자비용을 감당할 수 있는 능력을 나타냅니다. 삼성전자의 이자보상비율이 0.52라는 것은 영업이익으로 이자비용의 절반 정도밖에 감당하지 못한다는 것을 의미합니다. 이는 삼성전자가 이자비용을 감당하는 데 어려움을 겪고 있음을 시사하며, 이는 재무적으로 부정적인 신호일 수 있습니다.
- 현금보상비율(3.49): 현금보상비율은 영업활동으로부터의 현금흐름을 이자비용으로 나눈 값으로, 기업이 영업활동에서 창출한 현금흐름으로 이자비용을 감당할 수 있는 능력을 나타냅니다. 삼성전자의 현금보상비율이 3.49라는 것은 영업현금흐름으로 이자비용의 약 3.5배를 감당할 수 있음을 의미합니다. 이는 삼성전자가 현금흐름 측면에서는 이자비용을 충분히 감당할 수 있는 능력을 보유하고 있음을 나타냅니다.

삼성전자 부채성 비율의 상대적 의미(벤치마크와 비교)

- 장기부채비율 비교(삼성전자 3.62% vs 벤치마크 20.08%): 삼성전자의 장기부채비율은 벤치마크에 비해 현저히 낮습니다. 이는 삼성전자가 장기부채 부담이 벤치마크에 비해 매우 적다는 것을 의미합니다. 이는 삼성전자가 장기적인 재무 안정성을 유지하고 있으며, 장기채무에 대한 의존도가 낮다는 긍정적인 신호로 해석할 수 있습니다.
- 총부채비율 비교(삼성전자 20.23% vs 벤치마크 61.00%): 삼성전자의 총부채 비율이 벤치마크에 비해 크게 낮습니다. 이는 삼성전자가 벤치마크에 비해 부채에 대한 의존도가 훨씬 낮고, 자산 운용이 더 효율적임을 나타냅니다. 이는 재무 안정성 측면에서 삼성전자가 우위에 있음을 시사합니다.
- 이자보상비율 비교(삼성전자 0.52 vs 벤치마크 2.49): 삼성전자의 이자보상비율이 벤치마크에 비해 훨씬 낮습니다. 이는 삼성전자가 영업이익으로 이자비용을 감당하는 데 어려움을 겪고 있음을 나타내며, 벤치마크에 비해 재무적 취약성이 더 크다는 것을 의미합니다. 이는 삼성전자가 이자비용을 감당하기 위해 추가적인 재무 전략이 필요함을 시사합니다.
- 현금보상비율 비교(삼성전자 3.49 vs 벤치마크 4.15): 삼성전자의 현금보상비율이 벤치마크에 비해 낮습니다. 이는 삼성전자가 영업활동으로부터 창출한 현금흐름으로 이자비용을 감당하는 능력이 벤치마크에 비해 낮음을 의미합니다. 이는 현금흐름 관리 측면에서 삼성전자가 벤치마크에 비해 다소 열위에 있음을 시사합니다.

종합적 분석

독립적 의미에서 삼성전자는 장기부채비율과 총부채비율이 매우 낮아 재무적으로 안정적인 상태를 유지하고 있습니다. 그러나 이자보상비율이 낮아 영업이익만으로는 이자비용을 충분히 감당하지 못하는 어려움이 있으며, 현금보상비율은 양호한 편입니다.

상대적 의미에서 삼성전자는 벤치마크에 비해 장기부채비율과 총부채비율이 현저히 낮아 재무 안정성이 뛰어나지만, 이자보상비율과 현금보상비율에서 벤치마크에 비해 열위에 있습니다. 이는 삼성전자가 장기적인 재무 안정성을 유지하면서도 이자비용 관리와 현금흐름 관리 측면에서 개선의 여지가 있음을 시사합니다.

벤치마크인 LG전자 장기부채비율은 실제로 20.88%이다. 챗GPT가 직전 프롬프트를 실행해 직접 계산한 수치다. 이를 정확히 인식하는지를 확인하기 위해 이번 프롬프트에 LG전자 장기부채비율이 20.08%라고 적었다. 실행 결과를 보면 알 수 있듯이 본인이 방금 전 계산한 수치임에도 불구하고 챗GPT는 오류 정보를 인식하지 못하고 그대로 인용해 상대적 의미를 해석했다. 이 경우 오륫값(20.08%)과 실젯값(20.88%)의 차이가 미미해서 분석 결과에는 영향을 미치지 않지만, 차이가 큰 경우에는 분석 자체가 무의미해지기 때문에 항상 주의해야 한다.

마지막으로 비율 분석의 양면성을 확인하며 부채성 비율 분석을 마무리하자.

"삼성전자의 부채성 비율에 대한 독립적 분석과 상대적 분석이 시사하는 긍정적인 측면과 부정적인 측면을 각각 한 가지씩 지적하고 풀이해 줘."

독립적 분석에서의 긍정적 측면

- 낮은 장기부채비율: 3.62%

풀이 장기부채비율이 낮다는 것은 삼성전자가 장기적인 채무 부담이 적다는 것을 의미합니다. 이는 기업이 장기적인 재무 안정성을 유지하고 있으며, 장기적인 부채 상환에 대한 부담이 크지 않다는 긍정적인 신호입니다. 이는 재무적 유연성을 높여 주어 미래의 투자 및 성장 기회를 더욱 잘 활용할 수 있게 합니다.

독립적 분석에서의 부정적 측면

- 낮은 이자보상비율: 0.52

풀이 이자보상비율이 낮다는 것은 삼성전자가 영업이익만으로는 이자비용을 충분히 감당하지 못한다는 것을 의미합니다. 이는 기업이 이자비용을 감당하는 데 어려움을 겪을 수 있으며, 이는 재무적 취약성을 나타내는 부정적인 신호입니다. 이는 이자비용 증가나 영업이익 감소 시 재무 부담이 커질 수 있음을 시사합니다.

상대적 분석에서의 긍정적 측면

- 벤치마크 대비 낮은 총부채비율: 20.23% vs 61.00%

풀이 총부채비율이 벤치마크에 비해 낮다는 것은 삼성전자가 부채에 크게 의존하지 않고 자산을 운영하고 있다는 것을 의미합니다. 이는 재무적 리스크를 줄이는 데 도움이 되며, 금리 상승이나 경기 변동에 따른 영향을 덜 받을 수 있음을 시사합니다.

상대적 분석에서의 부정적 측면

- 벤치마크 대비 낮은 이자보상비율: 0.52 vs 2.49

풀이 삼성전자의 이자보상비율이 벤치마크에 비해 훨씬 낮다는 것은 영업이익으로 이자비용을 감당하는 데 어려움을 겪고 있음을 나타냅니다. 이는 재무적 취약성이 더 크다는 것을 의미하며, 이는 추가적인 재무 조정이나 비용 절감이 필요할 수 있음을 시사합니다.

종합적 분석

삼성전자는 장기부채비율과 총부채비율에서 재무적으로 안정적인 상태를 보이고 있지만, 이자보상비율이 낮아 이자비용을 감당하는 데 어려움을 겪고 있습니다. 벤치마크와 비교했을 때, 총부채비율에서 우수한 성과를 보이고 있으나, 이자보상비율에서 약점을 가지고 있습니다. 이는 삼성전자가 부채 관리 측면에서는 긍정적인 평가를 받을 수 있지만, 이자비용 관리와 수익성 측면에서는 개선이 필요함을 시사합니다.

편의상 긍정적 측면과 부정적 측면을 한 가지씩만 나열하고 그 의미를 풀이했지만, 필요에 따라 각 분석의 시사점은 언제든지 상향 조정(예: 세 가지 혹은 그 이상)이 가능하다.

효율성·수익성·시장가치 비율 분석

나머지 재무 비율의 분석도 유동성과 부채성 비율 분석 과정을 그대로 모방해 기업이 얼마나 효율적으로 자산을 운영하여 목표로 한 수익을 달성하는지, 시장에서는 기업을 어떻게 바라보는지 살펴보면 된다. 정보 수집에서부터 비율 계산과 해석 과정은 유동성 비율과 부채성 비율 분석과 동일하다. 챗GPT를 활용한 유동성·부채성 비율 분석 과정을 참조하여 효율성 비율 분석을 위한 일련의 프롬프트와 이들의 실행 결과를 요약하면 아래와 같다.

"업로드한 파일은 삼성전자의 2023년 회계연도 사업보고서야. 연결 재무상태표와 연결 손익계산서를 이용해 자산회전율(매출액÷총자산), 재고자산회전율(매출원가÷재고자산), 매출채권회전율(매출액÷매출채권)을 구해 줘."

"업로드한 LG전자의 2023년도 사업보고서를 이용해 삼성전자와 마찬가지로 자산회전율, 재고자산회전율, 매출채권회전율을 구해 줘."

"삼성전자와 벤치마크인 LG전자의 2023년도 자산회전율, 재고자산회전율, 매출채권회전율을 바탕으로 삼성전자의 세 가지 효율성 비율이 갖는 독립적 의미와 상대적 의미를 상세히 분석해서 기술해 줘. 여기서 독립적 의미는 삼성전자의 세 가지 효율성 비율이 갖는 자체 의미를 해석하는 것이고 상대적 의미는 삼성전자의 효율성 비율과 벤치마크인 LG전자 효율성 비율을 비교, 분석한 결과의 해석을 뜻하는 거야. 삼성전자의 효율성에 대한 독립적 분석과 상대적 분석이 시사하는 긍정적인 측면과 부정적인 측면을 각각 한 가지씩 지적하고 해석해 줘."

삼성전자 효율성 비율

- 자산회전율: 0.568
- 재고자산회전율: 3.494
- 매출채권회전율: 7.066

LG전자 효율성 비율

- 자산회전율: 1.40

- 재고자산회전율: 7.06
- 매출채권회전율: 9.09

삼성전자 효율성 비율의 독립적 의미

- 자산회전율(0.568)
  - 독립적 의미: 자산회전율은 기업이 보유한 자산을 얼마나 효율적으로 활용하여 매출을 창출했는지를 나타냅니다. 삼성전자의 자산회전율 0.568은 회사가 보유한 자산 1단위당 0.568단위의 매출을 창출했음을 의미합니다. 이는 자산 활용의 효율성이 다소 낮다고 해석될 수 있으며, 자산이 효율적으로 매출로 전환되지 않고 있음을 시사합니다.
- 재고자산회전율(3.494)
  - 독립적 의미: 재고자산회전율은 재고자산이 매출원가로 얼마나 빠르게 전환되었는지를 나타냅니다. 삼성전자의 재고자산회전율 3.494는 재고가 연간 약 3.5회 회전했음을 의미합니다. 이는 적절한 수준이지만, 빠르게 변화하는 시장에서는 더 높은 회전율이 요구될 수 있습니다.
- 매출채권회전율(7.066)
  - 독립적 의미: 매출채권회전율은 매출채권이 얼마나 빠르게 현금화되었는지를 나타냅니다. 삼성전자의 매출채권회전율 7.066은 매출채권이 연간 약 7회 회전했음을 의미하며, 이는 비교적 높은 수준으로, 삼성전자가 매출채권을 효율적으로 관리하고 있음을 보여 줍니다.

삼성전자 효율성 비율의 상대적 의미(벤치마크: LG전자)

- 자산회전율(삼성전자 0.568 vs 벤치마크 1.40)
  - 상대적 의미: 삼성전자의 자산회전율이 벤치마크에 비해 상당히 낮습니다. 이는 삼성전자가 자산을 매출로 전환하는 데 있어 상대적으로 비효율적임을 나타냅니다. 벤치마크는 동일한 자산으로 더 많은 매출을 창출하고 있어, 자산 활용도가 더 높음을 시사합니다.
- 재고자산회전율(삼성전자 3.494 vs 벤치마크 7.06)
  - 상대적 의미: 삼성전자의 재고자산회전율이 벤치마크에 비해 낮습니다. 이는 삼성전자가 재고를 매출원가로 전환하는 속도가 벤치마크보다 느리다는 것을

의미하며, 재고 관리에서 효율성이 떨어질 수 있음을 나타냅니다. 벤치마크는 재고를 더 빠르게 회전시켜 운영 효율성을 높이고 있음을 보여 줍니다.

- 매출채권회전율(삼성전자 7.066 vs 벤치마크 9.09)
    - 상대적 의미: 삼성전자의 매출채권회전율이 벤치마크보다 낮습니다. 이는 삼성전자가 매출채권을 현금화하는 속도가 상대적으로 느리다는 것을 의미하며, 이는 자금 회수 기간이 길어져 현금흐름에 부정적인 영향을 미칠 수 있습니다. 반면, 벤치마크는 매출채권을 더 빠르게 현금화하여 운영 자금의 유동성을 유지하고 있습니다.

독립적 분석에서의 긍정적 측면

- 매출채권 회전율이 비교적 높음: 7.066

해석 삼성전자의 매출채권 회전율이 비교적 높아, 매출채권을 신속하게 현금으로 전환하고 있음을 시사합니다. 이는 회사의 현금흐름에 긍정적인 영향을 미치며, 운영 자금을 적절히 관리하고 있음을 나타냅니다.

상대적 분석에서의 긍정적 측면

- 매출채권 회전율이 양호

해석 비록 벤치마크에 비해 다소 낮지만, 삼성전자의 매출채권회전율은 여전히 양호한 수준을 유지하고 있습니다. 이는 경쟁사 대비 약간의 개선 여지가 있지만, 여전히 매출채권을 효율적으로 관리하고 있음을 보여 줍니다.

독립적 분석에서의 부정적 측면

- 낮은 자산회전율: 0.568

해석 삼성전자의 자산회전율이 낮다는 것은 자산이 매출로 효과적으로 전환되지 않고 있음을 의미합니다. 이는 자산 관리의 효율성이 부족할 수 있음을 시사하며, 자산 활용 전략에 대한 개선이 필요함을 나타냅니다.

상대적 분석에서의 부정적 측면

- 자산회전율의 상대적 비효율성

해석 삼성전자의 자산회전율이 벤치마크에 비해 현저히 낮다는 것은 자산을 매출로 전환하는 데 있어 경쟁사에 비해 상당히 비효율적임을 나타냅니다. 이는 삼성전자가 자산 활용에 대한 전반적인 전략을 재검토하고, 자산 효율성을 높일 필요가 있음을 시사합니다.

종합적 분석

독립적 의미에서 삼성전자는 매출채권을 효과적으로 관리하고 있지만, 자산 활용과 재고 관리 측면에서는 개선이 필요합니다.

상대적 의미에서는 삼성전자가 벤치마크에 비해 자산과 재고 자산을 매출로 전환하는 데 있어 비효율적이며, 경쟁사와 비교해 전반적인 운영 효율성에서 뒤처질 수 있음을 시사합니다. 이는 삼성전자가 자산 관리와 운영 전략을 재검토하여 효율성을 향상할 필요가 있음을 나타냅니다.

수익성 비율 분석 과정도 다를 바 없다.

"업로드한 파일은 삼성전자의 2023년 회계연도 사업보고서야. 연결 재무상태표와 연결 손익계산서를 이용해 ROC[세후영업이익÷(장기부채+자기자본)], ROA(세후영업이익÷총자산), ROE(순이익÷자기자본)를 구해 줘. 계산 과정과 결과를 모두 보여 줘. 세후영업이익은 영업이익에 2019~2023 기간 법인세율 중간값인 25.2%를 곱해서 계산해 줘."

"업로드한 LG전자의 2023년도 사업보고서를 이용해 삼성전자와 마찬가지로 ROC, ROA, ROE를 구해 줘. LG전자의 법인세율도 삼성전자와 마찬가지로 25.2%로 가정하고 계산해 줘."

"삼성전자와 벤치마크인 LG전자의 2023년도 ROC, ROA, ROE를 바탕으로 삼성전자의 세 가지 수익성 비율이 갖는 독립적 의미와 상대적 의미를 상세히 분석해서 기술해 줘. 여기서 독립적 의미는 삼성전자의 세 가지 수익성 비율이 갖는 자체 의미를 해석하는 것이고 상대적 의미는 삼성전자 수익성 비율과 벤치마크인 LG전자 수익성 비율을 비교, 분석한 결과의 해석을 뜻하는 거야. 삼성전자의 수익성에 대한 독립적 분석과 상대적 분석이 시사하는 긍정적인 측면과 부정적인 측면을 각각 한 가지씩 지적하고 해석해 줘."

삼성전자 수익성 비율

- ROC: 1.29%
- ROA: 1.08%
- ROE: 4.26%

LG전자 수익성 비율

- ROC: 7.36%
- ROA: 4.41%
- ROE: 4.89%

삼성전자 수익성 비율의 독립적 의미

- ROC(Return on Capital): 1.29%
    - 독립적 의미: ROC는 기업이 자본을 얼마나 효율적으로 활용하여 수익을 창출했는지를 나타냅니다. 삼성전자의 ROC가 1.29%라는 것은 자본 대비 수익성이 낮다는 것을 의미합니다. 이는 회사의 자본 활용이 상대적으로 비효율적일 수 있으며, 자본 투자가 기대만큼의 수익을 창출하지 못하고 있음을 시사합니다.
- ROA(Return on Assets): 1.08%
    - 독립적 의미: ROA는 기업이 보유한 총자산을 얼마나 효율적으로 활용하여 수익을 창출했는지를 나타냅니다. 삼성전자의 ROA 1.08%는 자산 대비 수익성이 낮음을 의미합니다. 이는 자산이 수익으로 전환되는 효율성이 부족할 수 있음을 나타내며, 자산 관리 측면에서 개선이 필요함을 시사합니다.
- ROE(Return on Equity): 4.26%
    - 독립적 의미: ROE는 주주 자본에 대해 기업이 얼마나 높은 수익을 창출했는지를 나타냅니다. 삼성전자의 ROE 4.26%는 자본 대비 수익성이 비교적 낮은 편으로, 주주에게 기대 이상의 수익을 제공하지 못하고 있음을 의미합니다. 이는 기업의 자본 효율성 측면에서 약점을 나타낼 수 있습니다.

삼성전자 수익성 비율의 상대적 의미(벤치마크: LG전자)

- ROC(삼성전자 1.29% vs 벤치마크 7.36%)
  - 상대적 의미: 삼성전자의 ROC가 벤치마크인 LG전자의 7.36%에 비해 현저히 낮습니다. 이는 삼성전자가 자본을 활용하여 수익을 창출하는 데 있어서 벤치마크보다 비효율적임을 나타냅니다. LG전자는 자본 대비 수익성이 높아, 자본 투자가 더 효율적으로 이루어지고 있음을 시사합니다.
- ROA(삼성전자 1.08% vs 벤치마크 4.41%)
  - 상대적 의미: 삼성전자의 ROA가 벤치마크보다 낮습니다. 이는 삼성전자가 자산을 수익으로 전환하는 데 있어 벤치마크에 비해 비효율적임을 의미합니다. LG전자는 자산을 활용하여 더 높은 수익을 창출하고 있어, 자산 효율성이 더 높음을 보여 줍니다.
- ROE(삼성전자 4.26% vs 벤치마크 4.89%)
  - 상대적 의미: 삼성전자의 ROE는 벤치마크와 비교해도 낮은 수준입니다. 이는 삼성전자가 주주 자본을 활용하여 수익을 창출하는 데 있어 벤치마크보다 낮은 성과를 보여 주고 있음을 나타냅니다. 이는 주주에게 제공되는 수익률이 벤치마크에 비해 부족할 수 있음을 시사합니다.

독립적 분석에서의 긍정적 측면

- ROE가 여전히 양호한 수준

해석 비록 낮지만 삼성전자의 ROE 4.26%는 자본 대비 수익성이 여전히 양호한 수준을 유지하고 있음을 의미합니다. 이는 기업이 자본을 활용하여 일정 수준의 수익을 창출하고 있으며, 주주에게 어느 정도의 수익을 제공하고 있음을 나타냅니다.

상대적 분석에서의 긍정적 측면

- ROE에서 벤치마크와 비교적 근소한 차이

해석 삼성전자의 ROE는 벤치마크에 비해 다소 낮지만 큰 차이는 없습니다. 이는 삼성전자가 주주 자본을 활용하여 수익을 창출하는 데 있어 어느 정도 경쟁력을 유지하고 있음을 시사합니다. 이는 추가적인 개선 노력에 따라 벤치마크 수준에 도달할 가능성이 있음을 보여 줍니다.

독립적 분석에서의 부정적 측면

- 낮은 ROC: 1.29%

해석 삼성전자의 ROC가 낮다는 것은 자본 활용의 효율성이 떨어진다는 것을 의미합니다. 이는 자본 투자가 기대만큼 수익을 창출하지 못하고 있음을 시사하며, 자본 관리와 투자 전략에 대한 재검토가 필요할 수 있음을 나타냅니다.

상대적 분석에서의 부정적 측면

- ROC에서 벤치마크에 크게 뒤처짐

해석 삼성전자의 ROC가 벤치마크에 비해 현저히 낮다는 것은 자본 활용 면에서 큰 비효율성을 보여 주고 있음을 의미합니다. 이는 삼성전자가 자본 대비 수익성에서 벤치마크에 비해 경쟁력을 잃고 있으며, 자본 투자의 효율성을 크게 개선할 필요가 있음을 시사합니다.

시장가치 비율 분석도 주가 정보를 수집하는 프롬프트를 추가하는 것 외에는 다른 재무 비율 분석과 비슷한 과정을 거친다.

"삼성전자와 LG전자의 현재 주가를 검색해서 찾아줘."

"업로드한 삼성전자의 2023년 회계연도 연결 재무상태표, 연결 손익계산서, 연결 현금흐름표를 이용해 PER(주가÷주당 순이익), PBR(주가÷주당 자기자본), PCFR(주가÷주당 자유현금흐름), PSR(주가÷주당 매출액)을 구해 줘. 여기서 자유현금흐름은 연결 현금흐름표의 영업활동 현금흐름에서 투자활동 현금흐름을 차감한 금액이야. 모든 분모의 수치는 총액을 유통주식수로 나눈 수치야. 삼성전자 유통주식수(발행주식수-자기주식수)는 5,969,782,550주이고 현재 주가는 75,200원이야. 계산 과정과 결과를 모두 보여 줘."

"업로드한 LG전자의 2023년도 연결 재무상태표, 연결 손익계산서, 연결 현금흐름표를 이용해 삼성전자와 마찬가지로 PER, PBR, PCFR, PSR을 구해 줘. LG전자 유통주식수는 162,884,638주이고 현재 주가는 98,200원이야."

"삼성전자와 벤치마크인 LG전자의 2023년도 PER, PBR, PCFR, PSR을 바탕으로 삼성전자의 네 가지 시장가치 비율이 갖는 독립적 의미와 상대적 의미를 상세히 분석해서 기술해 줘. 여기서 독립적 의미는 삼성전자의 네 가지 시장가치 비율이 갖는 자체 의미를 해석하는 것이고 상대적 의미는 삼성전자 시장가치 비율과 벤치마크인 LG전자 시장가치 비율을 비교, 분석한 결과의 해석을 뜻하는 거야. 시장이 바라본 삼성전자의 가치에 대한 독립적 분석과 상대적 분석이 시사하는 긍정적인 측면과 부정적인 측면을 각각 한 가지씩 지적하고 해석해 줘."

삼성전자 시장가치 비율(2023년)

- PER(주가÷주당 순이익): 28.99
- PBR(주가÷주당 자기자본): 1.23
- PSR(주가÷주당 매출액): 1.73
- PCFR(주가÷주당 자유현금흐름): 16.50

LG전자 시장가치 비율(2023년)

- PER(주가÷주당 순이익): 13.90
- PBR(주가÷주당 자기자본): 0.68
- PSR(주가÷주당 매출액): 0.19
- PCFR(주가÷주당 자유현금흐름): 25.64

삼성전자 시장가치 비율의 독립적 의미

- PER(Price-to-Earnings Ratio): 28.99
  - 독립적 의미: PER은 주가를 주당 순이익으로 나눈 값으로, 투자자가 기업의 1달러당 이익에 대해 지불하는 금액을 나타냅니다. 삼성전자의 PER이 28.99라는 것은 시장이 삼성전자의 수익성을 높게 평가하고 있으며, 향후 성장이 기대된다는 것을 의미할 수 있습니다. 그러나 이는 또한 주가가 비교적 높고, 현재 수익성 대비 주가가 과대평가될 가능성도 시사합니다.
- PBR(Price-to-Book Ratio): 1.23
  - 독립적 의미: PBR은 주가를 주당 순자산으로 나눈 값으로, 기업의 순자산에 대

한 시장 평가를 나타냅니다. 삼성전자의 PBR이 1.23이라는 것은 회사의 자산 대비 시장에서의 평가가 순자산보다 약간 높다는 것을 의미합니다. 이는 자산 가치 대비 주가가 적정하거나 약간 높은 수준에서 거래되고 있음을 나타냅니다.

- PSR(Price-to-Sales Ratio): 1.73
  - 독립적 의미: PSR은 주가를 주당 매출액으로 나눈 값으로, 기업의 매출에 대한 시장 평가를 나타냅니다. 삼성전자의 PSR이 1.73이라는 것은 매출 1달러당 1.73달러의 가치로 시장에서 평가받고 있음을 의미합니다. 이는 매출 대비 주가가 상대적으로 높게 평가되고 있음을 나타낼 수 있습니다.
- PCFR(Price-to-Cash Flow Ratio): 16.5
  - 독립적 의미: PCFR은 주가를 주당 현금흐름으로 나눈 값으로, 기업의 현금흐름에 대한 시장 평가를 나타냅니다. 삼성전자의 PCFR이 16.5라는 것은 현금흐름 대비 주가가 높게 평가되고 있음을 의미합니다. 이는 현금흐름이 안정적이며, 시장에서 향후 성장 가능성이 반영된 결과일 수 있습니다.

삼성전자 시장가치 비율의 상대적 의미(벤치마크: LG전자)

- PER(삼성전자 28.99 vs 벤치마크 13.90)
  - 상대적 의미: 삼성전자의 PER이 벤치마크보다 훨씬 높습니다. 이는 삼성전자가 수익성 대비 높은 가격으로 평가받고 있음을 나타냅니다. 시장에서는 삼성전자의 미래 성장 가능성이나 브랜드 가치가 더 높게 평가되고 있는 반면, 이는 주가가 현재 수익성에 비해 과대평가될 위험을 내포하고 있음을 의미하기도 합니다.
- PBR(삼성전자 1.23 vs 벤치마크 0.68)
  - 상대적 의미: 삼성전자의 PBR이 벤치마크보다 높다는 것은 삼성전자가 자산 대비 시장에서 더 높은 평가를 받고 있음을 나타냅니다. 이는 삼성전자의 자산이 더 효율적으로 활용되고 있거나, 시장에서 더 높은 신뢰를 받고 있음을 시사합니다. 반면, 자산 가치 대비 주가가 더 높게 평가될 가능성도 존재합니다.
- PSR(삼성전자 1.73 vs 벤치마크 0.19)
  - 상대적 의미: 삼성전자의 PSR이 벤치마크보다 훨씬 높습니다. 이는 매출 대비 시장에서 삼성전자가 더 높은 평가를 받고 있음을 의미합니다. 이는 삼성전자의 매출이 시장에서 더 가치 있게 평가되고 있다는 신호일 수 있지만, 반대로 매출 대비 주가가 과대평가될 수 있는 위험도 내포하고 있습니다.

- PCFR(삼성전자 16.5 vs 벤치마크 25.64)
    - 상대적 의미: 삼성전자의 PCFR이 벤치마크보다 낮다는 것은 삼성전자가 현금흐름 대비 시장에서 비교적 낮게 평가받고 있음을 의미합니다. 이는 삼성전자의 현금흐름이 상대적으로 안정적이지만, 현금흐름 대비 주가가 벤치마크보다 덜 평가되고 있음을 시사합니다.

독립적 분석에서의 긍정적 측면

- 높은 PER: 28.99

해석 삼성전자의 높은 PER은 시장이 회사의 미래 성장 가능성을 긍정적으로 평가하고 있음을 시사합니다. 이는 투자자들이 삼성전자가 향후 높은 수익성을 보일 것이라는 기대를 가지고 있다는 긍정적인 신호입니다.

상대적 분석에서의 긍정적 측면

- 높은 PBR: 1.23

해석 삼성전자의 PBR이 벤치마크보다 높다는 것은 시장이 삼성전자의 자산 가치를 더 높게 평가하고 있음을 의미합니다. 이는 자산의 효율적인 활용 및 시장의 신뢰도를 나타내며, 삼성전자가 벤치마크에 비해 우수한 자산 관리 능력을 보유하고 있음을 시사합니다.

독립적 분석에서의 부정적 측면

- 높은 PCFR: 16.5

해석 삼성전자의 높은 PCFR은 현금흐름 대비 주가가 높게 평가되고 있음을 의미합니다. 이는 현금흐름이 안정적일 수 있지만, 주가가 현금흐름에 비해 과대평가될 위험이 있음을 나타냅니다.

상대적 분석에서의 부정적 측면

- 높은 PER: 28.99

해석 삼성전자의 PER이 벤치마크에 비해 매우 높다는 것은 수익성 대비 주가가 과대평가될 위험이 크다는 것을 시사합니다. 이는 주가의 하락 가능성이나 시장의 기대를 충족시키지 못할 경우 부정적인 영향을 미칠 수 있는 요소입니다.

다시 한번 명심해야 할 점은 프롬프트 내용과 실행 결과는 항상 꼼꼼히 기록하고 CLEAR 원칙과 핀테크 6단계 분석에 맞는지 지속적으로 확인하며 수정하는 과정을 반복해야 한다는 것이다. 지금까지 제공한 재무 비율 계산 결과도 대부분 두 번 이상의 확인 및 수정을 거친 결과물이다.

인공지능의 환각 현상은 현재진행형이다. 기술 발전과 더불어 개선되겠지만 아직까지 상당히 심각한 환각 현상이 발생한다. 또한 단순한 정보 인식 및 계산 오류도 많다. 오류를 구체적으로 지적해도 올바르게 수정을 못하는 경우가 비일비재하다. 인공지능이라는 파워풀한 첨단기술을 조력자로 쓰는 것이 여러모로 작업의 능률을 올리고 의사결정의 질을 향상하는 긍정적 역할을 하지만, 잘못 사용할 경우에는 오히려 시간과 에너지 낭비, 그리고 돌이킬 수 없는 판단 오류를 낳을 수 있다. 인공지능은 양날의 칼과 같이 선명한 양면성을 갖는다. 잘 쓰면 명약이요 잘못 쓰면 독이 될 수 있다. 협업하면서도 항상 경계해야 할 대상이다.

재무제표 분석에 대한 논의를 마치며 꼭 당부하고 싶은 것이 있다. 재무제표 분석에 이용된 CLEAR 원칙과 핀테크 6단계 분석법은 이어서 소개되는 다른 재무 분석에도 동일하게 적용되는 핀테크 분석의 기본 원칙이니 언제든 꺼내 쓸 수 있도록 확실히 기억해 두자.

Smart Financial Analysis with ChatGPT

Part III

가치평가

가치(Value)는 자산이나 투자안이 지닌 본질적이고 진정한 값어치를 말한다. 수요와 공급의 법칙에 따라 시장에서 정해지고 관찰할 수 있는 가격(Price)과 대비되는 개념이다. 가치평가는 이러한 가치를 추정하려는 시도이다. 가치평가는 투자의사결정에 필수적인 기법이지만 한계도 명확하다. 가치평가에 필요한 핵심 요소들은 모두 예측에 기반한다. 자산이 창출할 것으로 예상되는 미래 현금흐름, 현금흐름이 발생하는 빈도와 기간, 자산 폐기 시점에서의 청산 수익과 비용의 차이로 발생하는 현금흐름, 모든 미래 현금흐름을 현재가치화하는 데 쓰이는 적절한 할인율 예측이 정확해야 자산이나 투자안의 가치평가도 타당성과 신뢰성을 갖는다. 하지만 투자의 불확실성을 확실히 예측한다는 것 자체가 어불성설이다. 더구나 평가자인 인간이 지닌 인지적 한계(예: 편향, 휴리스틱, 감정)는 정확한 가치평가를 더욱 어렵게 한다. 이는 가치평가의 생태적 한계이며 이로 인해 예측 오류는 필연적이다. 따라서 불확실성의 본질을 통찰하고, 직관과 이성을 조화롭게 활용하며 가치평가 과정을 끊임없이 조정하고 개선시켜 나가야 한다.

화폐의 시간가치

화폐의 시간가치는 재무관리와 투자의 핵심 개념이요 가치평가의 출발점이다. 화폐 또는 돈이 시간가치를 가졌다는 건 동일한 금액의 화폐라도 현재 가지고 있는 것과 미래에 받을 것 사이에 엄연한 가치 차이가 존재한다는 뜻이다. 대부분의 사람들은 오늘 100만 원 받는 것을 내년에 동일 금액을 수령하는 것보다 선호한다. 이는 돈이 가진 구매력의 가치가 시간이 지남에 따라 변하는 현실적 요소와 미래가 만들어 내는 불확실성 요소가 반영된 자연스런 현상이다.

현실적 요소가 발생하는 이유는 현재 받은 돈을 투자하여 미래에 수익을 얻을 수 있는 기회가 있기 때문이다. 예를 들어, 오늘 1,000만 원을 받아 연 이율 5%의 국채에 투자하면 1년 후 1,050만 원으로 늘어난다. 따라서 1년 후에 1,000만 원을 받는 것보다 오늘 1,000만 원을 받는 것이 더 유리하다. 포기한 기회의 가치를 기회비용이라고 표현하듯, 선택할 기회의 가치를 뜻하는 현실적 요소는 기회수익이라 칭할 수 있다.

불확실성 요소는 미래에 돈을 받는 것이 확실하지 않다는 확률적 사실에 기반한다. 예를 들어, 특별 과제를 수행한 대가로 기업으로부터 1년 후에 3,000만 원[미래가치(Future Value, FV)]을 받기로 했다고 가정해 보자. 이 경우, 기업 재무 상황 악화로 약속받은 금액의 일부만 받게 되거나 급격한 물가상승으로 구매력에 큰 손실을 입는 등의 불확실성이 존재한다. 불확실성을 반영하기 위해 미래 현금흐름을 현재가치(Present Value, PV)로 환산할 때는 할인하는 절차를 거친다. 따라서 1년 후 3,000만 원의 현재가치는 3,000만 원에 미치지 못하고, 그 차이는 불확실성에 대한 보상을 나타낸다.

이 두 요소를 함께 고려하면, 화폐의 시간가치 개념을 통해 미래에 받을 금액의 현재가치를 계산하거나, 현재의 금액이 미래에 얼마나 될지를 예측할 수 있다. 전자를 현재가치평가, 후자를 미래가치평가라고 한다. 현재가치평가는 미래가치를 적절한 할인율로 할인하여 산출하고 미래가치는 현재가치에 적절한 이자율을 적용해 계산한다. 여기서 할인율과 이자율은 모두 복리 이자를 의미하며 동일한 개념이지만 사용 목적이 다르기 때문에 명목상 이름이 다를 뿐이다. 앞으로 현재가치를 미래가치로 환산할 때는 이자율이라 칭하고 미래가치를 현재 시점으로 할인해 현재가치를 구할 때는 할인율이라고 부를 것이다. 또한 둘 다 가치평가 대상(예: 주식, 투자안)의 위험을 반영한다는 공통점을 갖고 있음을 기억하자. 위험이 높아지면 할인율이나 이자율도 상승한다.

미래가치평가

미래가치평가는 현재 가지고 있는 금액이 특정 기간이 지난 후 얼마의 가치로 변할지를 예측하는 재무 계산법으로 현재가치, 기간, 그리고 이자율 세 가지 핵심 요소를 바탕으로 한다. 미래가치는 현재가치에 이자율을 적용한 후 특정 기간 누적시킨 결과로, 현재가치가 시간에 따라 어떻게 증가하는지 보여 준다. 이자율은 보통 투자의 수익률이나 대출의 비용을 나타내며, 기간은 이자율이 적용되는 시간의 길이를 의미한다. 복리 이자 계산 방식을 적용하기 때문에 미래가치는 현재가치에 (1+이자율)의 기간(t) 제곱을 곱한 값이다: $FV=PV\times(1+r)^t$. 여기서 r은 이자율을 가리킨다. 미래가치평가는 투자자와 경영진이 현재의 투자나 저축이 미래에 어느 정도의 가치를 가지게 될지를 예측하는 데 유용한 도구로 활용된다. 이를 통해 개인이나 기업은 장기적인 재무 계획과 투자 전략을 수립할 수 있다.

예를 들어, 현금 1,000만 원(현재가치)을 연 5%의 이자율을 제공하는 자산에 투자할 경우, 1년 후의 미래가치는 현재가치 1,000만 원에 (1+r)인 1.05를 곱해서 얻은 1,050만 원이다. 만약 이 투자를 3년간 유지한다면, 미래가치는 1,000만 원에 1.05를 세제곱한 값인 약 1,157.63만 원이 될 것이다.

현재가치평가

현재가치평가는 미래에 받을 금액의 오늘날 가치를 추정하는 과정이다. 미래 현금흐름, 기간, 할인율이라는 세 가지 주요 요소에 기반한다. 미래 현금흐름은 미래에 받을 예정인 금액을 의미하고, 기간은 현재부터 마지막 미래 현금흐름이 발생할 때까지의 시간을 나타낸다. 할인율은 미래 현금흐름을 현재가치로 전환하기 위해 사용되는 수치다. 투자의 위험성, 대체 투자의 수익률(기회비용), 물가상승률 등을 내포한다. 현재가치는 미래 현금흐름을

(1+할인율)의 기간(t) 제곱으로 나눠서 계산된다: $PV=\frac{FV}{(1+r)^t}$. 여기서 r은 할인율이고 $\frac{1}{(1+r)^t}$은 미래가치를 현재가치로 할인하는 요소라는 뜻으로 현가요소라고 불린다. 현재가치평가는 투자 결정, 자금조달, 기업 인수, 은퇴 계획 등 다양한 금융 상황에서 매우 유용하게 쓰인다.

5년 후에 1,000만 원을 받게 되는 상황을 가정해 보자. 여기서 할인율을 연 5%로 설정한다면, 미래 현금흐름 1,000만 원의 현재가치는 1,000만 원을 $(1+0.05)^5$으로 나눈 약 783.53만 원이다. 이는 5년 후에 받을 1,000만 원이 현재 시점에서 783.53만 원의 가치와 동일하다는 것을 의미한다.

여러 시점에서 발생하는 미래의 현금흐름, 즉 복수의 미래 현금흐름을 사용한 현재가치평가도 동일한 원리를 적용한다. 각각의 미래 현금흐름을 그들이 발생하는 특정 시점에 해당하는 현가요소로 할인하여 현재가치를 계산한 뒤, 이들을 합산하는 방식으로 계산하면 된다. 이를 공식으로 표현하면 다음과 같다.

$$\text{현재가치}(PV)=\frac{CF_1}{(1+r)^1}+\frac{CF_2}{(1+r)^2}+\frac{CF_3}{(1+r)^3}+\frac{CF_4}{(1+r)^4}+\cdots+\frac{CF_T}{(1+r)^T}$$

여기서 CF_t은 t년 차 현금흐름, r은 할인율, T는 마지막 현금흐름이 발생하는 연도를 나타낸다.

예를 들어, 어떤 투자 프로젝트가 향후 5년간 다음과 같은 현금흐름을 창출한다고 가정해 보자: 1년 차 200억 원, 2년 차 300억 원, 3년 차 400억 원, 4년 차 500억 원, 5년 차 600억 원. 적절한 할인율을 연 6%로 설정한다면, 미래 현금흐름의 현재가치는 다음과 같이 계산된다.

$$\begin{aligned}PV&=\frac{200}{(1+0.06)^1}+\frac{300}{(1+0.06)^2}+\frac{400}{(1+0.06)^3}+\frac{500}{(1+0.06)^4}+\frac{600}{(1+0.06)^5}\\&=1{,}633.77\text{억 원}\end{aligned}$$

특별한 형태의 현금흐름과 가치평가

가치평가에서 자주 사용되는 현금흐름의 형태는 크게 세 가지다: 영구연금(Perpetuity), 연금(Annuity), 성장형 영구연금(Growing Perpetuity). 영구연금은 미래 현금흐름이 동일한 액수로 영구히 반복되는 형태를 갖는다. 연금은 동일한 액수의 현금흐름이 일정 기간 반복되는 구조로 영구히 반복되는 영구연금의 유한 버전이라고 할 수 있다. 성장형 영구연금은 미래 현금흐름이 일정한 성장률로 영구히 증가하는 형태의 현금흐름을 일컫는다. 영구히 지속된다는 측면에서는 영구연금과 비슷하지만 꾸준히 성장한다는 측면에서는 확연히 다른 평가 결과를 내놓는다.

이들은 모두 확실한 패턴을 가진 숫자의 연속이기 때문에 간단한 수학 공식으로 현재가치를 계산할 수 있다. 영구연금의 현재가치는 미래 현금흐름을 할인율로 나누어 계산하고 성장형 영구연금의 현재가치는 현재 시점 현금흐름에 (1+현금흐름 성장률)을 곱한 후 (할인율−현금흐름 성장률)로 나누어 구한다. 공식으로 표현하면 다음과 같다.

$$\text{영구연금 현재가치} = \frac{CF}{r}$$

$$\text{성장형 영구연금 현재가치} = \frac{CF_0(1+g)}{r-g}$$

여기서 CF는 현금흐름, r은 할인율, CF_0은 현재 시점 현금흐름, g는 현금흐름 성장률을 가리킨다.

연금의 현재가치 계산 공식은 영구연금 공식으로부터 쉽게 도출할 수 있는데 그 결과는 아래와 같다.

$$\text{연금 현재가치} = CF\left[\frac{1}{r} - \frac{1}{r(1+r)^t}\right] = CF\left[\frac{1-(1+r)^{-t}}{r}\right]$$

이 공식에서 사용된 변수들의 정의는 이전과 동일하며 t는 연금의 지속기간을 나타낸다.

자본예산: 투자안 분석

자본예산(Capital Budgeting)은 기업의 지속 가능한 성장과 수익성 증대를 위해 장기 투자안의 경제성을 평가하는 과정이다. 이 과정은 투자안 식별, 평가, 선택, 실행, 재평가를 포함한다. 투자의 수익성뿐만 아니라 위험성, 시장 상황, 기업의 재무 상태 등 다양한 요인을 동시에 반영하는 복잡한 작업이다.

자본예산의 주요 기법으로는 회수기간법, 순현가법, 내부수익률법 등이 있다. 회수기간법은 투자로 인해 지출된 비용이 회수되는 데 걸리는 시간을 측정하고 적절한 벤치마크와 비교해 투자안을 평가한다. 순현가법은 투자안이 창출할 것으로 예상하는 미래 현금흐름을 투자안의 위험을 고려한 적절한 할인율로 현재가치화한 후 초기 투자비용을 뺀 값인 순현가(NPV)를 기준으로 투자안을 채택 또는 기각한다. 내부수익률법은 투자로 인한 미래 현금흐름의 현재가치가 초기 투자비용과 같아지는 할인율, 즉 내부수익률(IRR)을 찾는 방법이다. IRR이 특정 임곗값(예: 자본비용)보다 크면 투자안을 채택하고 작으면 기각한다.

회수기간법

회수기간법은 투자안의 경제성을 평가하는 간단하면서도 직관적인 방법이다. 초기 투자비용이 해당 투자로부터 발생하는 미래 현금흐름을 통해 얼마나 빨리 회수될 수 있는지를 측정한다. 여기서 미래 현금흐름은 투자로 인해 미래에 발생할 것으로 예상되는 현금 유입과 유출의 차액이다. 그래서 순현금흐름이라고도 불리며 보통 양(+)의 값으로 가정한다. 기본적으로 회수기간은 누적 현금흐름이 초기 투자비용과 같아지거나 투자비용을 초과하는 연도의 시작(직전 연도 말)부터 실제 초과되는 시점(초과 연도 말 또는 그 이전)까지의 기간을 말한다. 누적 현금흐름은 각 연도의 예측된 현금흐름을 순차적으로 합한 값이다.

예를 들어, 한 기업이 새로운 장비를 도입하기 위해 10억 원을 투자한다고 가정해 보자. 이 장비를 작동해서 창출될 것으로 예상되는 연간 현금흐름이 첫해에 3억 원, 둘째 해에 4억 원, 셋째 해에 3.5억 원, 넷째 해에 5억 원이라면, 회수기간을 계산하기 위해 먼저 각 연도별 현금흐름을 누적한다. 즉, 첫해의 누적 현금흐름은 3억 원, 둘째 해는 7억 원(3+4), 셋째 해는 10.5억 원(7+3.5)이다. 따라서 누적 현금흐름이 초기 투자비용을 초과하는 연도의 시작은 둘째 해 말(2)이고 실제 초과되는 시점은 둘째 해 말과 셋째 해 말(3) 사이의 어느 지점이다. 둘째 해까지 7억 원이 회수되고 셋째 해 현금흐름이 3.5억 원이므로 나머지 3억 원은 셋째 해 말이 되기 전에 회수된다. 그러므로 정확한 회수기간은 7억 원이 회수되는 기간 2년에 나머지 3억 원이 회수되는 셋째 해의 한 지점을 나타내는 0.857(3÷3.5)년을 더한 값인 2.857년이다. 참고로 초과 연도가 셋째 해인 것을 확인한 이상 넷째 해까지 누적 현금흐름을 계산할 필요는 없다. 투자 결정은 간단하다. 산출한 회수기간이 경영진이 세운 목표회수기간(Cutoff Period)보다 짧으면 투자안을 채택하고 길면 기각한다.

미래 현금흐름이 모두 같은 경우에는 초기 투자비용을 연간 현금흐름으로 나누어 계산하면 회수기간을 쉽게 구할 수 있다. 예를 들어, 어떤 기업이 기술 개발에 8억 원을 투자하여 매년 3억 원의 현금흐름을 창출한다고 가정해 보자. 이 경우 회수기간은 8÷3=약 2.67년이 된다.

회수기간법의 가장 큰 장점은 계산이 간단하고 이해하기 쉽다는 점이다. 빠른 현금흐름 회수는 추가 투자 기회를 제공할 수 있기 때문에 유동성이 중요한 기업에게 특히 유용하다. 그러나 화폐의 시간가치를 고려하지 않고, 회수기간 이후의 현금흐름을 무시한다는 결정적 단점 때문에 장기간 높은 수익을 창출하는 투자안을 과소평가하는 경향이 있다. 따라서 회수기간법은 독립적인 투자안 평가 도구로 사용하기보다는 다른 자본예산 기법(예: NPV법, IRR법)과 함께 사용하는 것이 권장된다.

순현가법

순현가법의 핵심은 투자로 인해 미래에 발생할 것으로 예상되는 현금흐름을 현재가치로 환산하고, 이를 초기 투자비용과 비교해 투자 결정을 내리는 자본예산 기법이다. 여기서도 미래 현금흐름은 투자안으로 인해 창출되는 현금의 유입으로부터 투자안에 소요되는 현금 유출을 차감한 순현금흐름을 일컫는다. 투자안이 창출하는 미래 현금흐름의 현재가치와 초기 투자비용의 차액을 순현재가치 또는 순현가라고 한다. NPV가 양수이면 투자안이 경제적 타당성이 있다고 간주돼 채택하고, 음수이면 타당하지 않다고 판단돼 기각한다.

예를 들어, 한 회사가 10억 원을 투자하여 신제품을 출시한다고 가정해 보자. 예상되는 현금흐름은 첫해에 2억 원, 둘째 해에 3억 원, 셋째 해에 4억 원이다. 할인율이 8%라고 할 때, NPV를 계산하면 다음과 같다.

$$\text{NPV} = \frac{2}{(1+0.08)^1} + \frac{3}{(1+0.08)^2} + \frac{4}{(1+0.08)^3} - 10 = -2.4\text{억 원}$$

이 경우 신제품 출시를 결정하면 기업가치가 2.4억 원만큼 감소하므로 신제품 출시 투자안은 기각하는 것이 올바른 결정이다.

비슷한 예로, 어떤 기업이 해외 시장 진출을 위해 15억 원을 투자하고, 예상되는 현금흐름이 첫해 4억 원, 둘째 해 5억 원, 셋째 해 6억 원, 넷째 해 6억 원, 다섯째 해 7억 원이라고 가정하자. 할인율을 12%로 설정하고 NPV를 계산하면 다음과 같다.

$$\begin{aligned}\text{NPV} &= \frac{4}{(1+0.12)^1} + \frac{5}{(1+0.12)^2} + \frac{6}{(1+0.12)^3} + \frac{6}{(1+0.12)^4} + \frac{7}{(1+0.12)^5} - 15 \\ &= 4.6\text{억 원}\end{aligned}$$

NPV 분석 결과, 해외 시장 진출 투자안을 시행하면 기업가치가 4.6억 원만큼 증가할 것으로 기대되므로 투자안을 채택하는 것이 바람직하다.

내부수익률법

내부수익률법은 투자안의 수익성을 평가해 투자 결정을 내리는 자본예산 기법으로, 투자안의 NPV가 0이 되는 할인율(IRR)을 찾는 방식을 취한다. IRR은 투자안을 채택하고 실행한 후 모든 것이 예상한 대로 진행되고 마무리되었을 때 얻게 되는 투자 수익률을 의미한다. IRR이 투자에 필요한 자금 조달비용(자본비용)보다 크면 투자안을 채택하고 작으면 기각한다.

예를 들어, 한 회사가 10억 원을 인공지능 개발에 투자하고, 첫해에 4억 원, 둘째 해에 5억 원, 셋째 해에 6억 원의 현금흐름이 발생한다고 가정하면 IRR을 추정하는 공식은 다음과 같다.

$$0 = \frac{4}{(1+\text{IRR})^1} + \frac{5}{(1+\text{IRR})^2} + \frac{6}{(1+\text{IRR})^3} - 10$$

시행착오법으로 NPV를 0으로 만드는 할인율을 찾으면 IRR은 약 21.65%이다. 이 투자안의 채택 또는 기각 결정을 위해선 벤치마크인 자금 조달비용 정보가 필요하다. 인공지능 개발 투자에 필요한 자금을 조달하는 대가로 채권자인 거래 은행에 연 15%의 이자를 지급하기로 했다면, 투자의 기대 수익률(21.65%)이 자본비용(15%)보다 크므로 이 투자안은 채택하는 것이 맞다.

또 다른 예로, 한 일본 기업이 한국 시장 진출을 위해 15억 원을 투자하고, 첫해 5억 원, 둘째 해 5억 원, 셋째 해 6억 원의 현금흐름을 창출할 것으로 예상한다면 IRR 계산식은 다음과 같다.

$$0 = \frac{5}{(1+\text{IRR})^1} + \frac{5}{(1+\text{IRR})^2} + \frac{6}{(1+\text{IRR})^3} - 15$$

이 경우 시행착오법으로 추정한 IRR은 약 3.2%이다. 자본비용이 8%라면, 이 경우에는 기각이 올바른 결정이다. IRR이 자본비용보다 작기 때문이다.

IRR법은 투자의 수익성을 한눈에 파악할 수 있는 명확한 지표를 제공하고 다양한 투자 대안 간 비교가 용이하다는 장점이 있는 반면, 미래 현금흐름이 양수와 음수를 반복할 때 복수의 IRR이 존재할 수 있고 미래 현금흐름이 IRR로 재투자된다는 가정이 비현실적이라는 단점을 갖고 있다.

기업 및 주식 가치평가

기업가치평가에서 사용되는 현금흐름은 자유현금흐름(Free Cash Flow, FCF)이다. 잉여현금흐름이라고도 불린다. 자유현금흐름은 기업이 자유롭게 사용할 수 있는 자금으로 영업활동으로부터 발생한 현금흐름에서 투자활동으로부터 발생한 현금흐름을 차감해서 계산한다. 기업가치를 평가하기 위해서는 미래에 발생할 자유현금흐름을 추정해 현재가치화하는 과정을 거쳐야 한다. 이를 위해 적절한 할인율도 정해야 한다. 기업가치평가에 사용되는 할인율은 보통 타인자본(장기부채)과 자기자본의 자금조달비용을 시장가치에 따라 가중평균한 값, 가중평균자본비용(Weighted Average Cost of Capital, WACC)이다. 이 외 자유현금흐름의 성장 사이클과 성장률도 필수 평가 요소이다. 이들은 모두 현재와 과거 재무제표와 전문가 예측 정보를 활용해 추정한다. 그리고 제품 및 서비스 경쟁력, 자원, 마케팅,

경영진 능력, 국내외 산업 및 경제 전망 등을 고려해 예측치를 조정하는 과정을 거친다.

주식가치평가도 기업가치평가와 별 차이가 없다. 차이점이라면 주식가치평가에 필요한 현금흐름은 자유현금흐름이 아니라 주주가 자유롭게 사용할 수 있는 현금흐름, 즉 배당금이라는 것이다. 할인율은 가중평균자본비용이 아니라 주식이라는 자기자본으로 자금을 조달하는 데 들어가는 비용, 자기자본비용(Cost of Equity, r_e)을 사용한다. 이 외 평가 요소를 예측하는 과정이나 주식가치를 평가하는 모형은 기업가치평가와 동일하다고 봐도 무방하다.

기업가치평가

기업가치평가는 기업의 경제적 가치를 측정하는 과정이다. 기업의 미래 수익 가능성, 자산의 가치, 시장 경쟁력 등 다양한 요소를 고려하여 수행된다. 주로 투자 결정, 인수합병, 기업 매각, 재무 보고 등을 위해 사용된다. 가치평가 방법은 크게 내재가치평가, 상대가치평가, 순자산가치평가로 나눌 수 있다.

내재가치평가법은 기업이 창출할 것으로 기대하는 모든 미래 자유현금흐름을 현재가치로 환산하여 기업가치(기업의 내재가치)를 산출한다. 자유현금흐름을 할인해 기업가치를 계산하기 때문에 자유현금흐름할인모형 또는 간단히 FCF 모형이라고도 불린다. 자유현금흐름은 기업이 영업활동으로 창출한 현금흐름(Operating Cash Flow, OCF)에서 투자활동에 필요한 현금흐름(Investing Cash Flow, ICF)을 뺀 금액이다: FCF = OCF − ICF.

할인율로 사용되는 가중평균자본비용(WACC)은 기업이 자본(타인자본 + 자기자본)을 조달하는 데 필요한 평균 비용을 의미하며, 타인자본(Debt, D)과 자기자본(Equity, E)의 비율에 따라 각각의 비용을 가중평균한 값이

다: $WACC = \frac{E}{V} \times r_e + \frac{D}{V} \times r_d \times (1 - T_c)$. 여기서 E는 자기자본의 시장가치, D는 타인자본의 시장가치, V는 E와 D의 합, r_e는 자기자본비용, r_d는 타인자본비용, T_c는 법인세율을 가리킨다. 자본비용 계산에 사용되는 타인자본은 보통 장기부채를 가리킨다. 미래 자유현금흐름이 불규칙한 형태로 특정 시점(T)까지 지속된다고 가정했을 때 기업가치를 계산하는 일반 공식은 다음과 같다.

$$기업가치 = \frac{FCF_1}{(1+WACC)^1} + \frac{FCF_2}{(1+WACC)^2} + \frac{FCF_3}{(1+WACC)^3} + \frac{FCF_4}{(1+WACC)^4}$$

$$+ \cdots + \frac{FCF_T}{(1+WACC)^T} + \frac{V_T}{(1+WACC)^T}$$

이를 간단히 표시하면 $\sum_{t=1}^{T} \frac{FCF_t}{(1+WACC)^t} + \frac{V_T}{(1+WACC)^T}$ 가 된다. 여기서 FCF_t는 미래 t 시점에서의 자유현금흐름, V_T는 평가 만기 시점(T) 예상 기업가치를 의미한다.

예를 들어, 가상의 기업 A사가 자기자본 100억 원, 부채 50억 원, r_e 10%, r_d 5%, T_c 30%를 가질 때, WACC는 $\frac{100}{150} \times 0.1 + \frac{50}{150} \times 0.05 \times (1-0.3) = 7.83\%$이다. 다음으로, 이 기업의 미래 5년간 자유현금흐름이 각각 10, 12, 14, 16, 18억 원으로 예상되고 5년 후 기업을 40억 원에 팔 수 있다고 가정하면, 현재 시점에서의 기업가치(V_0)는 다음과 같이 계산된다.

$$V_0 = \frac{10}{(1+0.0783)^1} + \frac{12}{(1+0.0783)^2} + \frac{14}{(1+0.0783)^3} + \frac{16}{(1+0.0783)^4}$$

$$+ \frac{18}{(1+0.0783)^5} + \frac{40}{(1+0.0783)^5} = 82.37\text{억 원}$$

만약 미래 자유현금흐름이 일정 기간 후에 멈추지 않고 영구히 지속되는 경우에는 미래 시점에서의 기업가치(V_T)를 추정하는 대신 앞에서 배운 영구연금이나 성장형 영구연금 공식을 활용해 현재 시점 기업가치를 구하면 된다. 예를 들어, 한 기업의 현재 자유현금흐름은 2,000만 원이다. 경영진은 자유현금흐름이 앞으로 매년 4%씩 영구히 성장(g=4%)할 것으로 예상한다. 가중평균자본비용이 8%라고 가정하고 현재 시점 기업가치를 구하면 다음과 같다.

$$V_0 = \frac{FCF_0 \times (1+g)}{WACC - g} = \frac{2,000 \times (1+0.04)}{0.08 - 0.04} = 52,000\text{만 원}$$

이 기업의 자유현금흐름이 성장률 4%로 영구히 성장하지 않고 현재와 똑같은 수준으로 영구히 지속된다면(g=0%), 성장형 영구연금 대신 영구연금 모형을 적용하면 된다. 자유현금흐름이 성장이나 감소 없이 현 상태로 영구히 계속된다고 가정하고 이 기업의 기업가치를 다시 구하면 다음과 같다.

$$V_0 = \frac{FCF_0 \times (1+0)}{WACC - 0} = \frac{FCF}{WACC} = \frac{2,000}{0.08} = 25,000\text{만 원}$$

상대가치평가법은 유사한 기업이나 산업의 평균 비교 지표(벤치마크)를 바탕으로 기업가치를 평가하는 방법이다. 가장 흔히 사용되는 비교 지표는 EV/EBITDA이다. 여기서 EV(Enterprise Value)는 기업 전체의 경제적 가치를 나타낸다. 다시 말하면, 기업이 가진 자산의 총가치로 생각하면 적당하다. 일반 공식은 다음과 같다.

EV = 자기자본 시가총액 + 총부채 장부가액 - 현금 및 현금성 자산

현금 및 현금성 자산을 차감하는 이유는 기업 인수 시 현금 및 현금성 자산이 실제 인수 비용을 줄여 주기 때문이다. 인수기업이 해당 현금을 부채 상환이나 향후 기업 운영에 활용할 수 있어 인수에 필요한 순비용을 줄이는 효과가 있다. 또한 EV는 기업의 핵심 사업 가치를 평가하는 지표인데, 현금 및 현금성 자산은 기업의 핵심 사업 활동과는 직접적인 연관이 없고 EV/EBITDA 비율의 분모인 EBITDA(Earnings Before Interest, Taxes, Depreciation, Amortization, 영업이익의 한 종류) 창출에 기여

하지 않기 때문에 이를 제외하는 것이 일관성 법칙에 맞다. 더불어 자기자본 시장가치와 총부채 장부가액이 모두 현금 및 현금성 자산을 포함하고 있으면 기업가치가 중복 계산될 수 있는데, 이를 차감함으로써 이러한 문제를 방지할 수 있다. 따라서 현금 및 현금성 자산을 제외하는 것은 기업가치가 핵심 사업 가치를 정확히 반영하도록 하기 위함이다. EBITDA는 이자, 세금, 유형자산 감가상각비, 무형자산 상각 전 영업이익을 말하는 것으로 손익계산서상 영업이익(EBIT)에 유형자산 감가상각비와 무형자산 상각비를 더해서 구한다.

예를 들어, 유사 기업 또는 산업의 평균 EV/EBITDA 비율이 8이고 평가 대상 기업의 EBITDA가 100억 원이라고 가정해 보자. 이 경우 대상 기업의 기업가치는 벤치마크 EV/EBITDA 비율에 대상 기업의 EBITDA를 곱해서 산출하면 된다. 즉 대상 기업의 기업가치는 8×100억 원 = 800억 원으로 추정된다. 평가 대상 기업의 과거 평균이나 최근 EV/EBITDA 비율을 벤치마크로 사용할 수도 있다. 이 경우에는 평가 대상 기업의 현재 EBITDA보다는 예상 EBITDA(예: 재무 분석가 예측치)를 사용하는 것이 일반적이다.

주식가치평가

주식가치평가는 개별 주식의 내재가치(간단히 주식가치)를 추정하는 과정이다. 이 과정은 주로 미래의 배당금을 현재가치로 할인하는 방식으로 진행된다. 그래서 배당할인모형(Dividend Discount Model, DDM)이라고 잘 알려져 있다. 주식가치평가에서 사용되는 할인율은 자기자본비용이다. 주식 발행으로 투자 자금을 조달해 배당금이라는 현금흐름을 창출하는 것이므로 주주가 요구하는 수익률을 대변하는 자기자본비용을 사용하는 건 당연지사다. 배당할인모형을 적용하는 일반 공식은 다음과 같다.

$$주식가치 = \frac{Div_1}{(1+r_e)^1} + \frac{Div_2}{(1+r_e)^2} + \frac{Div_3}{(1+r_e)^3} + \frac{Div_4}{(1+r_e)^4} + \cdots + \frac{Div_T}{(1+r_e)^T} + \frac{V_T}{(1+r_e)^T}$$

$$= \sum_{t=1}^{T} \frac{Div_t}{(1+r_e)^t} + \frac{V_T}{(1+r_e)^T}$$

여기서 Div_t는 미래 t 시점에서의 배당금, r_e는 자기자본비용, V_T는 평가 만기 시점(T) 예상 주식가치이다.

예를 들어, 바이러스 백신을 개발하는 기업의 미래 5년간의 주당 예상 배당금이 1년 차에는 주당 1,000원, 2년 차에는 주당 1,100원, 3년 차에는 주당 1,200원, 4년 차에는 주당 1,300원, 5년 차에는 주당 1,400원, 그리고 5년 후 주당 주가 예측치는 40,000원이라고 가정해 보자. 이 기업의 주주들이 주식을 살 때 예상하는 주식의 수익률은 평균 9%라고 한다. 즉, 기업이 자기자본으로 자금을 조달할 경우(예: 주식 발행) 지불해야 하는 비용(자기자본비용)이 9%라는 뜻이다. 이러한 조건하에 주식의 현재가치는 다음과 같이 계산된다.

$$주식가치 = \frac{1,000}{(1+0.09)^1} + \frac{1,100}{(1+0.09)^2} + \frac{1,200}{(1+0.09)^3} + \frac{1,300}{(1+0.09)^4} + \frac{1,400}{(1+0.09)^5} + \frac{40,000}{(1+0.09)^5}$$

$$= 30,598.01원$$

FCF 모형과 마찬가지로 미래 배당금이 일정 기간 후에 멈추지 않고 영구히 지속되는 경우에는 미래 시점에서의 주식가치(V_T)를 추정하는 대신 영구연금이나 성장형 영구연금 공식을 활용해 현재 시점 주식가치를 구하면 된다.

예를 들어, 어느 기업이 현재 주당 1,000원의 배당금을 지급하고 있으며, 이 배당금이 앞으로 매년 5%씩 성장할 것으로 예상된다고 가정해 보자. 이 기업의 자기자본비용(r_e)은 10%이다. 현금흐름이 동일한 성장률로 영구히 성장하는 형태이므로 현재 시점 주식가치는 성장형 영구연금 모형을 사용하여 다음과 같이 계산된다.

$$주식가치 = \frac{Div_0 \times (1+g)}{r_e - g} = \frac{1{,}000 \times (1+0.05)}{0.1 - 0.05} = 21{,}000원$$

만약 성장률이 0이라면 성장형 영구연금모형은 영구연금모형으로 바뀐다. 따라서 미래 배당금이 동일한 금액으로 영구히 반복되면 영구연금모형을 적용해 주식가치를 구하면 된다. 예를 들어, 위의 예시에서 성장률이 5%가 아니라 0%라면 주식가치는 영구연금모형을 활용해 다음과 같이 추정할 수 있다.

$$주식가치 = \frac{Div_0 \times (1+0)}{r_e - 0} = \frac{Div}{r_e} = \frac{1{,}000}{0.1} = 10{,}000원$$

기업가치평가에 사용된 FCF 모형을 활용해 주식가치를 평가하기도 한다. 즉, FCF 모형으로 추정한 기업가치에서 총부채가치를 차감해 간접적으로 주식가치를 평가한다. 예를 들어, 한 기업의 현재 자유현금흐름이 5억 원이고, 이 현금흐름이 매년 3%씩 성장할 것으로 예상된다. 미래 자유현금흐름을 현재가치화하는 할인율인 가중평균자본비용은 8%로 추정된다. 또한 이 기업의 현재 총부채가치는 3억 원이고 보통주 유통주식수(발행주식수－자기주식수)는 10만 주이다. 이 가정을 바탕으로 기업의 주당 주식가치를 산출해 보자. 먼저 기업가치를 계산하는 수식은 다음과 같다.

$$기업가치 = \frac{FCF_0 \times (1+g)}{WACC - g} = \frac{5 \times (1+0.03)}{0.08 - 0.03} = 103억\ 원$$

이 기업가치에서 3억 원의 총부채를 차감하면 자기자본 가치(순자산 가치) 100억 원이 산출된다. 100억 원은 주당 자기자본 가치가 아니고 총자기자본 가치이므로 이를 유통주식수 10만 주로 나누면 주당 자기자본 가치, 즉 주당 주식가치를 구할 수 있다.

$$주당\ 주식가치 = \frac{총자기자본\ 가치}{유통주식수} = \frac{총주식가치}{유통주식수} = \frac{10{,}000{,}000{,}000}{100{,}000} = 100{,}000원$$

EV/EBITDA를 활용해 상대적으로 기업가치를 평가하듯, 주식가치평가에도 상대가치평가법을 쓸 수 있다. 가장 흔히 사용되는 벤치마크 지표는 시장가치 비율인 주가수익비율(PER)과 주가순자산비율(PBR)이다. 예를 들어, 유사 기업 또는 산업의 평균 PER과 PBR이 각각 20, 2.2이고 평가 대상 기업의 주당 순이익(EPS)과 주당 자기자본 장부가액(BPS)이 각각 5,000원, 50,000원이라면, 이 기업의 주식가치는 다음과 같이 평가된다.

PER 사용 시: 주당 주식가치=PER×EPS=20×5,000=100,000원
PBR 사용 시: 주당 주식가치=PBR×BPS=2.2×50,000=110,000원

주식가치평가에 광범위하게 쓰이는 또 다른 평가법은 기술적 분석(Technical Analysis)이다. 기술적 분석은 금융 시장에서 가격 움직임을 예측하는 데 사용되는 방법론 중 하나로, 과거의 주가, 거래량, 거래 패턴 등을 분석하여 미래의 가격을 예측한다. 이 평가 기법은 '가격은 모든 것을 반영한다'는 원칙을 기반으로 가격 안에 숨겨진 투자 집단(예: 개인 투자자, 기관 투자자, 시장 전체)의 심리를 파악해 미래의 주가 패턴과 추세를 식별한다. 차트, 지표, 오실레이터(Oscillator) 등 다양한 도구를 사용하여 시장의 무드(Mood)와 투자자 행동 변화를 시각적으로 파악하고, 이를 통해 가격 변동의 방향, 강도, 지속 시간을 추론한다.

기술적 분석은 이론적 배경이 취약해 과학과 예술의 접점(종종 예술의 영역)에 있다. 각종 차트 패턴이나 거래 지표는 시장과 투자자의 은밀한 생각과 의견을 반영하기 때문에 이를 정확하게 해석하려면 깊은 통찰과 폭넓은 경험을 필요로 한다. 즉 기술적 분석은 단순히 차트나 지표를 해석하는 것을 넘어 시장의 언어와 행동을 투자 전략에 통합하는 고도의 기술이다. 이를 통해 투자자들은 정교하게 계산된 거래 전략을 개발할 수 있으며, 시장의 불확실성 속에서도 자신감을 가지고 투자 결정을 내릴 수 있다.

투자자에게 익숙한 대표적인 기술적 분석으로는 이동평균(Moving Average, MA), 이동평균수렴발산(Moving Average Convergence Divergence, MACD), 상대강도지수(Relative Strength Index, RSI), 볼린저밴드(Bollinger Bands), 피보나치되돌림(Fibonacci Retracements), 스토캐스틱 오실레이터(Stochastic Oscillator, STOSC) 등이 있다. 차례대로 살펴보자.

이동평균은 특정 기간 주식의 평균 가격이다. 단순(Simple), 지수(Exponential), 가중(Weighted) 이동평균 등 여러 종류가 있다. 계산한 이동평균값을 이으면 이동평균선이 되는데 현재 가격이 이동평균선을 상향 돌파할 때 매수 신호로, 하향 돌파할 때 매도 신호로 해석된다. 특히 단기 이동평균선(예: 5, 10, 20일)이 장기 이동평균선(예: 50, 100, 200일)을 상향 돌파하는 골든크로스(Golden Cross)는 강세 시장의 시작을 나타내는 신호로 받아들여진다.

MACD는 단기(예: 12일) 지수이동평균에서 장기(예: 26일) 지수이동평균을 차감해서 계산한다. MACD선이 9일 지수이동평균선을 상향 돌파하면 매수 신호로 해석되며, 하향 돌파하면 매도 신호로 해석된다.

RSI는 기술적 분석에서 매우 중요한 모멘텀 오실레이터(Momentum Oscillator)로 미국의 기술적 분석 전문가인 웰레스 윌더 주니어(Welles Wilder Jr.)에 의해 개발되었다. 주식, 외환, 상품 등 다양한 금융 자산의 과매수나 과매도 상태를 평가하여 시장의 잠재적인 반전 지점을 식별하는 데 유용하다. RSI는 일정 기간(보통 14일) 동안의 가격 상승과 하락의 평균 크기를 비교하여 계산된다. 예를 들어, 14일 동안 각 일의 가격 변동을 계산하고, 상승한 날들의 평균 변동값과 하락한 날들의 평균 변동값을 구한 후 상승 평균을 하락 평균으로 나누어 상대적 강도(Relative Strength, RS)를 산출한다. 그리고 RS를 RSI 공식에 대입해 RSI를 계산한다: $RSI = 100 - \left(\frac{100}{1+RS}\right) = \frac{RS}{1+RS} \times 100$.

RSI 값은 0에서 100 사이의 범위로 표시된다. RSI가 70 이상이면 과매수 상태로 가격 하락 가능성이 있어 매도 신호로 해석되고, 30 이하면 과매도 상태로 가격 상승 가능성이 있어 매수 신호로 간주된다. RSI가 50에 가까우면 중립 상태를 나타내며, 특정한 추세 없이 시장이 균형 상태에 있는 것으로 볼 수 있다.

볼린저밴드는 존 볼린저(John Bollinger)가 1980년대 초에 개발한 기술적 분석 도구다. 주식이나 다른 금융 자산의 가격 변동성을 측정하고, 과매수 또는 과매도 상태를 평가하는 데 사용된다. 볼린저밴드는 세 개의 선으로 구성되는데 중간 밴드(Middle Band)는 일반적으로 20일 단순이동평균이 사용되며 기본 추세를 나타낸다. 상단 밴드(Upper Band)는 중간 밴드에 표준편차의 두 배를 더한 값이다. 주가가 상단 밴드에 닿거나 이를 넘어서면 주식이 과매수 상태이며 가격이 하락 국면이라는 매도 신호다. 하단 밴드(Lower Band)는 중간 밴드에서 표준편차의 두 배를 뺀 값이다. 주가가 하단 밴드에 닿거나 이를 넘어서면 주식이 과매도 상태이며 가격이 상승할 것이라는 매수 신호로 여겨진다. 상단 밴드와 하단 밴드의 폭이 확장되면 시장 변동성이 증가하고 있다는 신호이므로 시장 불안정성에 대비해 투자자들은 더욱 주의 깊게 시장을 모니터링해야 한다. 반대로 상·하단 밴드 폭이 수축될 때는 시장 변동성이 감소하고 있다는 신호다. 축소되던 상·하단 밴드 폭이 다시 확장하기 시작하면 새로운 추세가 형성되는 시발점이 되기도 한다.

피보나치되돌림은 이탈리아 수학자 레오나르도 피보나치(Leonardo Fibonacci)의 이름을 따서 명명되었으며, 그의 수열에서 유래된 비율을 사용하여 가격 차트상의 지지 및 저항 수준을 식별한다. 피보나치 수열은 첫째와 둘째 항을 제외한 각 숫자가 이전 두 숫자의 합인 숫자들의 집합이다: 0, 1, 1, 2, 3, 5, 8, 13, 21, 34, 55, 89, …. 피보나치 수열의 한 항을 바로 앞 항으로 나눌 때, 숫자들이 커질수록 그 비율은 1.618에 점점 더 가까워진다. 이 비율을 황금 비율(간단히 황금비) 또는 황금 분할이라고 한다. 황금비는 자연, 예술, 건축, 음악 등 많은 분야에서 조화롭고 균형 잡힌 비율로 간주되며, 시각적으로 매력적인 비율로 인식된다.

피보나치되돌림 기법에서 일반적으로 사용되는 비율은 23.6%(피보나치 수를 그 이후 세 번째 피보나치 수로 나눈 값), 38.2%(피보나치 수를 그 이후 두 번째 수로 나눈 값), 50%(심리적 평균), 61.8%(피보나치 수를 그 바로 다음 수로 나눈 값), 그리고 78.6%(61.8%의 제곱근 값)로 황금비와는 사뭇 다르다. 이 중 61.8%는 가장 널리 인용되는 피보나치 비율로 황금비의 역수 값과 같아 매우 특별한 의미를 지닌다. 이 비율들은 모두 가격의 주요 이동 후 예상되는 되돌림 수준을 나타낸다. 즉, 가격 상승 시에는 상승분 중 하락 비율을, 가격 하락 시에는 하락분 중 상승 비율을 보여 준다. 예를 들어, 주식 W의 가격이 10,000원에서 20,000원으로 상승(10,000원 상승)했을 때 피보나치 비율 23.6%를 사용해 되돌림 수준과 되돌림 가격을 계산하면 다음과 같다.

되돌림 수준=10,000×23.6%=2,360원

되돌림 가격=20,000-2,360=17,640원

앞의 예시에 피보나치 비율 61.8%를 적용해 되돌림 수준과 되돌림 가격을 다시 계산해 보자.

되돌림 수준: 10,000×61.8%=6,180원

되돌림 가격: 20,000-6,180=13,820원

두 경우 모두 17,640원과 13,820원이라는 해당 주식 가격의 지지선을 확인할 수 있다. 만약 주식 W의 주가가 상승가인 20,000원에서 하락하기 시작하면 투자자는 피보나치되돌림 가격을 지지선으로 간주하여 매수 위치를 파악할 수 있다. 예를 들어, 하락하던 주가가 17,640원에서 안정적으로 지지를 받고(이 가격 이하로 하락하지 않고) 다시 상승한다면 매수 신호가 된다. 하지만 지지선이 강력한 하락으로 뚫릴 경우 이는 추가적인 하락을 예고하며 오히려 매도 기회로 활용된다.

반대의 예를 들어 보자. 주식 Y의 주가가 20,000원에서 10,000원으로 하락했다고 가정해 보자. 이 경우에는 피보나치 비율은 지지선이 아니라 저항선의 역할을 하게 된다. 피보나치 비율 61.8%를 매매 기준으로 사용하는 투자자에게 10,000원 하락으로 인한 주가 되돌림 수준과 되돌림 가격은 아래와 같다.

$$\text{되돌림 수준: } 10{,}000 \times 61.8\% = 6{,}180\text{원}$$

$$\text{되돌림 가격: } 10{,}000 + 6{,}180 = 16{,}180\text{원}$$

하락하던 주가가 하락가인 10,000원에서 상승하기 시작했지만 저항선인 16,180원을 뚫지 못했다면 상승세가 둔화하거나 멈출 수 있다는 잠재적인 저항을 나타내기 때문에 투자자에게는 매도 신호로 작용한다. 하지만 하락 후 상승세가 저항선을 돌파하는 경우 하락 추세 또는 횡보 추세에서 상승 추세로의 전환을 의미하므로 매수 기회로 삼을 수 있다.

STOCS는 주식이나 다른 금융 자산의 가격 추세와 모멘텀을 평가하는 데 사용되는 지표로서 주가가 특정 기간 고가와 저가 범위 내에서 차지하는 상대적 위치를 측정해 자산의 가격이 과매수 또는 과매도 상태인지를 판단한다. STOCS는 두 가지 선으로 구성된다: %K 선과 %D 선. %K 선은 %K 값을 이은 선으로 빠른 선이라고도 한다. %K 값은 현재 주가를 최근 고가와 저가의 범위에 대비해서 계산하며, 식으로 표현하면 다음과 같다: $\%K = \left(\frac{\text{현재 주가} - \text{최근 N 기간 최저가}}{\text{최근 N 기간 최고가} - \text{최근 N 기간 최저가}}\right) \times 100$. N 값은 일반적으로 14일이 많이 사용된다. %D 선은 %K 값을 일정 기간 이동평균으로 계산한 %D 값의 연결선으로 느린 선이라고도 불린다. %D 값은 보통 %K의 3일간 단순이동평균이 사용된다. %K와 %D는 모두 0에서 100 사이의 값을 가지며 일반적으로 20 이하를 과매도 상태, 80 이상을 과매수 상태로 간주한다.

%K 선이 %D 선을 아래에서 위로 교차하면 매수 신호로 간주되고 %K 선이 %D 선을 위에서 아래로 교차하면 매도 신호로 간주된다. 또한 과매도와 과매수 상태를 판단하는 임곗값인 20과 80 근처에서 %K와 %D 선의 움직임도 주목해야 한다. %K와 %D 선이 과매수(80) 또는 과매도(20) 구간에 진입했다가 반대 방향으로 움직일 때는 주가의 반전이 예상된다.

핀테크 6단계 분석

핀테크 재무제표 분석처럼 인공지능 기술을 활용해 현금흐름의 미래가치, 현재가치, 투자안 분석, 기업 및 주식의 현재가치를 예측해 보자. 가치평가의 시작인 현재가치평가와 미래가치평가로부터 시작한다.

현재 및 미래 가치평가

현재 및 미래 가치평가는 가치평가의 틀을 이해하는 과정이므로 실제 사례보다 가상의 예시가 개념을 명확히 정립하는 데 더 적합하다. 몇 가지 현금흐름 가정하에 두 개념을 인공지능의 도움을 받아 학습해 보자. 먼저 현재 시점의 현금흐름이 일정한 이자율로 일정 기간 성장했을 때 미래 시점에서 어떤 가치를 갖는지 알아보자.

"현재 어떤 투자자가 1억 원의 현금을 가지고 있어. 투자자는 현금을 소유하는 것이 재산 성장에 도움이 안 된다는 걸 잘 알기 때문에 투자처를 물색하던 중 맘에 드는 투자 상품을 발견했어. 이 상품에 투자를 하면 투자금은 연 4.5%의 이자를 약속받고 5년 후에 원금과 쌓인 이자(복리)를 동시에 수령하게 돼. 만약 투자자가 1억 원의 현금을 이 상품에 투자하면 5년 후 수령하게 되는 투자금의 미래가치는 얼마인지 계산해 줘. 계산 과정과 결괏값을 모두 보여 줘."

 # 주어진 정보

- 초기 투자 금액(P): 1억 원(100,000,000원)
- 연 이자율(r): 4.5%(0.045)
- 투자 기간(t): 5년
- 이자 계산 방식: 복리

$$FV = P \times (1+r)^t$$

- 1+r 계산: 1+0.045=1.045
- $(1.045)^5$ 계산: $(1.045)^5 = 1.2461819377$
- 미래가치 계산

  $FV = 100{,}000{,}000 \times 1.2461819377$

  $= 124{,}618{,}193.77$원

미래가치 계산 과정과 결괏값을 일목요연하게 확인할 수 있다. 엑셀로 재확인해 보니 미래가치 계산에 오류가 발견되지 않았다. 복수의 현금흐름이 일정한 이자율로 일정 기간 성장한 후의 미래가치도 비슷한 프롬프트로 쉽게 산출할 수 있다.

"앞으로 1년 후, 2년 후, 3년 후의 현금흐름이 각각 1천만 원, 2천만 원, 3천만 원으로 예상돼. 각 현금흐름은 수령 즉시 연 이자율 6%의 저축예금에 투자할 예정이야. 앞으로 6년 후 저축예금의 잔액은 얼마지? 계산 과정도 상세히 기술해 줘."

각 현금흐름의 저축 기간

- 1년 후: 5년(6년 – 1년)
- 2년 후: 4년(6년 – 2년)
- 3년 후: 3년(6년 – 3년)

계산 과정

복리 계산 공식: $FV = P \times (1+r)^t$

- 1년 후 10,000,000원의 미래가치

  $FV_1 = 10{,}000{,}000 \times (1+0.06)^5$

  $= 10{,}000{,}000 \times 1.3382255776$

  $= 13{,}382{,}255.776$원
- 2년 후 20,000,000원의 미래가치

  $FV_2 = 20{,}000{,}000 \times (1+0.06)^4$

  $= 20{,}000{,}000 \times 1.26247696$

  $= 25{,}249{,}539.2$원
- 3년 후 30,000,000원의 미래가치

  $FV_3 = 30{,}000{,}000 \times (1+0.06)^3$

  $= 30{,}000{,}000 \times 1.191016$

  $= 35{,}730{,}480$원

최종 결과

총잔액: $FV_1 + FV_2 + FV_3$

총잔액 $= 13{,}382{,}255.776 + 25{,}249{,}539.2 + 35{,}730{,}480$

$= 74{,}362{,}274.976$원

따라서 6년 후 저축예금의 잔액은 약 74,362,275원입니다.

미래가치 공식과 현재가치 공식이 한 뿌리에서 나온다는 사실을 상기하며 이번에는 미래 발생하는 복수의 현금흐름을 현재 시점의 가치로 환산해 보자.

"운 좋게 복권에 당첨돼 앞으로 20년 동안 매년 1억 원씩 받을 거야. 평소 직장에서 버는 소득은 모두 연 이자율 3%의 저축예금에 저축해 왔던 터라 매년 1억 원의 추가 수입도 저축예금으로 자동이체되도록 했어. 복권 현금흐름이 매년 1억 원을 20회 받는 것이니까 20억 원의 가치가 있다고 생각하는데 재무 분석의 관점에서 이 복권 현금흐름의 현재가치는 얼마지? 현금흐름이 연금의 형태이니 연금 공식을 사용해서 계산해 줘. 계산 과정도 기술해 줘."

주어진 정보

- 매년 받는 복권 현금흐름: 1억 원(100,000,000원)
- 지급 기간: 20년
- 연 이자율(r): 3%(0.03)

연금의 현재가치 계산 공식

$$PV = C \times \frac{1-(1+r)^{-n}}{r}$$

계산 과정

$$PV = 100,000,000 \times \frac{1-(1.03)^{-20}}{0.03} \approx 100,000,000 \times 14.877475 \approx 1,487,747,500원$$

영구연금과 성장형 영구연금 형태의 미래 현금흐름을 현재가치화하는 과정도 이와 대동소이하다.

"매달 200만 원의 현금흐름이 영원히 발생하고 연 이자율이 12%(할인율)라고 가정할 때 이 영구연금의 현재가치는 얼마지? 계산 과정도 잊지 말고 기술해 줘."

주어진 정보

- 매달 받는 현금흐름: 200만 원
- 연 이자율: 12%(월 이자율 1%)

계산 과정

현금흐름이 월 단위이므로, 일관성을 유지하기 위해 이자율도 월 단위 이자율로 변환한 후 영구연금 공식을 사용합니다.

$$PV = \frac{2{,}000{,}000}{0.01} = 200{,}000{,}000\text{원}$$

"현재 시점 현금흐름 100만 원이 연 6%의 성장률을 갖고 영구히 커진다고 해. 100만 원을 금융시장에 투자해 얻을 수 있는 평균 이자율(할인율)은 10%라고 가정하고 이 현금흐름의 현재가치를 추정해 줘. 계산 과정도 보여 줘."

주어진 정보

- 현재 시점의 현금흐름: 100만 원(1,000,000원)
- 현금흐름의 연 성장률(g): 6%(0.06)
- 할인율(r): 10%(0.10)

성장하는 영구연금의 현재가치 공식

성장하는 영구연금의 현재가치(PV) 공식은 다음과 같습니다.

$$PV = \frac{C_1}{r - g}$$

계산 과정

주어진 정보를 공식에 대입하여 현재가치를 계산하면

$$PV = \frac{1{,}000{,}000 \times (1 + 0.06)}{0.10 - 0.06} = \frac{1{,}060{,}000}{0.04} = 26{,}500{,}000\text{원}$$

계산 과정을 요청하는 문구는 계속 반복할 필요가 없다. 인공지능이 이미 기억하고 있을 가능성이 높기 때문이다. 인공지능의 혹시 모를 실수를 미연에 방지하기 위해 계속 언급했을 뿐이다. 신중해서 손해 볼 일은 없다.

투자안 분석

세 가지 투자안 분석법을 인공지능의 도움을 받아 수행해 보자. 먼저 회수기간법을 적용해 투자안을 분석해 보자. 분석할 투자안은 삼성전자가 미국 텍사스(Texas)주 반도체 칩 공장에 시설 투자를 확대하려는 계획이다. 실제 사례와 가상의 수치를 조합해 만든 가상의 투자안이다. 삼성전자는 텍사스주 테일러(Taylor)시에 위치한 반도체 칩 생산 시설에 대한 투자를 기존 17억 달러에서 44억 달러로 대폭 상향 조정했다(2024년 4월 중앙일보 영문판 기사). 환율 1,350원을 기준으로 44억 달러는 약 5조 9,400억 원에 해당한다. 이 투자는 새로운 반도체 허브의 칩 제조 시설 건설 비용 증가와 추가 공장 건설 비용을 포함한다. 2024년 말까지 공장이 완공되어 반도체 칩 생산에 돌입하고 다음 해부터 판매가 시작될 전망이다. 만약 삼성전자가 텍사스 공장 생산 반도체 칩으로부터 매년 9,000억 원의 순현금흐름(현금 유입 − 현금 유출)을 30년간 창출할 수 있다면, 이 투자안의 회수기간은 얼마일까? 삼성전자는 초기 투자비용을 10년 이내에 회수하는 것을 목표로 삼고 있다. 즉, 투자안의 목표회수기간(벤치마크)은 10년이다.

"삼성전자는 미국 텍사스주 테일러시에 위치한 반도체 칩 생산 시설에 5조 9,400억 원을 투자할 예정이야. 공장은 2024년 12월 말에 완공되고 2025년 1월부터 본격적인 생산과 판매를 시작할 것으로 기대돼. 삼성전자가 텍사스 반도체 공장으로부터 매년 9,000억 원의 순현금흐름을 30년간 창출한다면 회수기간은 얼마지? 목표회수기간(Cutoff Period)을 10년으로 가정할 때 투자안을 채택해야 할까 아니면 기각해야 할까? 답을 할 때 회수기간 계산 과정도 보여 줘."

주어진 정보

- 투자 금액: 5조 9,400억 원(5,940,000,000,000원)
- 연간 순현금흐름: 9,000억 원(900,000,000,000원)
- 현금흐름 발생 기간: 30년
- 목표회수기간(Cutoff Period): 10년

회수기간 계산

회수기간은 투자 금액을 회수하는 데 걸리는 시간입니다. 이 경우, 회수기간은 다음과 같이 계산됩니다.

$$회수기간 = \frac{5조\ 9{,}400억\ 원}{9{,}000억\ 원} = \frac{5{,}940}{900} \approx 6.6년$$

분석 및 결론

- 회수기간은 약 6.6년입니다.
- 목표회수기간이 10년이므로, 실제 회수기간이 목표회수기간보다 짧습니다. 따라서 이 투자안은 채택하는 것이 합리적입니다.

이 경우 매년 회수되는 순현금흐름이 동일하므로 초기 투자비용을 순현금흐름으로 나누면 회수기간을 바로 계산할 수 있다. 매년 현금흐름이 다르다면 순차적으로 누적 현금흐름을 계산해 회수기간을 계산해야 한다. 예를 들어, 텍사스 공장 투자안의 미래 순현금흐름이 1~3년도에는 매년 5,000억 원, 4~6년도에는 매년 1조 원, 7~30년도에는 3,000억 원이라면 회수기간 계산 과정은 달라진다.

"삼성전자가 텍사스 반도체 공장으로부터 매년 순현금흐름이 9,000억 원이 아니라 1~3년도에는 매년 5,000억 원, 4~6년도에는 매년 1조 원, 7~30년도에는 3,000억 원이라면 회수기간은 얼마지? 투자의사결정은? 회수기간 계산 과정을 누적 현금흐름과 함께 상세히 보여 줘."

주어진 정보

- 투자 금액: 5조 9,400억 원(5,940,000,000,000원)
- 현금흐름
    - 1~3년도: 매년 5,000억 원(500,000,000,000원)
    - 4~6년도: 매년 1조 원(1,000,000,000,000원)
    - 7~30년도: 매년 3,000억 원(300,000,000,000원)
- 목표회수기간(Cutoff Period): 10년

회수기간 계산

회수기간을 계산하기 위해 연도별 현금흐름을 누적하여 투자 금액과 비교합니다.

- 1~3년도: 매년 5,000억 원
    - 1년 차 누적 현금흐름: 5,000억 원
    - 2년 차 누적 현금흐름: 5,000억 원+5,000억 원 = 10,000억 원(1조 원)
    - 3년 차 누적 현금흐름: 10,000억 원+5,000억 원 = 15,000억 원(1조 5,000억 원)
- 4~6년도: 매년 1조 원
    - 4년 차 누적 현금흐름: 15,000억 원+1조 원 = 25,000억 원(2조 5,000억 원)
    - 5년 차 누적 현금흐름: 25,000억 원+1조 원 = 35,000억 원(3조 5,000억 원)
    - 6년 차 누적 현금흐름: 35,000억 원+1조 원 = 45,000억 원(4조 5,000억 원)
- 7년 차 이후: 매년 3,000억 원
    - 7년 차 누적 현금흐름: 45,000억 원+3,000억 원 = 48,000억 원(4조 8,000억 원)
    - 8년 차 누적 현금흐름: 48,000억 원+3,000억 원 = 51,000억 원(5조 1,000억 원)
    - 9년 차 누적 현금흐름: 51,000억 원+3,000억 원 = 54,000억 원(5조 4,000억 원)
    - 10년 차 누적 현금흐름: 54,000억 원+3,000억 원 = 57,000억 원(5조 7,000억 원)
    - 11년 차 누적 현금흐름: 57,000억 원+3,000억 원=60,000억 원(6조 원)

회수기간 결정

- 회수기간: 누적 현금흐름이 5조 9,400억 원을 초과하는 시점은 11년 차입니다.
- 투자의사결정: 목표회수기간이 10년이므로, 실제 회수기간인 11년은 목표를 초과합니다. 따라서 이 투자안은 기각하는 것이 바람직합니다.

정확한 회수기간 계산을 원하면 추가로 프롬프트를 작성하면 된다.

"5조 9,400억 원이 회수되는 정확한 시점, 즉 10년도와 11년도 사이의 지점을 계산해 줘."

주어진 정보 요약

- 10년 차 누적 현금흐름: 57,000억 원(5조 7,000억 원)
- 11년 차 누적 현금흐름: 60,000억 원(6조 원)
- 투자 금액: 5조 9,400억 원(5,940억 원)
- 11년 차 추가 현금흐름: 3,000억 원(300억 원)

회수되는 정확한 시점 계산

10년도와 11년도 사이에서 5조 9,400억 원이 회수되는 정확한 시점을 계산하기 위해, 11년 차에 발생하는 3,000억 원 중 얼마나 추가적으로 필요할지 계산합니다.

- 필요한 추가 금액: 5조 9,400억 원 – 5조 7,000억 원 = 2,400억 원

11년 차의 전체 현금흐름은 3,000억 원이므로, 2,400억 원을 회수하는 데 걸리는 시간은 다음과 같습니다.

- 비율: $\frac{2{,}400\text{억 원}}{3{,}000\text{억 원}} = 0.8$

즉, 11년도 전체 중 0.8년이 걸리므로 10년 9.6개월이 됩니다.

결론

5조 9,400억 원이 회수되는 정확한 시점은 10년과 11년 사이의 약 9.6개월 후, 즉 10.8년 차입니다.

인공지능이 한 번의 시도로 정확한 답을 제공하기도 하지만 계산 과정에서 입력한 값을 잘못 인식해 오류를 범하는 경우도 드물지 않다. 앞의 프롬프트 실행 결과는 모두 정확한 회수기간 계산 과정을 포함하고 있지만 실제로는 몇 번의 시행착오와 수정을 거친 결과물이다. 예를 들어, 한 번은 인공지능이 초기 투자비용 5조 9,400억 원을 594,000,000,000원으로 잘못 변환해 계산하는 바람에 회수기간 계산뿐만 아니라 투자 결정 오류까지 범했다. "5조 9,400억 원을 수치로 변환하면 594,000,000,000원이 아니라 5,940,000,000,000원이야."라는 수정 프롬프트를 제시해 올바른 답을 얻을 수

있었다. 재확인은 단순한 과정이 아니라 핀테크 재무 분석의 기본 원칙 중 하나임을 기억하자.

이번에는 삼성전자 텍사스 공장 투자안을 순현가법을 활용해 평가해 보자.

"삼성전자는 텍사스 테일러에 위치한 반도체 칩 생산 시설에 5조 9,400억 원을 투자할 예정이야. 공장은 2024년 12월 말에 완공되고 2025년 1월부터 본격적인 생산과 판매를 시작할 것으로 기대돼. 삼성전자가 텍사스 반도체 공장으로부터 매년 9,000억 원의 순현금흐름을 30년간 창출한다면 순현가는 얼마지? 순현가법에 따르면 이 투자안은 채택해야 할까 아니면 기각해야 할까? 투자안의 할인율은 10%로 가정해. 계산 과정을 상세히 보여 줘."

주어진 정보

- 투자 금액: 5조 9,400억 원(5,940,000,000,000원)
- 매년 발생하는 순현금흐름(CF): 9,000억 원(900,000,000,000원)
- 현금흐름 발생 기간: 30년
- 할인율(r): 10%(0.10)

현재가치(PV) 계산

연금 공식을 사용하여 현재가치를 계산합니다.

$$PV = CF \times \frac{1-(1+r)^{-n}}{r}$$

$$= 900,000,000,000 \times \frac{1-(1.10)^{-30}}{0.10} \approx 8,484,223,000,000\text{원}$$

순현가(NPV) 계산

$$NPV = 8,484,223,000,000 - 5,940,000,000,000 \approx 2,544,223,000,000\text{원}$$

결론

순현가(NPV)는 2조 5,442억 2,300만 원입니다. NPV가 양수이므로, 순현가법에 따르면 이 투자안은 채택하는 것이 바람직합니다.

동일한 정보를 활용해 내부수익률을 계산하고 투자안을 평가해 보자.

"삼성전자 텍사스 반도체 공장 투자안의 정보를 그대로 활용해 내부수익률을 계산해 줘. 투자 결정도 내려 주고. 순현가 수식을 활용한 내부수익률 계산 과정을 상세히 보여 줘."

입력 정보

- 투자 금액: 5조 9,400억 원(-5,940,000,000,000원)
- 매년 발생하는 순현금흐름(CF): 9,000억 원(900,000,000,000원)
- 현금흐름 발생 기간: 30년

IRR 계산 과정

IRR은 NPV(Net Present Value)가 0이 되는 할인율(IRR)을 찾는 것입니다. 이를 계산하기 위한 공식은 다음과 같습니다.

$$NPV = -\text{투자 금액} + \sum_{t=1}^{n} \frac{\text{현금흐름(CF)}}{(1+IRR)^t} = 0$$

주어진 데이터를 공식에 적용하면

$$-5{,}940{,}000{,}000{,}000 + \sum_{t=1}^{30} \frac{900{,}000{,}000{,}000}{(1+IRR)^t} = 0$$

시행착오법을 통해 IRR을 찾은 결과, 약 14.92%로 나타났습니다.

결론

IRR이 자본비용인 10%보다 높기 때문에, 이 투자안은 수익성이 있습니다. 따라서 IRR법에 따르면, 이 투자안을 채택하는 것이 바람직합니다.

순현가법과 내부수익률법이 밀접히 연관돼 있음을 잘 알 수 있다.

기업가치평가

기업 전체를 하나의 투자안으로 간주하면 기업가치평가도 투자안의 순현가와 다를 바 없다. 삼성전자 연결 현금흐름표를 이용해 자유현금흐름을 계산하고 일정한 영구 성장률을 가정해 삼성전자의 기업가치를 계산해 보자.

"삼성전자 사업보고서의 82쪽에 있는 연결 현금흐름표를 이용해 2021년도, 2022년도, 2023년도 자유현금흐름을 계산해 줘. 그리고 투자현금흐름(투자활동으로 인한 현금흐름)에 마이너스 기호 또는 괄호 기호가 붙어 있는 경우는 현금 유출을 의미하므로 일반적인 자유현금흐름 공식(FCF = OCF - ICF)을 사용하면 투자현금흐름이 현금 유출임에도 영업현금흐름(영업활동으로 인한 현금흐름)에 더하게 되므로 유의해 줘. 즉, 투자현금흐름에 마이너스 기호나 괄호 기호가 있는 경우는 영업현금흐름에 투자현금흐름을 더해 줘야 올바른 자유현금흐름을 계산할 수 있어."

입력 데이터

- 영업현금흐름(Operating Cash Flow, OCF)
  - 2021년: 65,105,448백만 원
  - 2022년: 62,181,346백만 원
  - 2023년: 44,137,427백만 원
- 투자현금흐름(Investing Cash Flow, ICF)
  - 2021년: -33,047,763백만 원
  - 2022년: -31,602,804백만 원
  - 2023년: -16,922,817백만 원

계산 과정

- 자유현금흐름(FCF) 공식: FCF = OCF + ICF
  투자현금흐름이 마이너스로 표시되었으므로, 이 경우 덧셈 형태로 계산해야 합니다.

결과

- 2021년 자유현금흐름(FCF): 65,105,448 − 33,047,763 = 32,057,685백만 원
- 2022년 자유현금흐름(FCF): 62,181,346 − 31,602,804 = 30,578,542백만 원
- 2023년 자유현금흐름(FCF): 44,137,427 − 16,922,817 = 27,214,610백만 원

요청한 대로 자유현금흐름 계산 시 투자현금흐름을 더하는 공식을 사용해 계산 오류를 피한 것을 볼 수 있다. 공식을 활용할 때도 가끔 주의가 필요하다. 이 경우 삼성전자 자유현금흐름의 연간 평균 성장률(Compound Annual Growth Rate, CAGR)은 -7.86%이다. CAGR은 복리 개념이 포함된 재무 용어로 시계열 재무 데이터를 요약하는 통계치(예: 수익률, 성장률)를 계산할 때 자주 사용된다. 일반적인 공식은 다음과 같다.

$$CAGR = \left(\frac{End}{Start}\right)^{\frac{1}{n}} - 1$$

여기서 Start는 데이터의 시작점, End는 데이터의 종료점, n은 특정 기간의 빈도수(예: 일수, 주 수, 월수, 연수)를 의미한다. 삼성전자 자유현금흐름의 CAGR 산출 과정에 쓰인 시작점은 2021년 자유현금흐름이므로 32,057,685백만 원, 종료점은 2023년 자유현금흐름인 27,214,610백만 원, n은 전체 기간인 2021~2023 사이 연간 자유현금흐름의 변화(성장)가 두 번 발생하므로 2이다. 이를 공식에 대입하면 $\left(\frac{27,214,610}{32,057,685}\right)^{\frac{1}{2}} - 1$이므로 -7.86%이다.

할인율로 사용할 가중평균자본비용을 계산하려면 자기자본비용과 타인자본비용(장기부채비용) 정보가 필요하다. 타인자본비용은 사업보고서의 '채무증권 발행실적' 정보를 활용해 쉽게 추정할 수 있다. 반면에 자기자본비용은 채권의 이자율처럼 명문화되어 있지 않기 때문에 직접적으로 구할 수 없다. 한 가지 대안은 수익성 비율의 하나인 자기자본수익률(ROE)을 이용하는 것이고 또 다른 대안은 포트폴리오 분석에서 배울 자본자산가격결정모형(Capital Asset Pricing Model, CAPM)을 활용하는 것이다. CAPM은 아직 학습 전이니 먼저 ROE를 자기자본비용의 대체치로 써 보자. ROE와 회사채 정보는 사업보고서에 있으니 다음과 같은 프롬프트로 손쉽게 정보를 수집할 수 있다.

"삼성전자 연결 재무상태표와 연결 손익계산서를 이용해 자기자본수익률(ROE)을 계산해 줘. 또한 '채무증권 발행실적' 정보를 활용해 타인자본비용(장기부채비용)을 가중평균으로 계산해 줘. 평가기관의 평가등급이 없는 채무증권은 타인자본비용 계산에서 제외해 줘."

자기자본수익률(ROE) 계산

주요 데이터

- 2023년 자본총계: 363,677,865백만 원
- 2023년 당기순이익: 15,487,100백만 원

ROE 공식

$$\text{ROE} = \frac{\text{당기순이익}}{\text{자본총계}} \times 100$$

계산

$$2023\text{년 ROE} = \frac{15{,}487{,}100}{363{,}677{,}865} \times 100 \approx 4.26\%$$

타인자본비용(장기부채비용) 계산

채무증권 발행 실적(평가등급이 있는 경우)

- 삼성전자㈜ 회사채 발행금액 128,940백만 원, 이자율 7.7%
- Harman International Industries, Inc 회사채: 발행금액 515,760백만 원, 이자율 4.2%

계산 과정

$$\text{장기부채비용} = \frac{(128{,}940 \times 7.7\%) + (515{,}760 \times 4.2\%)}{128{,}940 + 515{,}760} \approx 4.90\%$$

자기자본비용과 타인자본비용을 추정했으니 이제 재무제표 정보를 다시 이용해 가중평균자본비용을 구하면 된다. 삼성전자의 2019~2023 기간 법인세율 중간값이 25.2%이므로 법인세율은 25%로 가정한다.

"자기자본수익률(4.26%)을 자기자본비용으로 간주하고 타인자본비용은 장기부채비용(4.9%)을 이용해 가중평균자본비용을 구해 줘. 자기자본과 타인자본의 가중치는 자본총계와 부채총계를 기준으로 계산하면 돼. 법인세율은 25%로 가정해."

주요 데이터

- 자본총계(자기자본): 363,677,865백만 원
- 부채총계(타인자본): 92,228,115백만 원
- 비유동부채(장기부채): 16,508,663백만 원
- 자기자본비용(ROE): 4.26%
- 타인자본비용(장기부채비용): 4.90%
- 법인세율: 25%

가중치 계산

- 자기자본 가중치(E/V): $\frac{363,677,865}{363,677,865+92,228,115} \approx 79.77\%$
- 타인자본 가중치(D/V): $\frac{92,228,115}{363,677,865+92,228,115} \approx 20.23\%$

가중평균자본비용(WACC) 계산

공식

$$WACC = \left(\frac{E}{V} \times r_e\right) + \left(\frac{D}{V} \times r_d \times (1-T_c)\right)$$

- E/V: 자기자본 가중치
- D/V: 타인자본 가중치
- r_e: 자기자본비용
- r_d: 타인자본비용
- T_c: 법인세율

계산 과정

WACC는 $(0.7977 \times 4.26\%) + (0.2023 \times 4.90\% \times 0.75) \approx 4.14\%$로 계산되었습니다.

현재(2023년도 말) 자유현금흐름(27,214,610백만 원)이 앞으로 5년간

-7.86%로 성장하다가 6년 차부터 성장률 0%로 영구히 성장한다고 가정하고 삼성전자의 기업가치를 평가해 보자.

"삼성전자의 현재 자유현금흐름 27,214,610백만 원은 앞으로 5년간 -7.86%로 성장하다가 6년 차부터 성장률 0%로 영구히 성장할 것으로 예측된대. 추정한 삼성전자의 가중평균자본비용을 이용해 삼성전자의 기업가치를 구해 줘. 계산 과정도 자세히 기술해 줘."

주요 데이터

- 현재 자유현금흐름(FCF): 27,214,610백만 원
- 향후 5년간 성장률: -7.86%
- 6년 차 이후: 0% 성장(영구연금)
- 가중평균자본비용(WACC): 4.14%

5년간의 자유현금흐름 추정

- $FCF_1 = 27{,}214{,}610 \times (1-0.0786) = 25{,}075{,}542$백만 원
- $FCF_2 = 25{,}075{,}542 \times (1-0.0786) = 23{,}104{,}604$백만 원
- $FCF_3 = 23{,}104{,}604 \times (1-0.0786) = 21{,}288{,}582$백만 원
- $FCF_4 = 21{,}288{,}582 \times (1-0.0786) = 19{,}615{,}300$백만 원
- $FCF_5 = 19{,}615{,}300 \times (1-0.0786) = 18{,}073{,}537$백만 원

6년 차 이후의 자유현금흐름(영구연금)

- $FCF_6 = 18{,}073{,}537$백만 원

기업가치 계산

5년 동안의 자유현금흐름을 현재가치로 할인하고, 6년 차 이후의 영구연금 가치를 더해 계산합니다.

- 5년간 자유현금흐름의 현재가치
    - $PV_1 = \frac{25{,}075{,}542}{(1+0.0414)^1} \approx 24{,}078{,}684$백만 원

- ◦ $PV_2 = \frac{23,104,604}{(1+0.0414)^2} \approx 21,304,109$백만 원
- ◦ $PV_3 = \frac{21,288,582}{(1+0.0414)^3} \approx 18,849,248$백만 원
- ◦ $PV_4 = \frac{19,615,300}{(1+0.0414)^4} \approx 16,677,258$백만 원
- ◦ $PV_5 = \frac{18,073,537}{(1+0.0414)^5} \approx 14,755,546$백만 원

- 영구연금 가치

  $$\text{Terminal Value} = \frac{FCF_6}{WACC} = \frac{18,073,537}{0.0414} \approx 436,558,867\text{백만 원}$$

  이를 5년 차의 현재가치로 할인합니다.

  $$PV_{Terminal} = \frac{436,558,867}{(1+0.0414)^5} \approx 356,414,158\text{백만 원}$$

기업가치 계산

$$\text{기업가치} = \sum_{t=1}^{5} PV_t + PV_{Terminal} \approx 24,078,684 + 21,304,109 + 18,849,248 + 16,677,258 + 14,755,546 + 356,414,158 \approx 452,079,003\text{백만 원}$$

전 세계 기업들의 재무 정보 및 분석을 제공하는 데이터 플랫폼인 구루포커스닷컴(GuruFocus.com)에 따르면 2024년 5월 5일 기준 삼성전자의 기업가치(Enterprise Value, EV)는 약 3,196억 달러로 원화로 환산하면 약 422조 원이다. 인공지능과 협업해 계산한 452조 790억 300만 원과 별 차이가 없다.

시장가치 비율인 EV/EBITDA를 이용한 기업가치 계산법은 더욱 간단하다. 먼저 삼성전자의 자기자본 시장가치(시가총액)를 찾아보자.

"가장 최근 삼성전자의 자기자본 시장가치(시가총액)를 찾아줘. 미국 달러로 표시된 경우는 한국 원화로 환산해 줘."

삼성전자의 시가총액은 2024년 8월 기준으로 3,568억 달러이며, 한국 원화로는 약 474조 원입니다(Companies Market Cap) (investing).

EV 계산에 필요한 총부채 장부가액도 재무상태표에서 추출한다.

"연결 재무상태표에 기록된 2023년도 총부채 장부가액(부채총계)을 알려 줘."

2023년도 삼성전자의 총부채 장부가액(부채총계)은 92,228,115백만 원입니다.

이번엔 삼성전자 사업보고서 내 손익계산서를 활용해 EBITDA를 계산하자.

"삼성전자 사업보고서 내 연결 재무제표와 연결 재무제표 주석을 이용해 EBITDA를 계산해 줘. 계산 과정도 보여 줘."

주요 데이터

- 영업이익: 6,566,976백만 원
- 유형자산 감가상각비: 35,532,411백만 원
- 무형자산 상각비: 3,134,148백만 원

EBITDA 계산

EBITDA는 영업이익에 유형자산 감가상각비와 무형자산 상각비를 더한 값으로 계산됩니다.

EBITDA = 영업이익 + 유형자산 감가상각비 + 무형자산 상각비

= 6,566,976 + 35,532,411 + 3,134,148 = 45,233,535백만 원

이제 삼성전자의 최근(2023년도) EV를 EBITDA로 나누어 벤치마크 EV/EBITDA 비율을 계산한다.

"삼성전자의 시가총액, 총부채 장부가액(부채총계), EBITDA를 이용해 EV/EBITDA 비율을 계산해 줘. 현금 및 현금성 자산은 69,080,893백만 원이야."

주요 데이터

- 시가총액(Equity Value): 474조 원(474,000,000백만 원)
- 총부채 장부가액(부채총계): 92,228,115백만 원
- 현금 및 현금성 자산: 69,080,893백만 원
- EBITDA: 45,233,535백만 원

기업가치(Enterprise Value, EV) 계산

EV = 시가총액 + 총부채 − 현금 및 현금성 자산
= 474,000,000 + 92,228,115 − 69,080,893 = 497,147,222백만 원

EV/EBITDA 비율 계산

$$EV/EBITDA = \frac{497,147,222}{45,233,535} \approx 10.99$$

벤치마크 EV/EBITDA 비율이 추정됐으니 삼성전자가 창출할 것으로 예상되는 다음 연도 예상 EBITDA를 검색해서 찾아낸 후 상대가치평가법을 이용한 삼성전자의 기업가치를 추정한다.

"전문가(예: 재무 분석가, 금융기관)가 예측하는 삼성전자의 다음 연도 예상 EBITDA를 검색해서 찾아줘. 그리고 이 예측치와 벤치마크 EV/EBITDA 비율인 10.99를 이용해 삼성전자의 기업가치를 추정해 줘."

주요 데이터

- 예측 EBITDA(2024년 말): $57.609 billion(한화 약 74조 8,917억 원)
- EV/EBITDA 비율: 10.99

기업가치(EV) 추정

EV = 예측 EBITDA × EV/EBITDA 비율

이 수치를 사용하여 계산해 보겠습니다.

EV = 74,891,700,000,000 × 10.99 ≈ 823,059,783,000,000원

결론

예측된 EBITDA와 EV/EBITDA 비율을 이용해 추정한 삼성전자의 기업가치는 약 823조 원입니다.

자유현금흐름과 본질적 가치평가법을 활용해 추정한 삼성전자의 기업가치 452조 790억 300만 원과 큰 차이를 보이는 수치다. 유사 기업이나 동일 산업의 EV/EBITDA 비율을 벤치마크로 사용했다면 또 다른 결과가 나왔을 것이다. 또한 챗GPT가 검색해 얻은 EBITDA 예측치는 온라인상에 떠도는 여러 예측치 중 하나에 불과하다. 챗GPT에게 재검색을 요청하면 앞의 수치와 매우 다른 예측치를 제시할 수 있으며, 이에 따라 기업가치 추정치도 크게 요동칠 것이다. 가치평가가 과학보다는 예술에 가깝다는 사실을 다시 한번 되새기자. 항상 회의적인 시각으로 바라보고 다양한 평가 기법의 결과를 종합해서 최종 판단을 내리는 것이 바람직하다.

주식가치평가

기업가치평가에서 사용하는 현금흐름은 주식 투자자(주주)와 채권 투자자 모두가 자유롭게 이용가능한 현금흐름(자유현금흐름)이다. 기업을 평가하는 것이기 때문에 현금흐름도 기업이 만들어 내는 현금흐름을 사용하는 것이다. 기업이 창출한 현금흐름은 채권자에게 지급하기로 약속한 현금흐름을 제외하면 나머지는 기업의 주인인 주주의 몫이다. 그러므로 기업 차원의 현금흐름은 주주와 채권자에게 돌아가는 현금흐름과 같은 의미다.

같은 맥락에서 주식가치평가와 관련된 현금흐름은 주식이 창출하는 현금흐름, 즉 주주가 이용할 수 있는 현금흐름이다. 대표적인 예가 주주에게만 지급되는 배당금이다. 따라서 주식가치평가의 핵심 요소는 배당금, 할인율, 배당금 지급 기간 및 빈도수이다. 핵심 요소 계산과 적용 과정을 차례로 살펴보자.

"삼성전자 사업보고서에서 2021년도, 2022년도, 2023년도 주당 현금 배당금을 수집하고 2021~2023 기간 주당 현금 배당금의 연간 성장률을 계산해 줘. 수집된 배당금 정보와 계산 과정을 모두 보여 줘."

수집된 주당 현금 배당금

- 2021년도(제53기): 1,444원
- 2022년도(제54기): 1,444원
- 2023년도(제55기): 1,444원

연간 성장률 계산

주당 현금 배당금의 연간 성장률을 계산하기 위해 다음 공식을 사용합니다.

$$성장률 = \left(\frac{해당연도\ 배당금}{전년도\ 배당금} - 1\right) \times 100$$

- 2022년 성장률: $\left(\frac{1,444}{1,444} - 1\right) \times 100 = 0\%$
- 2023년 성장률: $\left(\frac{1,444}{1,444} - 1\right) \times 100 = 0\%$

결론

삼성전자의 2021년부터 2023년까지의 주당 현금 배당금은 매년 1,444원으로 동일하며, 이 기간 주당 현금 배당금의 연간 성장률은 0%입니다.

주당 현금 배당금은 보통주 주주에게 지급된 배당금 총액을 보통주의 유통주식수(Outstanding Shares)로 나누어 계산한 금액이다. 유통주식수는 기업이 발행한 주식총수에서 기업이 보유한 자기주식수를 제외한 주식수를 말한다. 주당 순이익을 계산할 때도 마찬가지다. 보통주 주주에게 귀속되는 순이익을 보통주 유통주식수로 나눈 것이 우리가 흔히 접하는 주당 순이익이다. 성장률 계산 방법과 과정을 확인하기 위해 추가적인 프롬프트를 작성해 보자.

"복리 개념을 포함한 CAGR과 복리 개념이 포함되지 않은 연평균 성장률(단순 평균 성장률)을 계산하는 과정과 결괏값을 상세히 보여 줘. 계산 공식도 표현해 줘."

복리 연평균 성장률(CAGR) 계산

복리 연평균 성장률(CAGR)은 시작 시점의 값과 종료 시점의 값을 기준으로 한 연간 성장률을 계산하는 방법입니다. 이 방법은 복리의 개념을 포함합니다.

- 공식: $\text{CAGR} = \left(\frac{\text{종료 시점의 값}}{\text{시작 시점의 값}}\right)^{\frac{1}{n}} - 1$

여기서 n은 기간(연수)입니다.

- 계산
  - 시작 시점의 주당 배당금(2021년): 1,444원
  - 종료 시점의 주당 배당금(2023년): 1,444원
  - 기간: 2년(2021년~2023년)

$$\text{CAGR} = \left(\frac{1,444}{1,444}\right)^{\frac{1}{2}} - 1 = 0\%$$

단순 연평균 성장률 계산

단순 연평균 성장률은 각 연도의 성장률을 모두 합산한 후, 그 평균을 구하는 방법입니다. 이 방법은 복리의 개념을 포함하지 않습니다.

- 공식: $\text{단순 연평균 성장률} = \left(\frac{\sum_{t=1}^{n} \text{해당 연도 성장률}}{n}\right)$

여기서 n은 연수입니다.

- 각 연도의 성장률 계산
  - 2022년 성장률: $\left(\frac{1,444}{1,444}-1\right)\times 100=0\%$
  - 2023년 성장률: $\left(\frac{1,444}{1,444}-1\right)\times 100=0\%$
- 단순 연평균 성장률 계산

$$\text{단순 연평균 성장률}=\frac{0\%+0\%}{2}=0\%$$

결론

- 복리 연평균 성장률(CAGR): 0%
- 단순 연평균 성장률: 0%

현재 시점 배당금과 성장률, 그리고 할인율(앞서 기업가치평가에서 산출한 자기자본비용, 4.26%) 정보가 수집되었으므로 삼성전자의 주식가치를 배당할인모형을 사용해 추정할 수 있다.

"삼성전자의 현재 시점 주당 배당금은 1,444원, 배당금 성장률은 0%, 할인율로 쓰일 자기자본비용은 4.26%야. 배당할인모형을 활용해 삼성전자의 주당 주식가치를 추정해 줘."

주요 데이터

- 현재 시점 주당 배당금(D_0): 1,444원
- 배당금 성장률(g): 0%
- 할인율(자기자본비용, r): 4.26%

배당할인모형(DDM) 공식

배당금 성장률이 일정한 경우, 배당할인모형은 다음과 같이 계산됩니다.

$$\text{주당 주식가치}=\frac{D_0\times(1+g)}{r-g}$$

그러나 배당금 성장률이 0%인 경우, 공식은 단순화되어 다음과 같습니다.

$$\text{주당 주식가치} = \frac{D_0}{r}$$

계산

$$\text{주당 주식가치} = \frac{1,444}{0.0426} \approx 33,897\text{원}$$

이 경우 배당 성장률이 0%이기 때문에 항상연금모형을 적용해 주식가치를 추정했다. 성장률이 0%가 아닌 경우에는 항상성장모형을 사용해 주식가치평가를 진행하면 된다. 배당금, 배당 성장률, 자기자본비용 정보가 있으면 배당할인모형으로 주식가치를 평가하면 되지만, 이러한 정보가 없을 경우(예: 배당금을 지급하지 않는 기업)에는 기업가치평가에서 추정한 기업가치로부터 총부채가치를 차감해 주식가치를 구하면 된다.

"자유현금흐름을 할인해 추정한 삼성전자의 기업가치는 452,079,003백만 원, 부채총계(총부채 장부가액)는 92,228,115백만 원, 보통주 유통주식수는 5,969,782,550주야. 삼성전자의 주당 주식가치를 계산해 줘."

주요 데이터

- 기업가치(EV): 452,079,003백만 원
- 부채총계(총부채 장부가액): 92,228,115백만 원
- 보통주 유통주식수: 5,969,782,550주

주식가치 계산

$$\text{주식가치} = \text{EV} - \text{총부채} = 452,079,003 - 92,228,115 = 359,850,888\text{백만 원}$$

주당 주식가치 계산

$$\text{주당 주식가치} = \frac{\text{주식가치}}{\text{유통주식수}} = \frac{359,850,888\text{백만 원}}{5,969,782,550\text{주}} \approx 60,279\text{원}$$

EV/EBITDA 비율로 추정한 기업가치를 이용해 주당 주식가치를 계산하려면 기업가치 액수, 452조 790억 300만 원을 823조 597억 8,300만 원으로 대체한 프롬프트를 실행하면 된다. 사용하는 가치평가 모형에 따라 추정된 주식가치가 천차만별임을 알 수 있다. 결국 최종 판단은 평가자나 투자자의 직관과 전문성에 의존할 수밖에 없다. 경제, 금융, 심리, 핀테크 재무분석 기술을 배우고 익히는 동시에 실무 경험을 축적하는 노력을 멈추지 않아야 하는 이유다.

기술적 분석을 사용한 주식가치평가는 주당 주식가치를 추정하는 본질적 가치평가 방식과 매우 다르다. 본질적 가치평가와 기술적 분석 모두 매수나 매도 결정을 위한 평가 방식이라는 공통점이 있다. 하지만 기술적 분석은 주식의 가치를 주가와 비교해 매수나 매도 결정을 하는 것이 아니라 주가의 추세를 보고 매매 시점을 파악한다는 점에서 두 평가법은 근본적으로 다르다. 주가의 추세를 분석하려면 과거와 현재의 주가 정보를 수집해야 한다. 네이버 금융(finance.naver.com), 다음 금융(finance.daum.net), 한국거래소(KRX) 정보데이터시스템 등과 같은 금융 웹사이트에서 현재 및 역사적 주가 정보를 쉽게 조회할 수 있다.

이후 기술적 분석 과정에선 편의상 2023년 5월 15일부터 2024년 5월 13일까지 12개월간 가상 기업인 배트일렉(주)(Baet Electron Inc.)의 일일 조정 종가(Adjusted Close, 배당금 지급이나 주식 분할 등과 같은 주요 자본 변동 사항을 반영해 재계산된 최종 거래 가격)를 이용할 것이다. 본서가 재무 분석 과정과 결과 해석을 이해하는 데 초점을 맞추고 있으므로, 가상의 정보를 활용해도 무방하다. 또한 역사적 주가 정보는 출처나 수집 시기에 따라 그 내용이 상이할 수 있으므로 재무 분석의 일관성, 타당성, 신뢰성을 저해할 수 있다. 따라서 다수의 주가 정보를 활용해 핀테크 재무 분석 기법을 설명하는 경우에는 가상의 주가 정보가 더 적합할 수 있다. 주가는 가상의 수치이나, 거래 날짜(Date)는 한국거래소에서 확인한 실제 주식시장

개장일(Trading Day)이다. 다음과 같은 프롬프트를 실행해 보자.

"업로드한 데이터는 최근 12개월간 배트일렉(주)(Baet Electron) 일일 조정 종가(Adjusted Close) 데이터야. 이동평균법을 활용해 배트일렉(주) 주식의 매매 의사결정(매수 vs. 매도)을 내려 줘. 이동평균에 기반한 의사결정 과정을 상세히 기술해 줘."

이동평균 계산

- 20일 이동평균: 최근 20일간의 조정 종가(Adjusted Close)를 평균하여 계산합니다. 이는 주가의 단기적인 변화를 반영합니다.
- 50일 이동평균: 최근 50일간의 조정 종가를 평균하여 계산합니다. 이는 주가의 중기적인 변화를 반영합니다.

매수/매도 신호

- 매수 신호: 20일 이동평균선이 50일 이동평균선을 상향 돌파할 때 발생합니다. 이는 주가가 단기적으로 상승할 가능성이 있다는 신호로, 매수를 고려할 수 있습니다.
- 매도 신호: 20일 이동평균선이 50일 이동평균선을 하향 돌파할 때 발생합니다. 이는 주가가 하락할 가능성이 있다는 신호로, 매도를 고려할 수 있습니다.

결과 해석

- 최근 데이터(2024년 5월 13일 기준)에서는 20일 이동평균(약 78,705원)이 50일 이동평균(약 78,180원)보다 높습니다. 이는 매수 신호로, 주식을 보유하거나 추가 매수를 고려할 수 있는 상황임을 의미합니다.
- 최근 10일간의 데이터에서도 20일 이동평균이 50일 이동평균을 상회하고 있으며, 이는 매수 전략이 유효했을 가능성을 나타냅니다.

매수 신호와 매도 신호를 그래프로 표현할 수도 있다.

"매수 신호와 매도 신호를 그래프(주가선, 이동평균선 포함)로 보여 줘. 가로축의 날짜는 몇몇 대표적인 날짜만 표시해 줘. 그래프에 대한 간단한 설명도 추가해 줘."

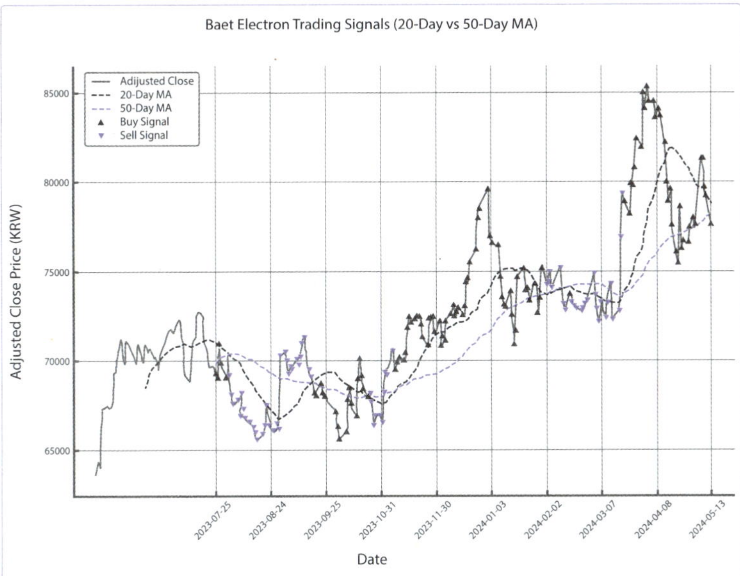

이 그래프는 배트일렉(주) 주식의 일일 주가를 바탕으로 20일 및 50일 이동평균선을 사용하여 매수 및 매도 신호를 시각화한 것입니다. 그래프의 주요 요소는 다음과 같습니다.

- 회색 실선: 조정 종가를 나타내며, 주식의 일일 가격 변동을 보여 줍니다.
- 검은색 점선: 20일 이동평균선으로, 주가의 단기적인 평균 흐름을 나타냅니다.
- 라일락색 점선: 50일 이동평균선으로, 주가의 중기적인 평균 흐름을 나타냅니다.
- 검은색 삼각형(▲): 매수 신호로, 20일 이동평균선이 50일 이동평균선을 상향 돌파할 때 발생합니다. 이는 주가가 상승할 가능성이 높아 매수를 고려할 시점입니다.
- 라일락색 삼각형(▼): 매도 신호로, 20일 이동평균선이 50일 이동평균선을 하향 돌파할 때 발생합니다. 이는 주가가 하락할 가능성이 높아 매도를 고려할 시점입니다.

MACD 분석법도 비슷한 방식으로 매수 신호와 매도 신호를 감지한다.

"업로드한 배트일렉(주) 일일 조정 종가 데이터와 MACD 분석법을 이용해 배트일렉(주) 주식의 매수 및 매도 시점을 알려 줘. 의사결정 과정을 상세히 기술해 줘. 현재 시점(2024년 5월 13일)에서의 적절한 매매 의사결정도 포함해 줘."

MACD 계산

- MACD: 12일 지수이동평균(EMA)에서 26일 지수이동평균(EMA)을 뺀 값으로 계산됩니다.
- Signal Line: MACD의 9일 지수이동평균(EMA)으로 계산됩니다.

매수/매도 신호

- 매수 신호: MACD가 Signal Line을 상향 돌파할 때 발생합니다. 이는 주가 상승 가능성이 높다는 신호로, 매수를 고려할 수 있습니다.
- 매도 신호: MACD가 Signal Line을 하향 돌파할 때 발생합니다. 이는 주가 하락 가능성이 높다는 신호로, 매도를 고려할 수 있습니다.

발생한 매수 및 매도 신호

- 매수 신호: 총 10번 발생
  - 날짜: 2023년 8월 24일, 2023년 10월 17일, 2023년 11월 2일, 2023년 11월 28일, 2023년 12월 20일, 2024년 2월 5일, 2024년 3월 4일, 2024년 3월 13일, 2024년 3월 20일, 2024년 5월 8일
- 매도 신호: 총 11번 발생
  - 날짜: 2023년 6월 15일, 2023년 9월 21일, 2023년 10월 26일, 2023년 11월 27일, 2023년 12월 1일, 2024년 1월 9일, 2024년 2월 15일, 2024년 3월 7일, 2024년 3월 18일, 2024년 4월 15일, 2024년 5월 13일

현재 시점에서의 분석 및 의사결정

- 현재 시점(2024년 5월 13일)
  - 매도 신호: 최근 MACD가 신호선을 하향 돌파하여 매도 신호가 발생했습니다.
  - 의사결정: 현재 보유 중인 주식이 있다면 매도를 고려하는 것이 적절할 수 있습니다.

이어서 매수 신호와 매도 신호를 시각화하는 그래프를 그려 보자.

"MACD 분석 결과를 그래프로 보여 주고 간단한 설명을 추가해 줘."

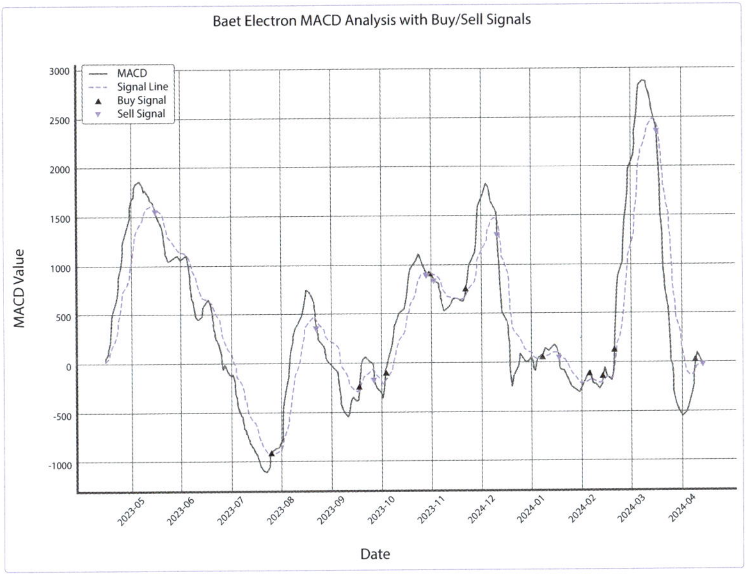

위 그래프는 배트일렉(주) 주식의 MACD 분석 결과를 보여 줍니다. 그래프의 주요 요소는 다음과 같습니다.

- 회색 실선: MACD를 나타내며, 12일 지수이동평균(EMA)과 26일 지수이동평균(EMA)의 차이로 계산됩니다.
- 라일락색 점선: 신호선(Signal Line)을 나타내며, MACD의 9일 지수이동평균(EMA)입니다.
- 검은색 삼각형(▲): 매수 신호가 발생한 지점으로, MACD가 신호선을 상향 돌파한 시점입니다.
- 라일락색 삼각형(▼): 매도 신호가 발생한 지점으로, MACD가 신호선을 하향 돌파한 시점입니다.

이번에는 RSI 분석으로 배트일렉(주) 주식의 과매수와 과매도 시점을 파악해 보자.

"최근 12개월간 배트일렉(주) 일일 조정 종가를 가지고 RSI 분석을 수행해 줘. 최근 15일간 RSI 값만 분석해 줘."

RSI 계산 과정

- 일일 상승폭(Gain)과 하락폭(Loss): 매일의 조정 종가(Adj Close) 변동을 계산하여 상승한 경우에는 Gain에, 하락한 경우에는 Loss에 해당 값을 기록합니다.
- 14일 평균 상승폭(Avg Gain)과 하락폭(Avg Loss): 최근 14일 동안의 상승폭과 하락폭의 평균을 계산합니다.
- 상대 강도(RS): 14일 평균 상승폭(Avg Gain)을 14일 평균 하락폭(Avg Loss)으로 나누어 상대 강도(RS)를 계산합니다.
- RSI 계산: RS를 이용해 RSI를 계산합니다. RSI는 0에서 100 사이의 값으로, 일반적으로 70 이상이면 과매수, 30 이하이면 과매도로 해석됩니다.

Date	Adj Close	Gain	Loss	Avg Gain	Avg Loss	RS	RSI
24-04-19	77600.00	0.00	2000.00	385.71	728.57	0.53	34.62
24-04-22	76100.00	0.00	1500.00	385.71	807.14	0.48	32.34
24-04-23	75500.00	0.00	600.00	171.43	850.00	0.20	16.78
24-04-24	78600.00	3100.00	0.00	392.86	785.71	0.50	33.33
24-04-25	76300.00	0.00	2300.00	307.14	950.00	0.32	24.43
24-04-26	76700.00	400.00	0.00	335.71	892.86	0.38	27.33
24-04-29	76700.00	0.00	0.00	335.71	892.86	0.38	27.33
24-04-30	77500.00	800.00	0.00	392.86	828.57	0.47	32.16
24-05-02	78000.00	500.00	0.00	392.86	828.57	0.47	32.16
24-05-03	77600.00	0.00	400.00	392.86	828.57	0.47	32.16
24-05-07	81300.00	3700.00	0.00	657.14	721.43	0.91	47.67
24-05-08	81300.00	0.00	0.00	657.14	564.29	1.16	53.80
24-05-09	79700.00	0.00	1600.00	657.14	600.00	1.10	52.27
24-05-10	79200.00	0.00	500.00	607.14	635.71	0.96	48.85
24-05-13	77600.00	0.00	1600.00	607.14	607.14	1.00	50.00

RSI 해석

- RSI가 70 이상이면 과매수 상태로, 주가가 과대평가되었을 가능성이 있습니다.
- RSI가 30 이하이면 과매도 상태로, 주가가 과소평가되었을 가능성이 있습니다.

요약

- RSI는 최근 14일간의 상승폭과 하락폭을 기반으로 계산되며, 주식의 과매수 또는 과매도 상태를 나타내는 지표입니다.

- 최근 15일간의 데이터에서 RSI 값은 16.78에서 53.80 사이를 움직였습니다. 4월 23일에는 RSI가 16.78로 과매도 상태에 가까웠으며, 이후 주가가 상승하면서 RSI도 상승하여 5월 8일에는 53.80에 도달했습니다.
- 현재 시점(5월 13일)의 RSI는 50.00으로, 과매수나 과매도 상태에 있지 않음을 나타냅니다. 이는 주식이 비교적 중립적인 상태에 있음을 의미합니다.

여기서 평균 이익(Avg Gain)은 14일 동안 발생한 이익의 평균값, 평균 손실(Avg Loss)은 14일 동안 발생한 손실의 평균값이다. RSI 분석법의 매매 의사결정 기준은 다음과 같다.

- RSI < 30: 매수 신호(과매도 상태)
- RSI > 70: 매도 신호(과매수 상태)
- 30 ≤ RSI ≤ 70: 중립(특별한 매매 신호 없음)

RSI 분석처럼 과매수 또는 과매도 상태를 평가하는 볼린저밴드 분석의 결과는 어떨까? RSI 분석 결과와 비슷할까? 확인해 보자.

"RSI 분석에 사용했던 데이터를 사용해 볼린저밴드 분석을 수행해 줘. 최근 15일간 볼린저밴드 분석 결과와 매매 의사결정을 표로 제시해 줘."

볼린저밴드 계산 과정

- 20일 이동평균(20-MA): 최근 20일간의 조정 종가(Adj Close) 평균을 계산합니다.
- 표준편차(Standard Deviation): 최근 20일간의 조정 종가 변동성을 계산합니다.
- 상단 밴드(Upper Band): 20일 이동평균에 2배의 표준편차를 더한 값입니다.
- 하단 밴드(Lower Band): 20일 이동평균에서 2배의 표준편차를 뺀 값입니다.

볼린저밴드 해석

- 매수 신호(Buy): 주가가 하단 밴드에 근접하거나 이를 하회할 때
- 매도 신호(Sell): 주가가 상단 밴드에 근접하거나 이를 상회할 때

- 중립 신호(Hold): 주가가 상단 밴드와 하단 밴드 사이에서 중간선(20일 이동평균선) 근처에서 움직일 때

최근 15일간의 배트일렉(주) 주식에 대한 볼린저밴드 분석 결과를 아래 표에 정리했습니다.

Date	Adj Close	20_MA	Upper Band	Lower Band	Decision
2024-04-19	77600.00	81755.00	86762.98	76747.02	Hold
2024-04-22	76100.00	81615.00	87093.48	76136.52	Buy
2024-04-23	75500.00	81480.00	87425.93	75534.07	Buy
2024-04-24	78600.00	81415.00	87461.23	75368.77	Hold
2024-04-25	76300.00	81240.00	87673.27	74806.73	Hold
2024-04-26	76700.00	81035.00	87781.00	74289.00	Hold
2024-04-29	76700.00	80750.00	87730.73	73769.27	Hold
2024-04-30	77500.00	80525.00	87625.15	73424.85	Hold
2024-05-02	78000.00	80175.00	87032.30	73317.70	Hold
2024-05-03	77600.00	79850.00	86538.09	73161.91	Hold
2024-05-07	81300.00	79650.00	85875.08	73424.92	Hold
2024-05-08	81300.00	79490.00	85343.62	73636.38	Hold
2024-05-09	79700.00	79250.00	84611.66	73888.34	Hold
2024-05-10	79200.00	79030.00	83985.85	74074.15	Hold
2024-05-13	77600.00	78705.00	83079.31	74330.69	Hold

이동평균과 MACD 분석처럼 RSI와 볼린저밴드 분석의 결과도 그래프 작성을 요구하는 프롬프트(예: "분석 결과를 그래프로 표시해 줘.")로 손쉽게 구할 수 있다. 시각 정보에 익숙한 투자자는 꼭 시도해 보기 바란다.

다음으로 피보나치되돌림과 STOCS 분석법을 차례로 수행해 보자. 최신 챗GPT는 이미 업로드된 데이터와 지금까지 진행된 대화 내용을 모두 기억하고 있기 때문에 데이터 관련 내용을 반복해서 언급할 필요가 없다.

"피보나치되돌림 분석을 수행해 줘. 피보나치되돌림 수준을 가장 최근(2024년 5월 13일) 주가 기준으로 설명해 줘."

피보나치되돌림 계산 과정

- 최고점과 최저점 식별: 최근 12개월 동안의 조정 종가 데이터에서 최고점과 최저점을 찾습니다.
    - 예: 최고점 85,300원, 최저점 63,544.98원
- 가격 차이 계산: 최고점에서 최저점을 뺀 값으로 가격 차이를 계산합니다.
    - 예: 85,300원 − 63,544.98원 = 21,755.02원
- 피보나치 비율 적용: 일반적인 피보나치 비율(23.6%, 38.2%, 50%, 61.8%, 78.6%)을 가격 차이에 곱해 각 되돌림 수준을 계산합니다.
    - 예: 23.6% 수준은 85,300원 − (21,755.02원 × 0.236) = 80,165.81원
- 피보나치 수준 도출: 최저점(0%)과 최고점(100%) 사이의 각 피보나치 수준을 계산하여 지지 및 저항 수준을 도출합니다.

피보나치되돌림 수준

Fibonacci Level	Price
0%(Lowest)	63,544.98원
23.6%	80,165.81원
38.2%	76,989.58원
50%	74,422.49원
61.8%	71,855.40원
78.6%	68,200.55원
100%(Highest)	85,300.00원

최근 주가(77,600원) 기준 해석

- 23.6% 수준(80,165.81원)
  이 수준은 현재 주가에 매우 가까운 저항선입니다. 주가가 이 수준을 돌파할 경우, 추가적인 상승이 예상될 수 있습니다.
- 38.2% 수준(76,989.58원)
  현재 주가가 이 수준 근처에 있습니다. 이 수준은 강력한 지지선으로 작용할 수 있으며, 주가가 이 수준을 유지하거나 반등할 가능성이 있습니다.
- 50% 수준(74,422.49원)
  주가가 하락할 경우, 이 수준이 다음 지지선으로 작용할 수 있습니다. 주가가 이 수

준에서 반등할 가능성이 높습니다.

- 61.8% 수준(71,855.40원)
  이 수준은 중요한 지지선으로, 주가가 이 수준에서 반등할 가능성이 큽니다. 만약 주가가 이 수준까지 하락한다면, 강한 매수 신호로 해석될 수 있습니다.
- 78.6% 수준(68,200.55원)
  만약 주가가 이 수준까지 하락한다면, 주식이 과매도 상태에 있을 가능성이 있으며, 반등 가능성이 있습니다.
- 100% 수준(85,300.00원)
  이는 최근 12개월 동안의 최고점으로, 주가가 이 수준을 다시 돌파한다면 강한 상승 신호로 해석될 수 있습니다.

종합적 해석

현재 주가(77,600원)는 38.2% 수준과 가까워, 이 수준이 중요한 지지선 역할을 할 수 있습니다. 주가가 상승할 경우 23.6% 수준인 80,165.81원이 저항선으로 작용할 가능성이 높습니다. 반대로 하락할 경우, 50% 수준인 74,422.49원이 중요한 지지선이 될 수 있습니다.

현재 시점(2024년 5월 13일)에서 피보나치되돌림 분석 결과가 배트일렉(주) 주식 매매 결정에 미치는 영향을 좀 더 직접적으로 살펴보려면 추가 작업이 필요하다.

"현재 시점(2024년 5월 13일)에서 피보나치되돌림 분석이 제시하는 매매 의사결정은 무엇이지?"

피보나치되돌림 수준 해석

- 23.6% 수준(80,165.81원)
  현재 주가보다 약간 높은 저항선입니다. 만약 주가가 이 수준을 돌파한다면, 추가적인 상승 가능성이 있으므로 매수를 고려할 수 있습니다.
- 38.2% 수준(76,989.58원)
  현재 주가와 매우 가까운 지지선입니다. 주가가 이 수준을 유지하거나 반등할 가능성이 높으므로, 현재 보유 중이라면 보유를 유지할 수 있습니다.

- 50% 수준(74,422.49원)

  주가가 이 수준으로 하락할 경우, 강한 지지선으로 작용할 가능성이 높습니다. 이 수준에서 반등할 가능성이 높으므로, 추가 하락 시 매수 기회로 고려할 수 있습니다.

종합적 매매 의사결정

- 현재 주가가 38.2% 수준(76,989.58원) 근처에 있으므로, 주가가 반등할 가능성이 큽니다. 따라서 보유 중인 주식은 계속 보유하는 것이 적절할 수 있습니다.
- 주가가 23.6% 수준(80,165.81원)을 돌파할 경우, 추가적인 상승 가능성이 있으므로 매수를 고려할 수 있습니다.
- 반대로, 주가가 하락하여 50% 수준(74,422.49원)에 도달하면 강한 지지선으로 작용할 수 있으므로, 이때 매수를 고려할 수 있습니다.

그래프를 그려 지금까지의 토의 내용을 시각화해 보자.

"지금까지 피보나치되돌림 분석 내용을 그래프로 표시해 줘."

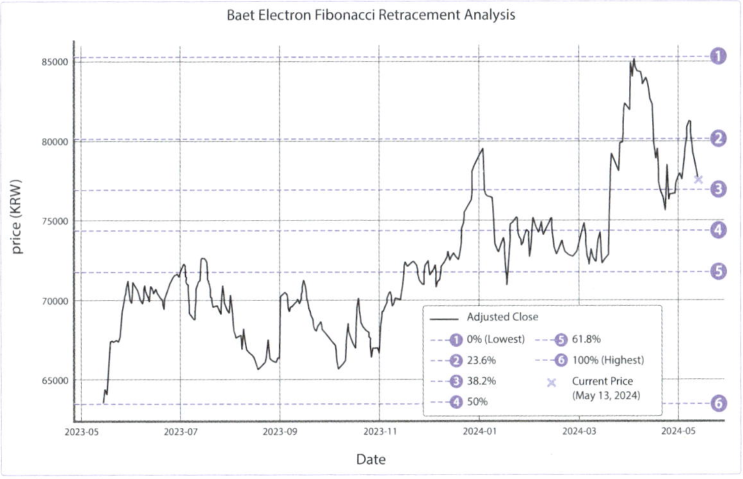

위 그래프는 배트일렉(주) 주식의 최근 주가 변동과 피보나치되돌림 수준을 함께 나타낸 것입니다. 각 수평선은 피보나치되돌림 비율(0%, 23.6%, 38.2%, 50%, 61.8%, 100%)에 해당하는 가격대를 나타내며, 주가가 이러한 수준에서 어떻게 반응할 수 있는지 시각적으로 확인할 수 있습니다.

그래프에는 현재 주가(2024년 5월 13일)가 ✕로 표시되어 있으며, 이 수준이 피보나치되돌림 비율과 어떻게 연관되어 있는지를 보여 줍니다. 이 정보를 바탕으로 주가의 잠재적 지지 및 저항 수준을 파악하고, 매매 결정을 내릴 수 있습니다.

이번엔 STOCS 분석을 해 보자.

"스토캐스틱 오실레이터(STOCS) 분석을 수행해 줘. 계산 과정과 분석 절차도 간략히 기술해 주고 현재 시점(2024년 5월 13일)에서의 매매 의사결정에 대한 간략한 설명을 포함해 줘."

STOCS 계산 과정

- %K 계산: 최근 14일 동안의 최고가와 최저가를 기준으로 현재 주가(조정 종가)의 위치를 백분율로 나타냅니다.
  - 공식: %K = (현재 종가 − 14일 최저가) ÷ (14일 최고가 − 14일 최저가) × 100
- %D 계산: %K의 3일 이동평균을 구해 신호선을 만듭니다.
  - 공식: %D = %K의 3일 이동평균

STOCS 해석 및 매매 의사결정

- 과매도 상태(Oversold)
  - 설명: %K와 %D가 20 이하로 떨어지면 과매도 상태로 간주됩니다. 주가가 지나치게 하락했으며 반동 가능성이 높습니다.
  - 매매 의사결정: 매수 신호(Buy Signal) − 주식을 매수할 시점으로 해석할 수 있습니다.
- 과매수 상태(Overbought)
  - 설명: %K와 %D가 80 이상으로 상승하면 과매수 상태로 간주됩니다. 주가가 지나치게 상승했으며 조정 가능성이 높습니다.

- 매매 의사결정: 매도 신호(Sell Signal) – 주식을 매도할 시점으로 해석할 수 있습니다.

- 교차 신호(Crossover Signal)
  - 설명: %K가 %D를 상향 돌파하면 매수 신호, %K가 %D를 하향 돌파하면 매도 신호로 해석됩니다.
  - 매매 의사결정: 상향 교차(Bullish Crossover) – 매수 신호(Buy Signal), 하향 교차(Bearish Crossover) – 매도 신호(Sell Signal).

최근 15일간 STOCS 분석 결과

Date	Adj Close	%K	%D
2024-04-19	77600.00	0.00	3.65
2024-04-22	76100.00	0.00	3.65
2024-04-23	75500.00	0.00	0.00
2024-04-24	78600.00	31.63	10.54
2024-04-25	76300.00	8.89	13.51
2024-04-26	76700.00	13.33	17.95
2024-04-29	76700.00	13.95	12.06
2024-04-30	77500.00	23.26	16.85
2024-05-02	78000.00	30.49	22.57
2024-05-03	77600.00	31.34	28.36
2024-05-07	81300.00	100.00	53.94
2024-05-08	81300.00	100.00	77.11
2024-05-09	79700.00	72.41	90.80
2024-05-10	79200.00	63.79	78.74
2024-05-13	77600.00	36.21	57.47

2024년 5월 13일의 STOCS 값을 바탕으로 매매 의사결정을 내리면 다음과 같습니다.

- %K = 36.21, %D = 57.47

해석

- 과매도 상태: %K와 %D가 20 이하가 아니므로, 주식이 과매도 상태에 있지 않습니다. 따라서 매수 신호는 아닙니다.
- 과매수 상태: %K와 %D가 80 이상이 아니므로, 주식이 과매수 상태에 있지 않습

니다. 따라서 매도 신호도 아닙니다.

- 교차 신호: %K가 %D 아래에 위치해 있으며 하향 교차 신호가 없습니다. 따라서 매도 신호도 아닙니다.

현재 시점의 매매 의사결정

- Hold: 현재 시점에서는 특별한 매수나 매도 신호가 없습니다. 주가가 중립적인 상태에 있으므로, 보유 상태를 유지하는 것이 적절해 보입니다.

STOCS 분석 결과를 그래프로 나타내는 것도 매우 간단하다.

"분석 결과를 그래프로 표현해 주고 간략한 설명도 추가해 줘."

과매수 및 과매도 신호

- 과매수 상태: 그래프에서 %K와 %D가 80 이상으로 올라가는 경우, 주식이 과매수 상태에 있으며, 이는 매도 신호로 해석될 수 있습니다.
- 과매도 상태: %K와 %D가 20 이하로 떨어지는 경우, 주식이 과매도 상태에 있으며, 이는 매수 신호로 해석될 수 있습니다.

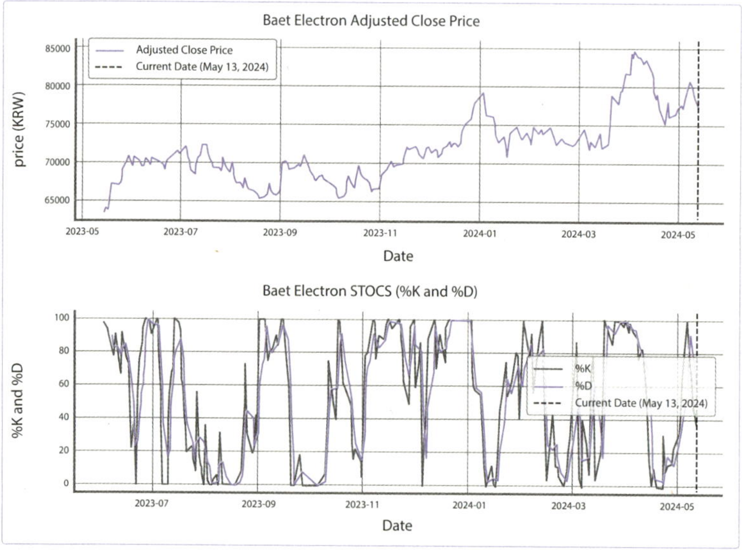

%K와 %D의 교차가 의미하는 바를 보다 구체적으로 알고 싶다면, "%K와 %D의 교차점(날짜)과 그 의미를 해석해 줘."라는 프롬프트를 실행해 보자.

%K와 %D의 교차점 해석

- 상향 교차(Bullish Crossover)
  - 설명: %K가 %D를 아래에서 위로 돌파하는 경우입니다. 이 상황은 주가가 상승세로 전환될 가능성이 있음을 나타냅니다.
  - 의미: 매수 신호로 해석할 수 있습니다.
- 하향 교차(Bearish Crossover)
  - 설명: %K가 %D를 위에서 아래로 돌파하는 경우입니다. 이 상황은 주가가 하락세로 전환될 가능성이 있음을 나타냅니다.
  - 의미: 매도 신호로 해석할 수 있습니다.

최근 %K와 %D의 교차점(날짜)과 해석

- 5월 7일 - 상향 교차(매수 신호)
  - 상황: %K가 %D를 아래에서 위로 돌파했습니다.
  - 의미: 주가가 상승할 가능성이 있음을 나타내며, 매수 신호로 해석됩니다.
- 5월 9일 - 하향 교차(매도 신호)
  - 상황: %K가 %D를 위에서 아래로 돌파했습니다.
  - 의미: 주가가 하락할 가능성이 있음을 나타내며, 매도 신호로 해석됩니다.

마지막으로 다섯 가지 기술적 분석을 종합해서 얻을 수 있는 최적의 매매 의사결정은 무엇인지 살펴보자.

"이동평균, MACD, RSI, 볼린저밴드, 피보나치되돌림, STOCS 분석법을 종합해 볼 때, 현재 시점(2024년 5월 13일)에서의 최적 매매 의사결정은?"

분석 결과 요약(2024년 5월 13일 기준)

- 이동평균(Moving Averages)
  - 20일 이동평균선: 78,705원

    - 50일 이동평균선: 78,180원
    - 결과: 20일 이동평균선이 50일 이동평균선보다 약간 높아 보합세를 나타냅니다. 특별한 매매 신호는 없습니다.
- MACD
    - MACD 값: -44.98
    - 신호선(Signal Line): -41.96
    - 결과: MACD가 신호선 아래에 있으며, 하락 추세가 지속될 가능성이 있습니다. 매도 신호로 해석될 수 있습니다.
- RSI(Relative Strength Index)
    - RSI 값: 50.0
    - 결과: RSI가 50으로, 과매수나 과매도 상태에 있지 않습니다. 중립적인 상태입니다.
- 볼린저밴드(Bollinger Bands)
    - 상단 밴드: 83,079원
    - 하단 밴드: 74,331원
    - 현재 주가: 77,600원
    - 결과: 주가는 중간에 위치하고 있으며, 특별한 과매수나 과매도 신호가 없습니다. 중립 상태입니다.
- 피보나치되돌림(Fibonacci Retracement)
    - 23.6% 수준: 80,166원
    - 38.2% 수준: 76,990원
    - 50.0% 수준: 74,422원
    - 결과: 현재 주가는 38.2% 수준 근처에 있으며, 지지선으로 작용할 가능성이 있습니다. 보유 신호로 해석될 수 있습니다.
- STOCS(Stochastic Oscillator)
    - %K: 36.21
    - %D: 57.47
    - 결과: 중립 상태이며, 특별한 매매 신호가 없습니다.

최적 매매 의사결정

보유 신호가 가장 강합니다. MACD가 약간의 매도 신호를 주고 있지만, 피보나치되돌림에서 현재 주가가 지지선 근처에 있으며, RSI와 이동평균, 볼린저밴드는 중립적인 상태를 보이고 있습니다. 따라서 현재 시점에서는 배트일렉(주) 주식을 보유하는 것이 적절해 보입니다.

투자 결정을 내리는 데 있어 개인적 판단에 의존하기보다는 집단지성을 활용하는 것이 훨씬 객관적이고 합리적이다. 여러 사람의 의견과 정보를 종합하면 보다 폭넓고 균형 잡힌 시각을 얻을 수 있기 때문이다. 마찬가지로, 단일 분석 방법이나 모형을 사용하는 것보다는 다양한 접근 방식을 통합하거나 여러 모형을 융합하는 것이 좋다. 통합 분석법과 융합 모형은 단편적인 정보에 기반한 결정을 피하고, 다양한 가능성을 신중히 고려함으로써 보다 정확한 투자 결정을 이끌어 낸다. 결과적으로 투자 리스크를 최소화하고 장기적으로 안정적인 수익을 보장하는 데 크게 기여한다. 다음 분석으로 넘어가기 전에, 평소 관심 있던 기업의 주가 데이터를 한국거래소 정보데이터시스템에서 추출해 직접 기술적 분석을 실습해 보길 강력히 추천한다.

Part IV

위험 분석

1. 레버리지 위험
2. 시장위험
3. 신용위험
4. 기타 위험
5. 핀테크 6단계 분석

위험 분석은 기업이 사업 활동을 수행할 때 발생할 수 있는 다양한 위험을 식별, 분석, 평가하는 과정이다. 재무적 손실을 최소화하고, 재무 안정성을 유지하는 것을 목적으로 한다. "세상에 공짜는 없다."는 말처럼, 높은 수익률은 큰 위험을 내포한다. 위험과 수익률이 긍정적인 상관관계를 가지는 것은 바로 이 때문이다. 수익률이 높다는 것은 그만큼 재산 손실의 가능성도 크다는 의미다. 따라서 예상되는 수익률이 위험에 대한 합당한 보상이 아니라고 판단된다면, 투자자는 망설이거나 투자를 거부할 수밖에 없다. 위험 분석의 핵심 요소는 크게 레버리지 위험(Leverage Risk), 시장위험(Market Risk), 신용위험(Credit Risk)으로 나눌 수 있다.

레버리지 위험

레버리지 위험에는 영업레버리지(Operating Leverage), 재무레버리지(Financial Leverage), 총레버리지(Combined Leverage)의 개념이 포함된다. 영업레버리지는 추가 매출이 얼마나 많은 영업이익을 생성할 수 있는지를 나타내는 지표다. 영업레버리지를 측정하는 공식은 다음과 같다.

$$DOL=\frac{Q(P-V)}{Q(P-V)-F}=\frac{CM}{EBIT}$$

DOL(Degree of Operating Leverage)은 영업레버리지의 정도, Q는 판매량, P는 제품 단위당 가격, V는 제품 단위당 변동비용, F는 고정영업비용, EBIT는 영업이익, CM(Contribution Margin)은 기여마진을 뜻한다. CM은 매출액에서 각종 변동영업비용(예: 원재료 비용, 판매 수수료, 배송 및 운송비)을 차감한 금액이고, EBIT는 CM에서 추가로 고정영업비용(예:

일반관리비, 인건비, 임대료, 감가상각비)을 뺀 금액이다. DOL이 높다는 건 고정영업비용이 전체 영업비용에서 차지하는 비중이 크다는 뜻이다.

높은 DOL은 경제나 사업 상황에 따라 완전히 다른 결과로 나타난다. 예를 들어, 경기가 호황일 때는 높은 고정영업비용으로 인한 매출액 향상 효과가 영업이익 감소 효과보다 크다. 다시 말해서, 사업이 잘될 때는 고정영업비용이 클수록 매출액 상승이 영업이익을 향상하는 효과(긍정적 영업레버리지 효과)도 덩달아 커진다. 하지만 경기가 불황이라 매출액이 정체되거나 감소되면, 높은 고정영업비용이 영업이익을 감소하거나 영업손실을 초래하는 효과(부정적 영업레버리지 효과), 즉 위험도 커진다. 이는 레버리지의 양면성과 위험과 수익의 불가분한 관계를 잘 보여 준다. 따라서 영업레버리지가 기업가치를 증대하도록 관리하기 위해 기업은 고정영업비용을 조절하고, 생산 과정을 최적화하여 비용 효율성을 높여야 한다. 영업레버리지 효과를 직관적으로 드러내기 위해 DOL은 다음과 같이 표현되기도 한다.

$$\mathrm{DOL} = \frac{\%\Delta \mathrm{EBIT}}{\%\Delta \mathrm{Sales}}$$

%ΔEBIT는 영업이익 증가율, %ΔSales는 매출액 증가율을 의미한다. 영업이익 증가율이 매출액 증가율을 상회하는 경우 DOL이 반대인 경우 DOL보다 높다. 고정영업비용과 관련하여 영업이익 증가율이 매출액 증가율을 상회하는 상황은 크게 두 가지로 나눌 수 있다. 첫째, 사업이 활황을 맞아 매출액이 크게 늘고 영업이익이 매출액 증가보다 더 크게 상승하는 경우, 높은 DOL은 긍정적 영업레버리지 효과를 의미한다. 둘째, 사업이 쇠퇴하여 매출액이 크게 감소해 매출액 증가율이 마이너스(매출액 감소율)를 기록하고 이에 따른 영업이익 감소율이 더 커질 때도 DOL은 올라간다. 이 경우 높은 DOL은 부정적 영업레버리지 효과를 나타낸다. 영업레버리지의 양면성이다. 기업가치를 극대화하는 최적의 DOL은 긍정적 효과와 부정적 효과가 상쇄되는 지점(균형 상태)에 존재한다.

재무레버리지는 기업의 자본 구조에서 부채의 비중을 나타낸다. 높은 재무레버리지는 회사가 더 많은 부채를 사용한다는 것을 의미하며, 이로 인한 재무위험(채무불이행 가능성, 부정적 재무레버리지 효과)도 증가한다. 동시에 레버리지의 양면성으로 인해 긍정적 재무레버리지 효과(부채로 인한 순이익 상승 가능성)도 커진다. DOL과 마찬가지로 경제나 사업 상황에 따라 재무레버리지의 역할도 상반되게 나타난다. 재무레버리지를 측정하는 일반적 공식은 다음과 같다.

$$DFL = \frac{EBIT}{EBIT - INT}$$

여기서 DFL(Degree of Financial Leverage)은 재무레버리지의 정도, INT(Interest)는 이자비용을 의미한다. 사업이 번창해 부채로 조달한 자금으로 이자율보다 훨씬 높은 수익률을 창출하면, 높은 DFL은 영업이익과 세전순이익을 증대하는 지렛대 역할을 한다. 반대로, 갑작스러운 불황으로 이자율에도 미치지 못하는 투자 수익률을 얻게 되면, 높은 DFL은 영업이익과 세전순이익 폭락이라는 위기를 일으킨다. 레버리지가 양날의 칼이라는 것을 잊지 말자. 재무레버리지로 인한 영업이익과 세전순이익 변화 효과를 직관적으로 보여 주기 위해 DFL을 다음과 같이 표현하기도 한다.

$$DFL = \frac{\%\Delta EBT}{\%\Delta EBIT}$$

EBT(Earnings Before Taxes)는 세전순이익을 가리킨다. DFL은 재무레버리지가 영업이익과 세전순이익의 관계에 미치는 영향을 축약해서 보여준다. 경제가 호황기일 때 분자인 세전순이익 증가율이 분모인 영업이익 증가율을 앞서 DFL이 커지고 이는 재무레버리지의 긍정적 효과를 보여 준다. 반대로, 경제가 침체기일 때 높은 DFL을 가진 기업은 재무레버리지의 부정적 효과(세전순이익 감소율이 영업이익 감소율을 능가하는 상황)로 인해 경영난을 겪을 수 있다. 역시, 레버리지의 양면성이다. 기업의 특성과 경제 상황에 맞는 적절한 DFL을 찾는 과정이 중요한 이유다.

영업레버리지와 재무레버리지를 결합하면 매출 변동이 세전순이익에 미치는 영향을 측정할 수 있다. 이를 총레버리지라고 하고 그 수준(Degree of Combined Leverage, DCL)을 측정하는 공식은 다음과 같다.

$$DCL = \frac{\%\Delta EBT}{\%\Delta Sales} = \frac{\%\Delta EBIT}{\%\Delta Sales} \times \frac{\%\Delta EBT}{\%\Delta EBIT} = DOL \times DFL$$

최적의 총레버리지(간략히 레버리지)는 기업의 비즈니스 모델, 경쟁 환경, 위험 감수 성향과 능력, 자본 구조, 시장 조건(예: 경제 상황, 금리 수준, 시장 변동성), 경영 전략과 목표에 기반하여 결정된다. 레버리지 최적화는 고정영업비용과 부채 사용(이자비용)을 균형 있게 관리하여 영업위험(영업이익 감소 가능성)과 재무위험을 최소화하고 세전순이익을 극대화하는 데 중점을 둔다. 특정 산업이나 기업에 따라 최적의 레버리지 수준은 제각각이며, 정기적인 검토와 상황에 맞는 조정이 필요하다. 일반적으로 같은 업계 내 유사 기업들의 레버리지 수준(벤치마크)과 비교·분석해 설정한다.

시장위험

시장위험은 금융 시장에서 발생하는 가격 변동으로 인해 자산 가치나 기업 가치가 감소할 위험을 말한다. 이는 주식, 채권, 통화, 원자재 등과 관련된 다양한 금융 상품과 관련이 있으며, 다양한 시장 요인에 의해 영향을 받는다. 시장위험의 주요 유형으로는 주가 변동 위험, 이자율 위험, 환율위험, 원자재 가격 위험이 있다.

주가 변동 위험

주식이나 주식 관련 자산의 가격 변동으로 인해 발생하는 잠재적 손실 위험이다. 이는 특정 기업의 성과, 산업 동향, 시장 전반의 변화 등에 영향을 받는다. 예를 들어, 투자자가 A 회사의 주식을 보유하고 있을 때, A 회사가 예상치 못한 부정적인 경영 성과를 발표하면 주가가 급락하고 투자자는 큰 손실을 입게 된다. A 회사가 속한 산업이나 시장 전반이 불황에 접어들 때도 비슷한 결과가 초래된다.

주가 변동 위험에 대처하는 방법은 포트폴리오 다각화, 파생상품 활용, 정기적인 포트폴리오 재조정 등이 있다. 포트폴리오 다각화는 다양한 자산군에 투자하여 특정 자산의 가격 변동으로 인한 위험을 줄이는 전략이다. 이는 주식, 채권, 부동산 등 서로 상관관계가 낮은 자산에 분산투자함으로써 한 자산군의 가격 하락이 전체 포트폴리오에 미치는 영향을 완화한다. 주식으로만 포트폴리오를 구성하고 싶다면, 상관관계가 낮은 주식에 분산투자를 하는 것이 최선이다. 파생상품 활용은 주가 하락 시 손실을 보전하기 위해 옵션 같은 파생상품을 사용하는 방법이다. 예를 들어, 풋옵션을 구매하면 주가가 하락했을 때 옵션을 행사하여 손실을 줄일 수 있다.

정기적인 포트폴리오 재조정은 시장 상황이나 투자 목표의 변화에 따라 투자 구성을 조정하는 것이다. 예를 들어, 어떤 투자자가 주식과 채권에 각각 50%씩 투자하는 전략을 갖고 있을 때, 만약 주식시장이 호황을 맞아 주식 비중이 전체 포트폴리오의 70%로 자연 증가했다면, 투자자는 주가 변동 위험을 관리하기 위해 주식을 일부 매도하고 채권을 추가 구매하여 원래의 50/50 비율로 포트폴리오를 재조정한다. 이 과정을 통해 투자자는 시장 변동에 따른 리스크를 관리하고, 투자 목표에 부합하는 자산 배분을 유지하며 장기적인 수익 목표에 초점을 맞춘다.

이자율 위험

이자율의 변동으로 인해 자산의 가치나 수익성이 훼손됨으로써 발생하는 손실 위험이다. 이는 주로 채권 및 기타 고정 수입 자산에 영향을 미친다. 예를 들어, 투자자가 고정 이자율 채권을 보유하고 있는데, 시장 이자율이 상승하면 해당 채권의 시장가치는 감소해 손실을 입게 된다. 반대로, 기업이 변동 이자율 채권을 발행했는데 시장 이자율이 상승하면 이자비용도 함께 올라 수익 구조를 악화한다.

이자율 위험에 대처하는 방법은 세심한 전략을 요구한다. 가령, 기업이 변동 이자율 대출을 이용하는 경우, 이자율이 상승할 위험에 대비해 고정 이자율 스왑 계약을 체결할 수 있다. 고정 이자율 스왑 계약은 기업이 변동 이자율을 고정 이자율로 바꿔 이자율 상승으로 인한 비용 증가를 방지하는 방법이다. 예를 들어, 현재 3%의 변동 이자율 대출을 가진 기업이 5% 고정 이자율로 스왑 계약을 체결하면, 이자율이 5%를 초과할 경우 추가 비용 부담 없이 대출을 갚을 수 있다.

투자자가 채권 포트폴리오를 관리할 때는 이자율 변동에 대한 민감도가 낮은 단기 채권이나 변동성이 낮은 채권에 투자함으로써 이자율 변동의 영향을 줄일 수 있다. 예를 들어, 이자율 상승이 예상될 때 투자자는 만기 기간이 짧은 채권이나 이자율 변동에 덜 민감한 특정 유형의 채권을 선택하여 포트폴리오의 가치 하락 위험을 줄인다.

환율위험

통화 간 환율의 변동으로 인해 발생하는 손실 위험으로 외환위험이라고도 한다. 다국적 기업이나 외화로 거래하는 기업, 개인에게 영향을 미친다. 예를 들어, 한국 기업이 미국에서 수입을 하고, 결제를 미국 달러로 할 경우, 원/달러 환율이 상승하면 더 많은 원화를 지불해야 하므로 환손실이 발생하게 된다.

환율위험에 대처하는 방법에는 크게 환헤징(Currency Hedging)과 자연헤징(Natural Hedging)이 있다. 통화선물(Currency Futures)과 선물환 또는 선도환(Currency Forward)은 대표적인 환헤징 전략이다. 예를 들어, 미국 기업이 유럽에서 수입한 상품 대금을 6개월 후에 지불해야 하는 경우, 현재 환율로 미래의 지불액을 고정시키는 거래소 통화선물 계약의 당사자가 되면 환율 변동에 따른 대금 결제액 증가를 걱정하지 않아도 된다. 선물환(선도환)은 거래소에서 거래되는 표준화된 파생상품이 아니라 거래 당사자 간 사적 계약이라는 점이 통화선물과 다를 뿐 환헤징 효과는 비슷하다. 자연헤징은 환율위험을 최소화하기 위해 기업이 자체적으로 취하는 조치다. 예를 들어, 기업이 수입과 수출을 같은 통화로 진행하면 환율 변동의 영향을 상쇄할 수 있다. 또 다른 방법으로는 생산시설이나 판매 시장을 다양한 국가에 분산시켜 환율 변동의 리스크를 분산하는 것이다. 한 국가의 통화 가치가 하락할 때 다른 국가에서의 수익이 이를 상쇄할 수 있도록 하는 전략이다.

원자재 가격 위험

원유, 광산물, 농수산물 등의 원자재 가격 변동으로 인해 발생하는 손실 위험을 일컫는다. 원자재를 생산하거나 원자재 가격에 직접적으로 영향을 받는 산업에 속한 기업에 영향을 미친다. 예를 들어, 항공사는 연료비의 주요 원인인 원유 가격에 민감하다. 원유 가격이 상승하면 항공사의 운영 비용이 증가하여 수익성에 타격을 입힌다.

기업이 원자재 가격 변동성에 대응하는 한 가지 방법은 선물계약을 활용하는 것이다. 선물계약을 통해 기업은 미래 특정 시점의 원자재를 계약 가격으로 구매할 수 있는 권리를 얻게 되어, 가격 상승의 위험으로부터 보호

받을 수 있다. 또한 다양한 공급업체와 계약을 체결하여 가격 변동 위험을 분산시키는 것도 좋은 전략이다. 이를 통해 한 공급업체의 가격 상승이나 공급 중단 위험이 발생할 경우, 다른 공급업체로부터 원자재를 공급받을 수 있으므로 위험을 완화할 수 있다.

이 밖에도 재고관리와 대체 원자재 사용 전략이 있다. 재고관리 전략은 원자재 가격 변동에 대응하기 위해 재고 수준을 적절히 조절하는 방법이다. 예를 들어, 가격 상승이 예상될 때 미리 재고를 증가시켜 더 높은 가격으로 원자재를 구매하는 상황을 피한다. 반대로, 가격 하락이 예상되면 재고를 최소화하여 비용을 줄인다. 대체 원자재 사용 전략은 현재 사용 중인 원자재의 가격이 상승하거나 공급에 문제가 생겼을 때, 비슷한 기능을 가지면서 가격이 더 안정적이거나 저렴한 다른 원자재로 전환하는 것을 의미한다. 이를 통해 원자재 가격 상승의 영향을 완화하고 공급망의 안정성을 유지한다.

시장위험 분석 도구

시장위험을 측정하고 분석하는 도구로는 VaR(Value at Risk), 시나리오 분석(Scenario Analysis), 스트레스 테스팅(Stress Testing), 몬테카를로 시뮬레이션(Monte Carlo Simulation), 민감도 분석(Sensitivity Analysis)이 자주 사용된다.

VaR은 특정 기간에 자산이나 포트폴리오의 재무위험 수준을 평가하기 위해 사용되는 통계적 측정 방법이다. 주어진 신뢰 수준(예: 95%, 99%)에서 특정 기간(예: 하루, 일주일, 한 달) 위험 자산 또는 포트폴리오의 잠재적 손실을 정량화한다. 예를 들어, 95% 신뢰 수준을 가진 일간 VaR은 자산 가치가 하루 동안 VaR 금액보다 더 많이 떨어질 확률이 5%라는 것을 의미한다. 신뢰 수준이 95%이고 측정 기간이 일주일인 VaR이 100억 원이라면, 다가오는 일주일 동안 100억 원을 초과하는 손실이 발생할 확률이 5%라는 뜻이다. VaR 계산법에는 여러 가지가 있지만 여기서는 다중 자산 포트폴리오의 최대 손실을 추정하는 데 많이 사용되는 분산-공분산(Variance-Covariance) VaR 공식을 소개한다.

$$VaR_{\alpha} = P \times \sigma \times Z_{\alpha}$$

VaR_{α}는 신뢰 수준 α에서의 VaR 값, P는 현재 자산 또는 포트폴리오의 시장가치, Z_{α}는 신뢰 수준 α에 해당하는 표준정규분포상 Z 값(손실을 나타내기 위해 마이너스 값 사용), σ는 자산 또는 포트폴리오 수익률의 표준편차(변동성)를 의미한다. 예를 들어, 포트폴리오의 현재가치가 10억 원이고, 일일 표준편차가 1%라고 가정하면 1일 동안 95% 신뢰 수준에서 VaR은 10억 원×0.01×(-1.645), 즉 -0.1645억 원이 된다. 여기서 -1.645는 95% 신뢰 수준에서 Z 값을 뜻한다. 포트폴리오의 가치가 하루 동안 16,450,000원 이상 감소할 확률이 5%라는 뜻이다. 다시 말해서, 포트폴리오의 하루 최대 손실액이 16,450,000원 미만일 확률이 95%라는 의미이기도 하다.

시나리오 분석은 미래에 발생할 수 있는 여러 가지 가능성(시나리오)을 설정하고, 시나리오별로 투자 포트폴리오의 가치를 평가하는 방법이다. 다양한 경제적·재무적 조건이나 사건들이 포트폴리오 가치에 미칠 영향을 추정하는 데 사용된다. 포트폴리오 관리자는 글로벌 경기 침체, 금리 급등, 또는 주요 산업의 붕괴와 같은 시나리오를 설정하고, 이러한 상황이 투자 자산에 어떤 영향을 미칠지 분석할 수 있다. 시나리오 분석에는 구체적인 공식이 존재하지 않으며, 각각의 시나리오는 관련된 복수의 변수들과 그들의 잠재적인 변화를 기반으로 설정된다. 시나리오 분석 결과는 해당 시나리오가 현실화되었을 때 포트폴리오가 겪을 수 있는 잠재적인 손실이나 이익의 크기를 제공한다. 비슷한 방식으로 이자율 위험, 환율위험, 원자재 가격 위험을 평가하고 관리하는 데 시나리오 분석을 적용할 수 있다. 이를 통해 투자자나 관리자는 미래의 불확실성에 대비한 전략을 수립하고, 위험을 완화하는 방법을 모색할 수 있다.

특히 매우 극단적인 시장 상황에서는 스트레스 시나리오(예: 급격한 이자율 상승, 주요 경제 위기 등)를 설정하고, 이러한 조건하에서 포트폴리오의 가치 변화를 분석한다. 이러한 특별한 시나리오 분석을 스트레스 테스팅이라고 한다. 예를 들어, 은행은 2008년 금융 위기와 유사한 시나리오를 시뮬레이션하여 소유한 자산 포트폴리오의 강건성을 테스트할 수 있다. 이때 주식시장 폭락, 부동산 가격 하락, 신용시장의 긴축, 인플레이션, 화폐가치 급락, 불황 등을 포함한 다양한 변수들이 고려된다. 은행은 이러한 조건하에서 포트폴리오의 가치 변동을 비롯한 다른 시장위험 유형과 더 나아가 유동성 위험, 신용위험 등을 평가할 수 있다. 스트레스 테스팅 결과는 포트폴리오가 특정한 극단적 조건에 얼마나 잘 대응할 수 있는지를 보여 줌으로써 위험관리 전략을 수립하고 잠재적 손실을 최소화하기 위한 조치를 취하도록 도와준다.

시나리오 분석이 다양한 미시적·거시적 변수로 구성된 여러 가지 시나리오별 결과(예: 포트폴리오 가치, 이자율 위험)를 예측하는 반면, 민감도 분석은 모델이나 시스템에서 특정한 단일 입력변수(예: 가격, 비용, 이자율, 환율, 원자재 가격 등)의 변화가 종속변수(예: 당기 손익, 판매량, 금융 자산 가치, 외국 자산 가치, 생산 비용 등)에 미치는 영향을 평가하는 방법이다. 예를 들어, 제품의 가격과 관련된 민감도 분석은 가격이 변화할 때 예상 판매량이 어떻게 변하는지를 살펴본다. 여기서 민감도는 가격 변화에 따른 판매량 변화 비율로 나타낸다: $\frac{\text{판매량 변화}}{\text{가격 변화}}=\frac{\Delta\text{판매량}}{\Delta\text{가격}}$.

또 다른 예시로, 부동산 개발 프로젝트를 생각해 볼 수 있다. 이 경우 주요 입력변수는 건설 비용, 대출이자율, 임대료 수준이고 종속변수는 수익성이다. 민감도 분석은 이들 각 입력변수의 변화가 프로젝트의 전반적인 수익성에 어떤 영향을 미치는지를 평가한다. 구체적으로, 건설 비용이 10% 증가하거나 대출이자율이 1% 상승하거나, 임대료가 5% 하락했을 때 예상 수익에 어떤 변화가 발생하는지를 측정한다. 이러한 분석을 통해 프로젝트 관리자는 가장 민감한 변수를 파악하고 위험관리 전략을 세울 수 있다. 단일 거시적 요인(예: 이자율, 환율)의 변화가 특정 자산 가치(예: 금융 자산, 외국 자산)에 미치는 영향을 시나리오 분석으로 평가할 경우에는 민감도 분석과 별 차이가 없다.

몬테카를로 시뮬레이션은 복잡한 문제를 해결하기 위해 무작위(Random) 샘플링을 사용하는 방법이다. 다양한 가능성을 모색하고 그 결과를 분석하여 확률적인 결론을 도출한다. 재무 분석에서는 몬테카를로 시뮬레이션을 사용하여 다양한 경제적 조건하에서 투자 포트폴리오의 성과를 예측할 수 있다. 수많은 반복(예: 1,000회, 1,000,000회)을 통해 여러 시나리오를 생성하고, 이를 통해 포트폴리오의 미래 성과에 대한 확률 분포를 만들어 낸다. 시나리오 분석과 스트레스 테스팅에서도 시뮬레이션을 사용한다. 하지만 이들은 특정한 시나리오에 집중해 그에 반응하는 포트폴리오 가치 변화를 탐색하는 반면, 몬테카를로 시뮬레이션은 무작위 과정을 사용하여 여러 다른 시나리오를 무작위로 생성하고 확률 분포를 완성하여 의사결정을 돕는다.

신용위험

신용위험은 기업이나 개인이 그들의 재무적 의무(예: 이자나 원금 상환)를 시기에 맞춰 이행하지 못할 가능성을 의미한다. 채권자(예: 은행)의 입장에서는 신용위험모형(Credit Risk Model)을 사용하여 대출자의 디폴트 확률(Default Probability)을 미리 예측해 신용위험이 높은 대출자에게 대출을 하지 않음으로써 신용위험을 줄일 수 있다. 기업 역시 신용위험 관리에 세심한 주의를 기울여야 한다. 기업의 신용위험이 낮을수록 대출이자율이나 채권이자율도 낮아지기 때문이다. 이는 자금조달비용을 줄여 기업의 수익성 향상에 기여한다. 신용평가기관의 신용등급, 재무 비율 분석, 내부 신용평가 모델 등이 신용위험을 평가하는 주요 도구로 사용된다.

신용평가기관은 기업이나 정부의 재무제표 분석, 업종 및 경제 환경 분석, 그리고 잠재적 리스크 평가 등을 종합하여 신용등급을 부여한다. 신용등급은 기업이나 정부의 채무 이행 능력 또는 신용위험을 나타내는 지표로 활용된다. 신용등급이 낮을수록 채무 이행 능력은 약화되고 신용위험은 높아져서 대출이자율이 상승한다. 재무제표 분석은 앞서 논의한 재무 비율 분석이 주로 사용된다. 특히 유동성 비율과 부채성 비율이 많이 활용된다. 비율의 해석은 재무 비율 분석에서 학습한 내용과 동일하다. 일반적으로 유동성이 낮고 부채성이 높은 기업의 신용위험이 높다.

업종 및 경제 환경 분석에서는 특정 산업이나 경제 전반의 상황을 고려한다. 예를 들어, 경기 침체기에는 특정 산업이 더 큰 위험에 직면할 수 있어 산업 내 기업들의 신용등급에 부정적 영향을 미친다. 잠재적 리스크 평가는 경영진의 투자 결정, 정치적 변화, 기술적 발전 등 다양한 외부 요인을 고려한다. 예를 들어, 특정 국가의 정치적 불안정성은 그곳에 투자한 기업의 신용평가에 부정적인 영향을 미칠 수 있다. 또한 회사채 이자율과 무위험 이자율(국채 이자율) 간의 차이(스프레드)를 분석하여 기업의 신용위험을 평가하는 신용스프레드 분석도 있다.

기업이나 투자자들은 신용위험 평가를 통해 잠재적인 손실 가능성을 파악함으로써 보다 안전한 투자 선택을 할 수 있다. 금융기관은 대출이나 신용 제공 전에 신용위험을 평가함으로써 자산 손실의 위험을 최소화할 수 있다. 신용위험 평가는 채권과 같은 금융 상품의 이자율과 가격을 결정하는 데 기여할 뿐만 아니라 금융 시스템의 안정성을 유지하고 경제적 위기를 예방하는 데에도 크게 이바지한다. 신용위험을 낮추는 위험관리 기법에 대해 살펴보자.

건전한 재무 구조

기업이 높은 부채 수준을 피하고 자본 구조를 안정적으로 유지하는 것을 의미한다. 불필요한 부채를 줄이고, 투자를 위해 자기자본을 증가시켜 재무 구조를 개선하는 것을 포함한다. 이러한 조치는 신용평가사로부터 재무 안정성이 높다는 평가를 받을 수 있다. 기업이 이익의 상당 부분을 재투자하여 성장을 도모하는 것도 신용도를 개선하는 데 도움이 된다. 또한 자기자본 대비 부채 비중을 낮게 유지함으로써 이자비용을 줄이고 재무적 유연성을 확보할 수 있다. 건전한 재무 구조는 신용등급을 개선하고 장기적으로 더 낮은 금융비용으로 자금을 조달할 수 있게 한다.

유동성 관리

유동성 관리는 기업이 단기 부채를 충당할 수 있는 충분한 현금 및 현금성 자산을 보유하고 유지하는 활동이다. 순운전자본(유동자산 – 유동부채)을 효율적으로 관리하고, 유동성 비율을 개선하며 예기치 않은 위기 상황에서도 자금을 원활하게 운용하는 기업이 신용위험도 낮다. 유동성 관리를 잘하는 기업은 수입과 지출을 면밀히 모니터링하여 현금흐름의 부족을 미리 파악하고, 필요한 경우 짧은 기간 내에 현금을 확보할 수 있는 방안을 신속히 마련한다. 적절한 유동성 관리는 긴급한 재정적 요구에 대응할 수 있게 하고, 부채 상환능력을 개선함으로써 신용위험을 감소시킨다. 또한 유동성 관리가 잘된 기업은 금융시장에서 위험이 낮은 투자 대상으로 평가되어 낮은 이자율로 자금을 조달할 수 있다.

수익성 관리

수익성 관리를 통한 신용위험 관리는 기업의 수익 구조를 강화하고, 비용을 체계적으로 관리하여 재무 건전성을 유지하는 전략이다. 수익성 관리의 구체적 방법에는 매출 증대, 비용 절감, 사업 포트폴리오 최적화, 그리고 고객 관계 강화 및 다변화가 포함된다. 매출 증대 전략은 기술 발전을 활용해 신제품을 개발하고 다양한 시장으로 판매를 확대해 수요를 촉진한다. 비용 절감 전략은 생산 과정의 효율화와 자동화 기술 도입 등으로 불필요한 비용을 줄여 영업이익을 극대화한다. 사업 포트폴리오 최적화 전략은 수익성이 낮은 사업 부문을 축소하거나 폐기하고, 더 높은 수익을 창출하는 부문에 자원을 집중해 기업가치를 끌어올린다. 마지막으로, 고객 관계 강화와 다변화는 제품 개선 및 새로운 고객 계층 발굴을 통해 매출원을 다변화하는 전략이다. 이러한 전략은 기업의 수익성을 향상하고 재무적 안정성을 강화하여 신용위험을 줄이는 데 기여한다.

기타 신용위험 관리 기법

신용위험을 관리하는 방법에는 이 밖에도 거래처 신용위험 감소 전략, 투명한 재무 보고, 내부 신용위험 통제 시스템 구비 등이 있다. 거래처 신용위험 감소 전략은 거래처와의 거래 시 발생할 수 있는 재무적 손실을 최소화하는 것을 목표한다. 투명한 재무 보고는 기업의 재무 상태와 영업 성과를 정확하고 투명하게 공개하고 보고하는 활동을 일컫는다. 정기적으로 외부 감사를 받고, 정확한 재무제표와 영업 보고서를 공개함으로써 투자자와 신용평가기관에게 신뢰성을 제공하는 행위가 여기에 포함된다. 내부 신용위험 통제 시스템은 기업이 내부적으로 신용위험을 모니터링하고, 평가하며 관리하는 데 필요한 유무형의 장치를 의미한다. 신용위험을 관리하는 전담 팀을 운영하며 정기적으로 신용위험을 평가하는 것이 이에 해당한다.

기타 위험

이 밖에도 기업이 직면하는 위험에는 운영위험, 법률 및 규정 위험, 전략적 위험, 환경적 및 사회적 위험 등이 포함된다. 운영위험은 내부 의사결정 시스템, 직원, 생산 과정, 또는 외적 요인으로 인한 손실 가능성을 의미한다. 예를 들어, 데이터 유출 또는 기술적 장애로 인한 서비스 중단이 여기에 속한다. 내부 통제 및 감사 시스템을 강화하고, 위험관리 교육 및 프로세스 표준화를 통해 이를 줄일 수 있다. 법률 및 규정 위험은 소송, 법적 조치, 규제 변경 등으로 인한 손실 위험을 나타낸다. 예를 들어, 「개인정보 보호법」 위반에 따른 벌금이 이에 해당한다. 최신 법률과 규제를 지속적으로 모니터링하고, 법률 자문을 통해 법률이나 규정 위반을 최소화하는 것이 효과적인 대응책이다. 전략적 위험은 기업이 잘못된 전략을 수립하거나, 올바른 전략을 선택했음에도 불구하고 환경 변화에 적절히 대응하지 못할 경우 발생한다. 기술 혁신의 부족, 잘못된 인수·합병(M&A), 브랜드 가치 하락, 공급망 불안정 등이 대표적인 전략적 위험의 유형이다. 전략적 위험을 줄이려면 시장 및 경쟁 분석을 통해 전략적 결정을 내리고, 유연성 있는 비즈니스 모델을 개발하여 변화에 적응해야 한다. 환경적 및 사회적 위험은 기후 변화, 사회적 기준 및 인식 변화 등 외부 환경 요인으로 인한 위험을 말한다. 예를 들어, 환경 보호에 대한 소비자의 기대와 관심이 높아짐에 따라 이에 대응하지 못하는 기업은 환경적 위험에 직면할 수 있다. 이에 대처하기 위해 지속 가능한 기업 문화를 조성하고, 건전한 거버넌스 시스템을 구축하며, 사회적 책임을 적극적으로 실천해야 한다.

핀테크 6단계 분석

레버리지 위험 분석

삼성전자의 세 가지 레버리지 지표(DOL, DFL, DCL)를 측정하고 분석해 삼성전자가 레버리지 관리를 얼마나 잘하고 있는지 살펴보자.

"삼성전자 사업보고서의 연결 손익계산서를 참조해서 영업레버리지 수준(DOL), 재무레버리지 수준(DFL), 총레버리지 수준(DCL)을 산출해 줘. 영업레버리지와 재무레버리지 공식은 변화율 공식을 사용해 주고 총레버리지 공식은 DOL×DFL을 쓰면 돼. 산출한 DOL, DFL, DCL을 바탕으로 삼성전자가 레버리지 관리를 얼마나 잘하고 있는지 평가해 줘."

필요한 데이터(2022년과 2023년)

- 2022년
  - 매출액(Sales, S_1): 302,231,360백만 원
  - 영업이익(EBIT, $EBIT_1$): 43,376,630백만 원
  - 법인세비용차감전순이익(EBT, EBT_1): 46,440,474백만 원
- 2023년
  - 매출액(Sales, S_2): 258,935,494백만 원
  - 영업이익(EBIT, $EBIT_2$): 6,566,976백만 원
  - 법인세비용차감전순이익(EBT, EBT_2): 11,006,265백만 원

영업레버리지(DOL) 계산

- 공식: $DOL = \frac{\%\Delta EBIT}{\%\Delta Sales}$
  - %ΔEBIT 계산: $\%\Delta EBIT = \frac{EBIT_2 - EBIT_1}{EBIT_1} \times 100$

$$= \frac{6,566,976 - 43,376,630}{43,376,630} \times 100 \approx -84.86\%$$

◦ %ΔSales 계산: $\%\Delta Sales = \frac{S_2 - S_1}{S_1} \times 100$

$$= \frac{258,935,494 - 302,231,360}{302,231,360} \times 100 \approx -14.33\%$$

◦ DOL 계산: $DOL = \frac{-84.86\%}{-14.33\%} \approx 5.92$

재무레버리지(DFL) 계산

- 공식: $DFL = \frac{\%\Delta EBT}{\%\Delta EBIT}$

◦ ΔEBT 계산: $\%\Delta EBT = \frac{EBT_2 - EBT_1}{EBT_1} \times 100$

$$= \frac{11,006,265 - 46,440,474}{46,440,474} \times 100 \approx -76.30\%$$

◦ DFL 계산: $DFL = \frac{-76.30\%}{-84.86\%} \approx 0.899$

총레버리지(DCL) 계산

- 공식: $DCL = DOL \times DFL$

$$= 5.92 \times 0.899 \approx 5.32$$

해석 및 평가

- 영업레버리지(DOL): 5.92

  영업레버리지가 5.92라는 것은 매출이 1% 변화할 때, 영업이익은 약 5.92% 변동한다는 것을 의미합니다. 일반적으로 DOL이 1보다 크면 매출 변동에 따른 영업이익의 변동 폭이 더 큽니다. 삼성전자의 DOL이 5.92라는 것은 고정비가 높아 매출 변화에 매우 민감하게 반응할 수 있음을 시사합니다.

- 재무레버리지(DFL): 0.899

  재무레버리지가 1보다 낮다는 것은 이자비용 등의 재무 부담이 상대적으로 적다는 것을 의미합니다. DFL이 1보다 크면 영업이익의 변동이 법인세비용차감전순이익에 더 큰 영향을 미치게 됩니다. 삼성전자의 DFL은 0.899로 재무 구조가 비교적 안정적임을 나타냅니다.

- 총레버리지(DCL): 5.32
  총레버리지가 5.32라는 것은 매출이 1% 변동할 때, 순이익은 약 5.32% 변동할 수 있음을 의미합니다. 이는 전체적으로 매출 변화가 순이익에 큰 영향을 미칠 수 있는 구조임을 나타냅니다.

DOL, DFL, DCL은 모두 비율이다. 비율 분석의 핵심은 적절한 벤치마크를 설정해 상대적 평가를 하는 것이다. LG전자를 벤치마크로 삼아 삼성전자의 레버리지 분석을 다시 해 보자.

"LG전자 사업보고서의 연결 손익계산서를 참조해 LG전자의 DOL, DFL, DCL을 계산해 줘. 그리고 LG전자의 DOL, DFL, DCL을 벤치마크로 삼아 삼성전자가 레버리지 관리를 적절히 하고 있는지 상대적으로 평가해 줘."

필요한 데이터 추출(2022년과 2023년)

- 2023년 연결 손익계산서(제22기)
  - 매출액: 84,227,765백만 원
  - 영업이익: 3,549,074백만 원
  - 법인세비용차감전순이익(EBT): 1,869,879백만 원
- 2022년 연결 손익계산서(제21기)
  - 매출액: 83,467,318백만 원
  - 영업이익: 3,550,972백만 원
  - 법인세비용차감전순이익(EBT): 2,539,811백만 원

계산

- 영업레버리지(DOL)
  - $DOL = \frac{\%\Delta EBIT}{\%\Delta Sales}$
    - $\%\text{변화율}(EBIT) = \frac{3{,}549{,}074 - 3{,}550{,}972}{3{,}550{,}972} = -0.05\%$

- $\%변화율(Sales) = \frac{84,227,765 - 83,467,318}{83,467,318} = 0.91\%$

  - $DOL = \frac{-0.05\%}{0.91\%} = -0.0549$

- 재무레버리지(DFL)
  - $DFL = \frac{\%\Delta EBT}{\%\Delta EBIT}$
    - $\%변화율(EBT) = \frac{1,869,879 - 2,539,811}{2,539,811} = -26.37\%$
    - $\%변화율(EBIT) = -0.05\%$
  - $DFL = \frac{-26.37\%}{-0.05\%} = 527.4$

- 총레버리지(DCL)
  - $DCL = DOL \times DFL$

    $= -0.0549 \times 527.4 = -28.94$

삼성전자 레버리지 상대적 평가

삼성전자와 LG전자의 레버리지 비교를 바탕으로 삼성전자의 레버리지 관리 상태를 평가하겠습니다.

- 영업레버리지(DOL)
  - 삼성전자 DOL: 5.92
  - LG전자 DOL: -0.0549

삼성전자의 영업레버리지(DOL)는 LG전자에 비해 매우 높습니다. 이는 삼성전자가 매출 변동에 더 민감하게 영업이익이 변동할 수 있다는 의미입니다. 상대적으로 높은 DOL을 유지하는 삼성전자는 고정비가 많아 영업레버리지가 크다는 점에서 리스크가 존재하지만, 매출이 증가할 때 이익을 크게 증가시킬 수 있는 잠재력을 가지고 있습니다. 반면, LG전자의 DOL이 매우 낮거나 음수인 것은 영업레버리지가 거의 없거나, 매출이 증가해도 영업이익이 감소할 수 있다는 것을 의미하며, 이는 영업 효율성에서 문제가 있을 수 있음을 시사합니다.

- 재무레버리지(DFL)
  - 삼성전자 DFL: 0.899
  - LG전자 DFL: 527.4

삼성전자의 재무레버리지(DFL)는 LG전자에 비해 매우 낮습니다. 이는 삼성전자가 재무비용을 잘 통제하고 있음을 나타냅니다. 낮은 DFL은 이자비용 등의 재무적 부담이 적어, 영업이익 변동에 따른 순이익의 변동이 크지 않음을 의미합니다. 반면, LG전자의 DFL이 매우 높다는 것은 재무적 부담이 크고, 영업이익의 작은 변화도 순이익에 큰 영향을 미칠 수 있다는 것을 보여 줍니다. 따라서 삼성전자는 재무레버리지 관리 측면에서 매우 잘하고 있다고 평가할 수 있습니다.

- 총레버리지(DCL)
  - 삼성전자 DCL: 5.32
  - LG전자 DCL: -28.94

삼성전자의 총레버리지(DCL)는 LG전자에 비해 매우 안정적입니다. DCL이 양수로 유지되고 있는 삼성전자는 매출 변동이 순이익에 영향을 미치지만, 이 영향이 일정 수준 내에서 관리되고 있음을 보여 줍니다. 반면, LG전자의 DCL이 크게 음수로 나타나는 것은 매출 증가가 오히려 순이익에 부정적인 영향을 미칠 수 있음을 나타내며, 이는 레버리지 관리에 문제가 있음을 시사합니다. 따라서 삼성전자는 총레버리지 측면에서도 더 나은 관리를 하고 있다고 볼 수 있습니다.

벤치마크를 이용한 레버리지 분석에 따르면 삼성전자가 상대적으로 안정적이고 효율적인 레버리지 관리를 하고 있다고 평가된다. 하지만 평가 기간이나 벤치마크가 달라졌다면, 상대적 레버리지 분석 결과 역시 현재와는 상당히 다른 양상을 보였을 것임을 유념해야 한다. 예를 들어, 평가 기간을 1년이 아니라 5년으로 연장했더라면, 두 기업의 레버리지 관리에 대한 평가가 완전히 뒤바뀌었을지도 모른다. 또한 LG전자 대신 삼성전자와 사업 구조가 유사한 다른 기업을 벤치마크로 삼았다면, 분석 결과는 전혀 다른 모습을 띠었을 것이다. LG전자를 벤치마크로 활용한 것은 단순히 편의를 따른 선택임을 잊지 말아야 한다.

시장위험 분석

기업의 시장위험을 평가하기 위해 VaR, 시나리오 분석, 스트레스 테스팅, 몬테카를로 시뮬레이션, 민감도 분석 기법을 차례로 활용해 보자. 다음은 앞서 예시로 사용한 배트일렉 주식이 가진 시장위험을 VaR로 추정해 보는 프롬프트다.

"업로드한 배트일렉의 최근 12개월간 일일 주가 데이터를 이용해 배트일렉 주식의 VaR을 계산해 줘. 신뢰도는 95%로 설정해 줘. VaR 계산 과정을 상세히 기술해 줘. 사용한 데이터의 정확성을 확인하는 차원에서 최근 15일간 조정 종가(Adjusted Close)와 수익률도 보여 줘. VaR 공식은 다음과 같아: $VaR_{\alpha} = P \times \sigma \times Z_{\alpha}$. 여기서 VaR_{α}는 신뢰 수준 α에서의 VaR 값, P는 현재 주식가격, Z_{α}는 신뢰 수준 α에 해당하는 표준정규분포상 Z 값, σ는 주식수익률의 표준편차를 의미해. 현재 주식가격은 업로드한 데이터의 조정 종가 중 가장 최근 수치를 사용하면 돼."

배트일렉 주식의 VaR을 95% 신뢰 수준에서 계산하는 과정은 다음과 같습니다.

- 현재 주식가격(P): 최근 조정 종가를 사용하여 77,600원으로 설정합니다.
- 수익률의 표준편차(σ) 계산: 최근 12개월 동안의 일일 수익률을 계산한 후, 이 수익률들의 표준편차를 구합니다. 계산된 표준편차(σ)는 0.0144입니다.
- Z 값(Z_{α}) 설정: 95% 신뢰 수준에 해당하는 표준정규분포의 Z 값은 -1.645입니다.
- VaR 계산: VaR 공식을 사용하여 계산합니다.

$$VaR_{95} = P \times \sigma \times Z_{95}$$

  각 값을 대입하면: $VaR_{95} = 77{,}600 \times 0.0144 \times 1.645 \approx -1{,}838$원
- 결과: 95% 신뢰 수준에서 하루 VaR은 약 -1,838원입니다. 이는 하루 동안 이 금액 이상의 손실을 보지 않을 가능성이 95%임을 의미합니다.

여기서 알아 둬야 할 점은 "배트일렉 주식가치가 하루 동안 1,838원 초과 하락할 가능성이 5%이다.", "배트일렉 주식의 하루 동안 예상 가능한

최대 손실이 1,838원 이하일 확률이 95%이다.", "95%의 신뢰 수준에서, 배트일렉 주식의 하루 손실이 1,838원을 초과하지 않을 것이다.", "현재 주식 가격 77,600원을 기준으로, 하루 동안 최대 1,838원까지 손실을 볼 확률이 95%이다."라는 표현은 모두 같은 뜻이라는 것이다. 관점을 달리했을 뿐 의미는 모두 동일하다.

주가 변동 위험만큼 중요한 것이 이자율 위험, 환율위험, 원자재 가격 위험이다. 사업보고서 정보에 기반해 삼성전자가 이들 위험을 어떻게 관리하고 있는지 요약해 보자. 이들 분석에서 가상 기업 대신 삼성전자를 평가 대상으로 선택한 이유는 공시 자료(사업보고서)를 활용하기 때문임을 유의하기 바란다.

"삼성전자가 이자율 위험, 환율위험, 원자재 가격 위험을 어떻게 관리하고 있는지 사업보고서 내용을 토대로 상세히 요약해 줘."

이자율 위험 관리

이자율 위험은 시장 금리 변동으로 인해 금융 자산 및 부채에서 발생하는 이자 수익과 비용의 변동 위험을 의미합니다. 삼성전자는 변동금리부 금융자산과 부채에 대해 금리 변동이 당기 손익에 미치는 영향을 관리하고 있습니다.

- 변동금리부 금융자산: 금리가 1%p 상승할 경우, 당기 손익에 +210,617백만 원의 영향을 미치며, 1%p 하락할 경우 -210,617백만 원의 영향을 미칩니다.
- 변동금리부 금융부채: 금리가 1%p 상승할 경우, 당기 손익에 -6,197백만 원의 영향을 미치며, 1%p 하락할 경우 +6,197백만 원의 영향을 미칩니다.

위험 관리 전략: 삼성전자는 내부 자금 공유를 통해 외부 차입금을 최소화하여 이자율 변동으로 인한 금융 비용과 불확실성을 줄이고 있습니다. 이를 통해 이자율 변동이 당기 손익에 미치는 영향을 최소화하고 있습니다.

환율위험 관리

삼성전자는 글로벌 영업활동을 통해 다양한 통화로 거래를 하고 있어 환율 변동 위험에 노출되어 있습니다. 주요 통화로는 USD와 EUR이 있으며, 환율 변동이 당기 손익에 미치는 영향은 다음과 같습니다.

- USD 자산: 환율이 5%p 상승할 경우, 당기 손익을 418,776백만 원 증가시키며, 5%p 하락할 경우 418,776백만 원 감소시킵니다.
- EUR 자산: 환율이 5%p 상승할 경우, 당기 손익을 151,740백만 원 증가시키며, 5%p 하락할 경우 151,740백만 원 감소시킵니다.

위험 관리 전략: 삼성전자는 통화별 자산과 부채 규모를 일치시켜 환율 변동의 영향을 최소화하려고 합니다. 이를 위해 수출입 거래 시 기능통화로 거래하거나, 입금 및 지출 통화를 일치시키며, 일부 발생한 환포지션에 대해서는 채권 매각, 선물환 거래 등을 통해 환율 변동 위험을 줄이고 있습니다. 또한 삼성전자는 환율 변동을 주기적으로 모니터링하고 평가하여 효과적으로 관리하고 있습니다.

원자재 가격 위험 관리

삼성전자는 주요 원재료의 가격 변동 위험을 관리하기 위해 다양한 전략을 활용하고 있습니다.

- 원재료 및 저장품 자산: 총가치는 15,222,937백만 원이며, 1,525,583백만 원이 평가 충당금으로 설정되었습니다.

위험 관리 전략: 삼성전자는 원자재 가격 변동 위험을 최소화하기 위해 파생상품을 활용하여 재고 자산의 가격 변동 위험을 회피하고 있습니다. 지속적으로 시장 상황을 모니터링하며 원자재 비용을 최적화하고 있으며, 이를 통해 원자재 가격 변동으로 인한 재무적 위험을 최소화하고 있습니다.

삼성전자 사업보고서는 당기 손익이 이자율이나 환율의 일정한 등락(1%p, 5%p)에 어떻게 반응하는가를 보여 주는 민감도 분석을 포함하고 있어 투자자의 재무 분석 부담을 일정 부분 덜어 주는 효과가 있다. 인공지능이 삼성전자의 이자율 위험, 환율위험, 원자재 가격 위험 관리에 대해 간략하고 명료한 답변을 제공하고 있지만, 몇 가지 생소한 위험관리 용어나 기법에 대한 추가 설명이 필요한 듯하다.

"수출입 거래 시 기능통화로 거래한다는 게 정확히 무슨 뜻이야? 알기 쉽게 설명해 줘. 일부 발생한 환포지션에 대해서는 선물환 거래 등을 통해 환율 변동 위험을 줄이고 있다고 했는데 이에 대한 상세한 설명이 필요해. 또한 파생상품을 통한 원자재 가격 변동 위험을 최소화하는 방법에 대해서도 자세히 설명해 줘."

수출입 거래 시 기능통화로 거래한다는 의미

기능통화란 기업이 주로 사용하는 통화를 의미합니다. 삼성전자의 경우, 기능통화는 한국 원화(KRW)입니다.

수출입 거래 시 기능통화로 거래한다는 것은, 삼성전자가 해외 거래를 할 때 거래 상대방과 가능한 한 원화로 거래를 진행하려고 한다는 뜻입니다. 예를 들어, 삼성전자가 해외 고객에게 제품을 판매할 때, 원화로 대금을 받는다면 환율 변동에 따른 위험을 줄일 수 있습니다. 반대로, 원화가 아닌 USD, EUR 같은 외화를 사용해 거래를 하면 환율 변동에 따라 손익이 변동될 위험이 있습니다. 그래서 삼성전자는 가능하다면 원화로 거래하여 환율위험을 최소화하려는 전략을 사용합니다.

환포지션과 선물환 거래

환포지션이란 외화로 보유하고 있는 자산과 부채의 차이를 의미합니다. 예를 들어, 삼성전자가 USD로 100만 달러를 보유하고 있고, 동시에 USD로 80만 달러를 빚지고 있다면, 이 경우 환포지션은 20만 달러가 됩니다. 환율 변동에 따라 이 포지션의 가치는 변동할 수 있습니다.

선물환 거래는 특정 시점에 미리 정한 환율로 외화를 사고파는 계약을 말합니다. 삼성전자는 환율 변동 위험을 줄이기 위해 선물환 거래를 이용합니다. 예를 들어, 삼성전자가 앞으로 3개월 후에 100만 달러를 받을 예정이라면, 환율 변동으로 인해 손실을 보지 않기 위해 선물환 거래로 3개월 후에 100만 달러를 미리 정해진 환율로 팔 수 있도록 계약을 체결할 수 있습니다. 이렇게 하면 3개월 후 실제 환율이 어떻게 변동하더라도 삼성전자는 안정적으로 예상한 금액을 받을 수 있습니다.

파생상품을 통한 원자재 가격 변동 위험 관리

파생상품이란 기본 자산(주식, 채권, 원자재 등)의 가치에 따라 그 가치가 변하는 금융 상품을 말합니다. 삼성전자는 원자재 가격이 변동함에 따라 생길 수 있는 손익의 불확실성을 줄이기 위해 파생상품을 사용합니다.

예를 들어, 삼성전자가 특정 원자재를 대량으로 사용해야 할 때, 그 원자재 가격이 갑자기 상승하면 비용이 크게 증가할 위험이 있습니다. 이를 방지하기 위해 삼성전자는 선도계약이나 옵션 같은 파생상품을 사용합니다. 선도계약은 미래의 특정 시점에 정해진 가격으로 원자재를 사거나 팔 수 있는 계약이고, 옵션은 정해진 가격에 원자재를 사거나 팔 수 있는 선택권을 제공하는 계약입니다. 이런 파생상품을 이용하면, 원자재 가격이 갑자기 상승하더라도 미리 정해진 가격으로 원자재를 구매할 수 있기 때문에 비용 변동을 줄일 수 있습니다.

시나리오 분석을 통해 이자율 위험, 환율위험, 원자재 가격 위험을 보다 심층적으로 들여다볼 수 있다.

"이자율, 환율, 원자재 가격의 급등이 삼성전자의 금융 부채, 외화 자산(USD 자산, EUR 자산), 순이익에 미치는 영향에 대해 시나리오 분석을 수행해 줘."

가정된 수치

- 금융 부채: 10조 원(변동금리부 부채)
- USD 자산: 50억 달러(환율 1,200원/USD)
- EUR 자산: 30억 유로(환율 1,400원/EUR)
- 원자재 비용: 연간 5조 원

시나리오 설정

- 기준 시나리오: 현재 이자율, 환율, 원자재 가격을 유지한 상태
- 이자율 급등 시나리오: 이자율이 2%p 상승할 경우
- 환율 급등 시나리오: USD/KRW와 EUR/KRW 환율이 각각 10% 상승할 경우
- 원자재 가격 급등 시나리오: 주요 원자재 가격이 15% 상승할 경우

시나리오 분석

- 이자율 급등 시나리오
  - 금융 부채: 변동금리부 부채가 10조 원일 때, 이자율이 2%p 상승하면 연간 추가 이자비용은 2,000억 원이 증가합니다.
  - 추가 현금 유출: 이자율 상승으로 인해 연간 2,000억 원의 추가 현금 유출이 발생하게 됩니다.
- 환율 급등 시나리오
  - USD 자산: USD/KRW 환율이 1,200원에서 10% 상승하여 1,320원이 되면, 50억 달러의 자산 가치는 6,000억 원 증가합니다.
  - EUR 자산: EUR/KRW 환율이 1,400원에서 10% 상승하여 1,540원이 되면, 30억 유로의 자산 가치는 4,200억 원 증가합니다.
  - 추가 현금 유입: 외화 자산 가치가 총 1조 원(6,000억 원+4,200억 원) 상승하여, 1조 원의 추가 현금 유입이 발생하게 됩니다.
- 원자재 가격 급등 시나리오
  - 원자재 비용 증가: 원자재 가격이 15% 상승하면 연간 원자재 비용은 7,500억 원 증가합니다.
  - 추가 현금 유출: 원자재 가격 상승으로 인해 연간 7,500억 원의 추가 현금 유출이 발생하게 됩니다.

종합적인 시나리오 분석

이자율 급등: 금융 부채에 대한 이자비용이 증가하여, 연간 2,000억 원의 추가 현금 유출이 발생합니다.

환율 급등: 외화 자산의 가치 상승으로 1조 원의 추가 현금 유입이 발생합니다.

원자재 가격 급등: 원가 상승으로 연간 7,500억 원의 추가 현금 유출이 발생합니다.

부정적 시나리오 상황 시 위험관리 정책의 적절성을 평가해 볼 수도 있다.

"현재 삼성전자의 이자율 위험 관리, 환율위험 관리, 원자재 가격 위험 관리 정책이 부정적 시나리오 상황에 적절히 대처할 수 있는지 평가해 줘."

이자율 위험 관리

삼성전자는 이자율 변동으로 인한 금융비용의 불확실성을 줄이기 위해 다양한 전략을 채택하고 있습니다.

- 내부자금 공유 시스템: 삼성전자는 계열사 간 내부자금 공유를 통해 외부차입을 최소화하고 있습니다. 이를 통해 외부 이자비용 발생을 억제하고, 이자율 변동에 대한 민감도를 낮추고 있습니다.
- 차입구조 관리: 삼성전자는 장기차입과 단기차입의 균형을 유지하며, 주로 고정금리 차입을 선호하여 이자비용의 예측 가능성을 높이고 있습니다.
- 파생상품 활용: 이자율 스왑 등의 파생상품을 통해 변동금리부 채무를 고정금리로 전환하는 등의 위험관리 전략을 실행하고 있습니다.

환율위험 관리

삼성전자는 글로벌 기업으로서 다양한 외환 거래에 노출되어 있으며, 환율 변동 위험을 효과적으로 관리하기 위해 여러 가지 조치를 취하고 있습니다.

- 기능통화 중심의 거래: 삼성전자는 주요 거래를 기능통화로 진행하여 환율 변동의 영향을 최소화하고 있습니다. 이는 특히 수출입 거래에서 중요한 역할을 합니다.
- 헤지 전략: 삼성전자는 환율 변동 위험을 줄이기 위해 선물환 계약 등을 통해 미래의 환율 변동을 예측하고 대비하는 헤지 전략을 사용합니다. 이를 통해 환율 변동으로 인한 불확실성을 줄이고, 수익성을 보호합니다.
- 자연적 헤지: 다양한 국가에서의 매출과 비용을 해당 국가의 통화로 처리하여 자연스럽게 환율위험을 상쇄하는 방법을 채택하고 있습니다.

원자재 가격 위험 관리

원자재 가격 변동은 삼성전자의 비용 구조에 큰 영향을 미칠 수 있으며, 이를 관리하기 위한 정책은 다음과 같습니다.

- 공급망 다변화: 삼성전자는 주요 원자재의 공급망을 다변화하여 특정 공급처에 의존하지 않도록 하고 있습니다. 이를 통해 원자재 가격 변동에 따른 리스크를 분산하고, 공급 안정성을 확보합니다.
- 장기 계약 및 협상: 원자재 가격 변동에 대한 대응으로 장기 계약을 통해 가격을 고정하거나, 가격 변동성을 줄이기 위한 협상을 적극적으로 추진하고 있습니다.

- 파생상품 활용: 원자재 가격 헤지 상품을 사용하여 가격 변동에 따른 리스크를 관리합니다. 이를 통해 원자재 가격의 급격한 변동이 삼성전자의 비용 구조에 미치는 영향을 줄이려고 노력하고 있습니다.

평가

삼성전자의 이자율, 환율, 원자재 가격에 대한 위험관리 정책은 다각도로 체계적으로 설계되어 있으며, 이러한 정책은 다양한 경제적 시나리오에서 삼성전자가 직면할 수 있는 위험을 효과적으로 줄일 수 있도록 도와줍니다. 그러나 극단적인 시장 변동이나 예상치 못한 글로벌 경제 상황에서는 여전히 리스크가 존재할 수 있으며, 이러한 상황에 대비한 더욱 강화된 전략이 필요할 수 있습니다.

위 시나리오 분석은 이자율 상승과 하락, 환율 상승과 하락, 원자재 가격 상승과 하락이라는 이분법적 시나리오와 더불어 각 변수(이자율, 환율, 원자재 가격)의 변화(예: 1% 상승, 5% 하락)가 자산 가치나 가격에 미치는 영향을 평가하는 것이므로 실질적으로는 시나리오 분석과 민감도 분석을 결합한 형태다. 실제로 시나리오 분석과 민감도 분석은 이와 같이 상호보완적으로 사용하는 경우가 많다. 더 나아가, 이자율·환율·원자재 가격 위험을 분석할 때 이자율, 환율, 원자재 가격의 단일 요인 시나리오 분석뿐만 아니라 국가 간 반도체 경쟁, 중동 정세, 미국 대통령 선거 등의 추가 요인을 조합하면 보다 복잡한 미래 상황을 고려하는 포괄적 시나리오 분석을 할 수 있다. 여기에 각 시나리오하에서 단일 변수의 변화에 집중하는 민감도 분석을 더하면 보다 심도 있는 분석을 수행하게 된다. 시나리오 분석과 민감도 분석은 서로 보완적인 관계를 가진다는 사실을 잊지 말자.

또한 극단적 시나리오 상황에서의 시나리오 분석인 스트레스 테스팅도 금융 위기, 팬데믹 위기, 주식시장 붕괴 등을 가정해서 네 가지 시장위험을 평가하고 대책을 강구하는 데 유용하다.

"2008년 글로벌 금융 위기와 유사한 상황이 발생했다고 가정하고 삼성전자의 시장

위험 대처 능력을 평가해 줘. 즉, 삼성전자가 극단적 시나리오(이 경우 금융 위기)에 처했을 때 네 가지 시장위험(주가 변동 위험, 이자율 위험, 환율위험, 원자재 가격 위험)에 어떻게 대처할 것인지에 대한 스트레스 테스팅 분석을 수행해 줘."

주가 변동 위험

2008년 금융 위기와 같은 상황에서는 글로벌 주식시장이 급격히 하락하며, 삼성전자의 주식 가격 역시 큰 폭의 하락을 경험할 가능성이 큽니다. 당시 금융 위기에서는 주요 글로벌 기업들의 주가가 절반 이상 폭락하기도 했습니다. 삼성전자는 자사주 매입 프로그램 및 주주 환원 정책을 통해 주가 안정화를 시도할 수 있으나, 글로벌 시장의 하락 추세를 완전히 막기는 어려울 것입니다. 다만, 삼성전자는 당시와 마찬가지로 회복력을 보여 줄 가능성이 높으며, 특히 다양한 사업 부문에서의 안정적인 현금 흐름이 주가의 하방 압력을 일부 완화할 수 있습니다.

이자율 위험

2008년 금융 위기 당시, 글로벌 금융 시장의 불안정성으로 인해 신용 경색과 급격한 이자율 변동이 발생했습니다. 삼성전자의 경우, 변동금리 부채가 있다 하더라도 현금 보유량이 많고, 전체적인 부채 비율이 낮아 이자율 상승의 영향을 상당 부분 상쇄할 수 있을 것입니다. 특히 당시 위기 상황에서도 신용도가 유지되었고, 자본시장에서 자금을 조달할 수 있는 능력이 있어 급격한 이자율 상승에도 대응할 수 있는 충분한 재무적 여력이 있다고 판단됩니다.

환율위험

2008년 금융 위기 당시, 원/달러 환율은 급격히 상승했습니다. 삼성전자는 글로벌 매출의 상당 부분이 달러화로 발생하므로, 환율 상승은 원화 기준으로 매출이 증가하는 효과를 가져올 수 있습니다. 그러나 환율 변동으로 인해 수익성이 변동될 가능성이 있으며, 원가 상승으로 인한 영향도 고려해야 합니다. 삼성전자는 환위험을 관리하기 위해 다양한 파생상품을 사용하고 있으며, 글로벌 생산 네트워크를 통해 일부 환율 리스크를 분산할 수 있습니다. 그러나 극단적인 환율 변동이 지속될 경우에는 예상치 못한 손실이 발생할 가능성도 있습니다.

원자재 가격 위험

2008년 금융 위기 당시, 원자재 가격은 급락했지만, 이후 수요 회복과 함께 급등하는 양상을 보였습니다. 삼성전자는 주요 원자재의 가격 변동에 대해 장기 계약과 헤지 전략을 통해 대응하고 있으며, 생산 원가 절감을 위한 다양한 노력을 기울이고 있습니다. 그러나 원자재 가격이 급락하면 재고 자산의 평가 손실이 발생할 수 있고, 원자재 가격이 급등하면 생산 비용이 증가할 수 있습니다. 이에 따른 비용 구조의 불안정성이 단기적으로 발생할 수 있지만, 삼성전자는 장기적인 관점에서 원자재 가격 변동을 관리할 수 있는 능력을 갖추고 있습니다.

종합 평가

2008년 글로벌 금융 위기와 같은 상황이 재발할 경우, 삼성전자는 다양한 시장위험에 직면하게 되겠지만, 당시와 비교하여 더욱 견고해진 재무 구조와 리스크 관리 역량을 통해 위기를 극복할 가능성이 높습니다. 삼성전자는 위기 상황에서 주가, 이자율, 환율, 원자재 가격 변동 등 여러 시장위험 요소에 대한 대비책을 마련하고 있으며, 이를 통해 극단적인 상황에서도 상대적으로 안정된 대응력을 발휘할 수 있을 것으로 보입니다. 그러나 이러한 상황이 장기화되거나 글로벌 경제에 대한 충격이 예상보다 클 경우, 단기적인 손실은 피할 수 없을 것입니다.

팬데믹 시나리오하에서 삼성전자의 시장위험 대처 능력도 스트레스 테스팅으로 간단히 평가할 수 있다.

"팬데믹 상황을 상정하고 삼성전자의 시장위험 대처 능력을 스트레스 테스팅으로 분석해 줘. 삼성전자의 2023년도 사업보고서 내용을 충실히 반영해서 분석해 줘."

주가 변동 위험

팬데믹 상황에서는 글로벌 경제의 불확실성이 커지며 주가의 급락 가능성이 큽니다. 삼성전자는 다양한 사업 부문과 글로벌 포트폴리오를 통해 주가의 급락을 일부 방어할 수 있습니다. 또한 팬데믹 동안 삼성전자는 비대면 수요 증가에 따라 일부 사업부문의 실적이 오히려 개선되었고, 이는 주가 안정에 기여할 가능성이 있습니다. 자사주 매입 및 주주 환원 정책이 주가 변동성을 완화하는 역할을 할 것입니다.

이자율 위험

팬데믹으로 인한 경제 침체는 중앙은행의 금리 인하를 초래할 수 있으며, 이는 삼성전자의 차입 비용을 낮추는 데 기여할 수 있습니다. 삼성전자는 낮은 부채 비율과 충분한 현금 보유로 인해 금리 변동에 따른 리스크를 효과적으로 관리하고 있습니다. 또한 삼성전자는 높은 신용 등급을 유지하고 있어 자본시장에서의 자금조달 능력도 우수합니다.

환율위험

글로벌 경제 불확실성이 확대되면 환율 변동성이 커질 수 있습니다. 삼성전자는 주요 통화에 대한 리스크를 선물환 계약 및 파생상품을 통해 관리하고 있으며, 팬데믹 상황에서도 이러한 전략을 통해 환율 변동 리스크를 효과적으로 완화할 수 있습니다. 또한 삼성전자는 글로벌 생산 네트워크를 통해 특정 통화에 대한 환위험을 분산하고 있습니다.

원자재 가격 위험

팬데믹 상황에서는 공급망의 붕괴와 수요 감소로 원자재 가격이 급격히 변동할 수 있습니다. 삼성전자는 장기 계약 및 헤지 전략을 통해 원자재 가격 변동의 영향을 최소화하고 있으며, 효율적인 원가 관리와 품질 통제를 통해 생산 비용의 변동성을 줄이고 있습니다.

종합 평가

삼성전자는 팬데믹과 같은 극단적 상황에서도 다양한 시장위험에 대해 강력한 대응능력을 보유하고 있습니다. 팬데믹이 불러오는 공급망 혼란과 수요 충격에도 불구하고, 삼성전자는 탄탄한 재무 구조와 글로벌 대응 전략을 통해 리스크를 효과적으로 관리할 수 있을 것으로 보입니다. 다만, 팬데믹이 장기화될 경우 글로벌 경제와 공급망에 미치는 영향이 커질 수 있기 때문에 단기적인 손실은 불가피할 수 있습니다.

이번엔 배트일렉 주가를 몬테카를로 시뮬레이션으로 분석해 보자. 이를 통해 배트일렉 주가의 변동성(표준편차)과 그에 따른 위험을 평가할 수 있다. 몬테카를로 시뮬레이션을 삼성전자 주가가 아닌 가상 기업(배트일렉) 주가에 적용하는 이유는 역사적 주가 정보가 사업보고서와 같은 공시 자료가 아니기 때문이다. 이로 인해 핀테크 기술적 분석에서도 언급한 바와 같이, 출처와 수집 기간이 상이한 역사적 주가 정보는 분석의 일관성, 타당성, 신뢰성을 떨어뜨릴 수 있다. 이러한 문제를 최소화하기 위해 역사적 주가 정보가 필요한 핀테크 재무 분석에서는 가상의 정보를 이용한다. 독자들은 한국거래소 정보데이터시스템이 제공하는 국내 기업 주가 정보를 이용해 실습해 보길 바란다.

"업로드한 배트일렉(주)의 일일 주가 데이터를 기반으로 앞으로 배트일렉 주가가 어떻게 변화할지 몬테카를로 시뮬레이션 분석을 통해 예측해 줘. 시뮬레이션 과정(계산 과정 및 결과)을 상세히 기술해 줘. 시뮬레이션 결과를 주가 변동 위험의 관점에서 상세히 해석해 줘."

몬테카를로 시뮬레이션 분석: 배트일렉 주가 예측 및 VaR 계산

- 수익률 분석
  - 일일 평균 수익률: 0.0925%(0.000925)
  - 일일 수익률 표준편차: 1.4399%(0.014399)

    이 값들은 시뮬레이션의 기초가 되며, 주가 변동성을 반영합니다.
- 몬테카를로 시뮬레이션 과정
  - 시작점: 2024년 5월 13일의 배트일렉 조정 종가를 시작 가격으로 설정했습니다.
  - 수익률 적용: 매일 무작위로 생성된 수익률을 적용하여 252일 동안의 주가 경로를 예측했습니다.
  - 시뮬레이션 횟수: 10,000회 반복하여 다양한 주가 경로를 생성했습니다.
- 1년 후 주가 예측
  - 예측된 평균 최종 주가: 97,943.74 KRW

    이는 시뮬레이션된 결과에서 1년 후 평균적으로 예상되는 배트일렉 주가입니다.
  - 예측된 최소 주가: 약 43,645.75 KRW

    최악의 시나리오에서 발생할 수 있는 가장 낮은 주가입니다.

    - 예측된 최고 주가: 약 207,669.45 KRW
    최상의 시나리오에서 발생할 수 있는 가장 높은 주가입니다.
- VaR(95%) 계산
    - VaR 공식: $VaR_{0.95} = P \times \sigma \times Z_{0.95}$
    - 계산 과정: $VaR_{0.95} = 63{,}544.98 \times 0.014399 \times 1.645 \approx -1{,}838.11$ KRW
    - 결과: 95% 신뢰 수준에서, 배트일렉의 주가는 하루 동안 최악의 경우 1,838.11 KRW만큼 하락할 수 있습니다.
- 주가 변동 위험 해석
    - 최소 및 최고 주가 해석: 주가는 최악의 경우 43,645.75 KRW까지 하락할 수 있으며, 반대로 최상의 경우 207,669.45 KRW까지 상승할 수 있습니다. 이는 주가 변동의 잠재적 범위를 나타내며, 투자자들이 최악의 시나리오에 대비할 필요가 있음을 시사합니다.
    - VaR 해석: 하루 동안의 최대 손실 가능성을 평가한 VaR(95%)는 약 -1,838.11 KRW로, 이는 주가 하락에 대한 리스크 관리에 중요한 지표로 사용될 수 있습니다.

몬테카를로 시뮬레이션 분석이 무엇인지, 분석 과정은 어떻게 진행되는지에 대한 이해의 폭을 넓히기 위해 추가 작업을 실행해 보자.

"몬테카를로 시뮬레이션이 무엇인지, 분석 과정은 어떻게 진행되는지, 간략하면서도 명확하게 설명해 줘."

몬테카를로 시뮬레이션이란?

몬테카를로 시뮬레이션은 불확실성이 존재하는 상황에서 다양한 가능성을 예측하고, 그 결과를 분석하기 위해 사용하는 통계적 방법입니다. 이 방법은 주로 재무 분석, 리스크 관리, 예측 모델링 등에서 활용되며, 주가, 옵션 가격, 프로젝트 비용 등 다양한 변동 요소를 시뮬레이션하여 잠재적인 결과를 평가하는 데 유용합니다.

몬테카를로 시뮬레이션 분석 과정

- 입력 변수 설정: 분석 대상(예: 주가)의 주요 변동 요소를 식별하고, 해당 요소의 평균, 표준편차 등 필요한 통계적 파라미터를 설정합니다. 예를 들어, 주가 시뮬레

이션에서는 과거 일일 수익률의 평균과 표준편차를 사용합니다.

- 무작위 변수 생성: 설정된 통계적 파라미터를 바탕으로, 무작위로 변동 요소(예: 수익률)를 생성합니다. 이는 정규분포 또는 다른 적절한 분포에 따라 이루어집니다.
- 시뮬레이션 반복: 무작위로 생성된 변동 요소를 활용해, 미래의 주가 경로를 예측합니다. 이 과정을 수천 번 반복하여 다양한 주가 경로를 생성합니다.
- 결과 분석: 시뮬레이션을 통해 얻어진 다양한 결과를 분석하여 평균 주가, 최대 및 최소 주가, 특정 신뢰 수준에서의 VaR(Value at Risk) 등을 계산합니다.

몬테카를로 시뮬레이션 활용 예시: 배트일렉 주가 예측

- 입력 변수 설정
  - 과거 주가 데이터 분석: 배트일렉의 과거 주가 데이터를 바탕으로 일일 수익률의 평균과 표준편차를 계산합니다. 이 값들은 주가 변동성을 평가하는 데 사용됩니다.
- 무작위 변수 생성
  - 수익률 시뮬레이션: 평균과 표준편차를 바탕으로 정규분포에서 무작위로 일일 수익률을 생성합니다. 이는 다양한 주가 변동 가능성을 반영합니다.
- 시뮬레이션 반복
  - 미래 주가 경로 생성: 무작위로 생성된 수익률을 이용해, 1년 동안의 주가 경로를 10,000회 시뮬레이션합니다. 이를 통해 다양한 시나리오에서 주가가 어떻게 변동할지 예측할 수 있습니다.
- 결과 분석
  - 평균, 최소, 최대 주가: 시뮬레이션 결과에서 1년 후 평균 주가, 최저 주가, 최고 주가를 도출합니다.
  - VaR 계산: 95% 신뢰 수준에서 하루 동안 발생할 수 있는 최대 손실(VaR)을 계산하여 주가 변동 위험을 평가합니다.

결론 이 시뮬레이션 결과를 통해 배트일렉의 주가가 어떻게 변동할 수 있는지를 예측하고, 투자 리스크를 관리하는 데 활용할 수 있습니다. 평균적으로 주가는 상승할 가능성이 있지만, 극단적인 시나리오에서는 큰 하락 위험도 존재함을 보여 줍니다.

신용위험 분석

먼저 재무 비율 중 유동성 비율과 부채성 비율을 분석해 기업이 적절한 유동성과 건전한 재무 구조를 가지고 있는지 평가한다. 이 부분은 재무 비율 분석을 참조하기 바란다. 추가로 회사채 이자율과 국채 이자율 간의 스프레드를 분석(신용 스프레드 분석)해 시장에서 기업의 신용위험을 어떻게 평가하고 있는지 가늠해 본다.

"삼성전자의 평균 회사채 이자율은 4.84%이고 신용등급은 AA-(S&P)야. 10년 만기 국채 이자율과 AA- 신용등급을 가진 한국 기업 회사채 평균 이자율(벤치마크)을 검색해서 수집해 줘. 그리고 삼성전자 신용 스프레드와 벤치마크 신용 스프레드를 바탕으로 삼성전자에 대한 신용 스프레드 분석을 해 줘."

2024년 8월 기준으로 한국의 10년 만기 국채 이자율은 약 3.34%입니다(FRED). 또한 한국의 AA- 신용등급을 가진 회사채의 평균 이자율은 약 5.12%입니다(Cbonds).

삼성전자의 평균 회사채 이자율이 4.84%이고, 신용등급이 AA-인 것을 감안할 때, 삼성전자의 신용 스프레드를 다음과 같이 분석할 수 있습니다.

- 삼성전자의 신용 스프레드
  - 삼성전자 회사채 이자율: 4.84%
  - 10년 만기 국채 이자율: 3.34%
  - 삼성전자의 신용 스프레드: 4.84% − 3.34% = 1.50% 또는 150bp
- AA- 벤치마크 스프레드
  - AA- 회사채 평균 이자율: 5.12%
  - 벤치마크 신용 스프레드: 5.12% − 3.34% = 1.78% 또는 178bp

분석

- 벤치마크와의 비교: 삼성전자의 신용 스프레드 150bp는 벤치마크인 AA- 회사채의 스프레드 178bp보다 낮습니다. 이는 같은 신용등급을 가지고 있음에도 불구하고, 시장에서 삼성전자를 다른 AA- 등급 기업들보다 더 낮은 신용 리스크를 가진 것으로 평가하고 있음을 나타냅니다.

- 시장 평가: 더 낮은 신용 스프레드는 투자자들이 삼성전자의 채권에 대해 더 낮은 수익률을 받아들이더라도 해당 채권을 선호한다는 것을 의미합니다. 이는 삼성전자가 강력한 재무 성과와 시장 리더십, 안정적인 사업 전망을 가지고 있기 때문일 가능성이 큽니다.

삼성전자는 신용위험에 적절히 대응하고 있을까? 사업보고서 내용을 기반으로 대응 전략을 요약해 봤다.

"삼성전자는 신용 스프레드 위험에 적절히 대처하고 있니? 사업보고서 자료를 꼼꼼히 참조해서 신중히 평가해 줘."

위험관리 전략

삼성전자는 다양한 금융 리스크를 체계적으로 관리하고 있습니다. 신용 리스크, 유동성 리스크, 금리 리스크, 환율 리스크 등을 포함한 여러 금융 리스크를 분석하고 이에 대한 대응책을 마련하고 있습니다. 특히 신용 리스크 관리 측면에서는 거래 상대방의 신용도를 지속적으로 평가하고 있으며, 신용등급이 낮은 거래 상대와의 거래를 제한하는 등의 조치를 통해 리스크를 최소화하고 있습니다.

채무 관리

삼성전자는 발행된 회사채에 대한 철저한 채무 관리 전략을 통해 금리 및 환율 변동에 따른 리스크를 최소화하고 있습니다. 회사는 장기적인 재무 안정성을 유지하기 위해 채무를 신중히 관리하고 있으며, 단기적인 시장 변동에 대비하고 있습니다. 이러한 노력은 회사의 재무 건전성을 강화하는 데 기여하고 있습니다.

신용등급 유지

삼성전자의 신용등급은 S&P 기준으로 AA-로 평가되며, 이는 매우 높은 수준의 신용도를 나타냅니다. 회사는 이 높은 신용등급을 유지하기 위해 지속적인 재무 건전성 강화를 추구하고 있으며, 이는 시장의 신뢰를 유지하는 데 중요한 역할을 하고 있습니다.

결론

삼성전자는 신용 스프레드 위험에 대해 매우 적절한 대처를 하고 있으며, 금융 리스크 관리와 높은 신용등급 유지를 통해 시장에서 안정적인 위치를 차지하고 있습니다. 이러한 체계적인 관리와 신뢰도 유지는 삼성전자가 금융 시장에서 우수한 평가를 받을 수 있는 중요한 요소로 작용하고 있습니다.

신용위험을 줄이려면 기업의 수익 및 비용 구조를 체계적이고 효율적으로 관리하여 재무 건전성을 안정적으로 유지할 필요가 있다. 삼성전자의 수익성 관리 수준은 어떤지 살펴보자.

"삼성전자의 수익성 관리는 적절한가? 사업보고서를 참조해 매출 증대 전략, 비용 절감, 사업 포트폴리오 최적화, 그리고 고객 관계 강화 및 다변화 측면에서 평가해 줘."

매출 증대 전략

삼성전자는 지속적인 연구개발(R&D) 투자와 혁신을 통해 매출 증대를 도모하고 있습니다. 특히 고부가가치 제품의 출시와 프리미엄 시장에서의 입지를 강화하는 전략을 통해 매출 성장을 이끌고 있습니다. 예를 들어, 삼성전자는 스마트폰, TV, 가전제품 등에서 프리미엄 라인을 지속적으로 확장하고 있으며, 이를 통해 시장에서의 경쟁력을 강화하고 있습니다. 또한 반도체와 같은 부품 사업에서도 고성능 제품을 중심으로 매출 확대를 목표로 하고 있습니다.

비용 절감

삼성전자는 생산 공정의 효율성을 높이고 원가 절감을 통해 비용을 관리하고 있습니다. 특히 반도체 사업에서 선단 공정 기술을 도입하여 제품의 원가 경쟁력을 제고하고 있습니다. 이와 함께, 생산 시설의 최적화를 통해 운영 비용을 절감하고, 이를 통해 수익성을 개선하고 있습니다. 또한 글로벌 공급망 관리를 통해 원자재 비용 변동에 대한 리스크를 최소화하고 있습니다.

사업 포트폴리오 최적화

삼성전자는 다양한 사업 부문에서의 포트폴리오를 지속적으로 최적화하고 있습니다. 기존의 주력 사업 외에도 전장 부품, 인공지능(AI), 5G 등 미래 성장동력으로 떠오르는 분야에 대한 투자를 확대하고 있으며, 이를 통해 포트폴리오를 다변화하고 있습니다. 특히 DS(Device Solutions) 부문에서는 메모리 반도체 외에도 시스템 반도체와 파운드리 사업을 강화하여 수익 구조의 다각화를 추구하고 있습니다.

고객 관계 강화 및 다변화

삼성전자는 글로벌 시장에서의 고객 관계를 강화하고, 고객 기반을 다변화하기 위한 노력을 지속하고 있습니다. 삼성전자는 주요 고객사와의 전략적 파트너십을 통해 안정적인 매출원을 확보하고 있으며, 새로운 시장과 고객을 발굴하기 위한 마케팅 활동도 적극적으로 전개하고 있습니다. 예를 들어, 북미, 유럽, 아시아 등의 주요 시장에서의 현지화 전략을 통해 고객 접근성을 높이고 있으며, 이를 통해 매출 다변화와 안정성을 동시에 추구하고 있습니다.

결론

삼성전자는 수익성 관리에 있어 매출 증대, 비용 절감, 사업 포트폴리오 최적화, 고객 관계 강화 및 다변화 측면에서 적절한 전략을 추진하고 있습니다. 이러한 전략들은 삼성전자가 글로벌 시장에서 경쟁력을 유지하고, 지속적인 수익성을 확보하는 데 중요한 역할을 하고 있습니다.

신용위험 핀테크 분석의 마지막 단계로 거래처 신용위험 감소 전략, 다각화 전략, 투명한 재무 보고, 내부 신용위험 통제 시스템 구비 수준을 평가해 보자.

"신용위험을 감소하기 위해서는 거래처 신용위험 감소 전략, 다각화 전략, 투명한 재무 보고, 내부 신용위험 통제 시스템 구비 등이 필요해. 삼성전자는 이러한 기업 활동을 하고 있나? 사업보고서를 기반으로 상세히 기술해 줘."

거래처 신용위험 감소 전략

삼성전자는 거래처의 신용 리스크를 체계적으로 관리하기 위해 다각적인 접근을 하고 있습니다. 거래처의 신용도를 정기적으로 평가하고, 신용도가 낮거나 리스크가 높은 거래처와의 거래를 제한하거나 조건부 거래로 전환하는 등의 조치를 취하고 있습니다. 또한 매출채권의 회수 가능성을 높이기 위해 보험에 가입하거나 담보를 확보하는 등 다양한 금융 기법을 활용하고 있습니다. 이러한 방침은 특히 신용 리스크가 높은 국가나 지역에서의 거래에 적용되어, 리스크를 효율적으로 분산시키고 있습니다.

다각화 전략

삼성전자는 다양한 사업 부문과 글로벌 시장에 걸쳐 사업을 운영함으로써 특정 시장, 제품, 또는 거래처에 대한 의존도를 줄이고 있습니다. 전자제품, 반도체, 디스플레이, 통신장비, 전장 부품 등 다양한 사업 부문을 운영하며, 각 사업 부문 간의 리스크를 분산시킵니다. 예를 들어, 반도체 사업에서는 메모리 반도체뿐만 아니라 시스템 반도체와 파운드리 사업도 강화하여 수익원과 리스크를 다각화하고 있습니다. 이를 통해 특정 산업이나 시장의 변동성에 대한 영향을 최소화하며, 전체적인 재무 건전성을 유지하고 있습니다.

투명한 재무 보고

삼성전자는 국제 회계 기준에 따라 재무 정보를 투명하게 공개함으로써 시장의 신뢰를 유지하고 있습니다. 이러한 투명성은 회사의 신용등급 유지에도 긍정적인 영향을 미치며, 투자자 및 채권자와의 관계를 강화하는 데 중요한 역할을 합니다. 재무 상태, 리스크 관리, 주요 사업 성과 등을 상세히 공시함으로써 시장 참여자들이 삼성전자의 재무 건전성과 리스크 관리 능력을 명확히 이해할 수 있도록 하고 있습니다. 이는 신용 리스크를 사전에 관리하고, 금융비용을 절감하는 데 기여합니다.

내부 신용위험 통제 시스템 구비

삼성전자는 신용 리스크를 포함한 모든 재무 리스크를 체계적으로 관리하기 위한 내부 통제 시스템을 운영하고 있습니다. 재무 리스크 관리 부서는 다양한 리스크 요소들을 지속적으로 모니터링하며, 신용 리스크, 유동성 리스크, 시장 리스크 등을 종합적으로 관리합니다. 이러한 내부 통제 시스템은 신용 리스크가 발생할 수 있는 가능성을 최소화하며, 발생 시에도 신속하게 대응할 수 있는 구조를 갖추고 있습니다. 또한 주요 금융 거래는 신용등급이 높은 금융기관과만 거래하도록 하여 금융 리스크를 더욱 줄이고 있습니다.

종합 평가

삼성전자는 거래처 신용위험 관리, 사업 다각화, 투명한 재무 보고, 내부 신용위험 통제 시스템을 통해 신용위험을 효과적으로 감소시키고 있습니다. 이러한 포괄적인 리스크 관리 전략은 삼성전자가 글로벌 시장에서 안정적인 재무 상태를 유지하고, 높은 신용등급을 지속적으로 유지하는 데 중요한 역할을 하고 있습니다.

인공지능을 활용한 핀테크 분석에는 한계가 없다. 좀 더 상세한 설명이나 보다 세부적인 사항을 탐색하고자 하면 언제든지 지식의 범위나 깊이에 구애받지 않고 추가, 심층 분석을 수행할 수 있다. 예를 들어, 국제회계기준(IFRS)에 관해 좀 더 알고 싶으면 국제회계기준 전문가가 될 정도의 정보를 손쉽게 획득할 수 있다. 전자공시시스템(DART)의 공시 기준, 공시 기업 관련 통계, 정보의 종류, 정보 수집 방법 등도 언제든지 별도로 습득이 가능하다. 신용등급이 높은 은행이 어디인지 검색해 달라는 요청도 간단하게 할 수 있다. 올바른 질문과 치열한 재확인 작업, 그리고 효율적인 시간 관리와 합리적 노력을 적절히 결합하면 지식이 지식을 낳으며 전문성이 쌓이고 단련되는 자연스런 과정을 인공지능 플랫폼에서 경험할 수 있다. 쉽지 않은 여정이지만 불가능한 여정도 아니다. 정성을 다하면 어느덧 꽤 높은 곳에 선 자신의 모습을 볼 수 있을 것이다.

Part V

포트폴리오 분석

1. 포트폴리오 이론
2. 효율적 투자선
3. 자본자산가격결정모형(CAPM)
4. 핀테크 6단계 분석

포트폴리오 이론

포트폴리오 이론은 투자자가 위험과 수익을 균형 있게 관리하면서 효율적인 투자 포트폴리오를 구성하는 방법에 관한 이론이다. 이 이론의 핵심은 위험 분산과 효율적 투자의 개념에 기반을 두고 있다. 가장 대표적인 포트폴리오 이론은 해리 마코위츠(Harry Markowitz)가 소개한 현대 포트폴리오 이론(Modern Portfolio Theory, MPT)으로 투자 포트폴리오의 위험과 수익률 간 관계를 간결하면서도 명확하게 설명한다.

마코위츠의 포트폴리오 이론은 모든 투자자가 수익을 극대화하려는 동시에 위험을 최소화하려는 경제적 합리성을 가진다는 가정에서 출발한다. 이 가정에 따르면, 동일한 수익을 기대할 수 있는 상황에서 합리적 투자자는 가장 낮은 위험을 갖는 투자를 선호한다. 한편, 동일한 위험을 감수해야 하는 상황에서는 가장 높은 수익률을 제공하는 투자를 선택한다. MPT의 핵심 개념인 분산투자는 한 자산의 부진이 포트폴리오에 미치는 부정적 영향을 다른 자산의 성과로 상쇄하며 안정적 수익률은 챙기고 수익률의 변동성(포트폴리오 위험)은 최소화하는 전략이다. 분산투자가 잘된 포트폴리오는 소수의 자산에 투자를 집중하는 대신 다양한 자산을 골고루 포함함으로써 포트폴리오 위험을 줄이는 효과(분산투자 효과)를 극대화한다.

포트폴리오 이론을 이해하려면 세 가지 핵심 요소가 필요하다: 기대 수익률, 분산(표준편차), 공분산. 기대 수익률[Expected Return, E(R)]은 투자에서 예상되는 평균 수익률을 말한다. 평균 수익률은 미래 포트폴리오 가치 변화 시나리오(예: 최선, 평균 이상, 평균, 평균 이하, 최악)별 수익률과 발생 확률을 곱한 값들의 합으로 계산된다. 단일 자산의 경우, 기대 수익률을 구하는 공식은 다음과 같다.

$$E(R) = \sum_{i=1}^{n} p_i r_i$$

여기서 E(R)은 기대 수익률, p_i는 i번째 시나리오의 발생 확률, r_i는 i번째 시나리오의 예상 수익률, n은 시나리오의 개수를 뜻한다.

포트폴리오의 경우, 기대 수익률은 포트폴리오를 구성하는 각 자산의 기대 수익률과 해당 자산의 포트폴리오 내 비중을 고려하여 계산된다.

$$E(R_p) = \sum_{i=1}^{n} w_i E(R_i)$$

여기서 $E(R_p)$은 포트폴리오의 기대 수익률, w_i는 포트폴리오 내 i번째 자산의 비중, $E(R_i)$는 i번째 자산의 기대 수익률, n은 포트폴리오를 구성하는 자산의 개수를 의미한다.

분산(Variance)은 기대 수익률의 변동성을 측정한다. 이는 시나리오별 수익률이 기대 수익률로부터 얼마나 벗어나는지를 나타내는 지표로, 위험을 표현하는 척도로 사용된다. 단일 자산의 수익률 분산은 다음과 같이 계산된다.

$$\sigma^2 = \sum_{i=1}^{n} p_i(r_i - E(R))^2$$

여기서 σ^2는 자산의 분산, p_i는 i번째 시나리오의 발생 확률, r_i는 i번째 시나리오의 예상 수익률, E(R)는 자산의 기대 수익률, n은 시나리오의 개수이다.

포트폴리오가 둘 이상의 자산으로 구성된 경우, 포트폴리오 분산을 구하려면 각 자산의 분산뿐만 아니라 자산들 간의 공분산(Covariance, COV)도 고려해야 한다. 공분산은 서로 다른 자산들의 수익률이 어떻게 연동되는지를 나타내는 통계치다. 포트폴리오 분산을 계산하는 일반적인 공식은 다음과 같다.

$$\sigma_p^2 = \sum_{i=1}^{n} \sum_{j=1}^{n} w_i w_j COV(R_i, R_j)$$

여기서 σ_p^2는 포트폴리오의 분산, w_i와 w_j는 각각 포트폴리오 내 i번째와 j번째 자산의 비중, COV(R_i, R_j)는 자산 i와 자산 j의 수익률 간 공분산, n은 포트폴리오를 구성하는 자산의 개수이다. 공분산은 다시 자산 간 상관관계와 개별 자산의 표준편차의 곱으로 표현할 수 있다.

$$COV(R_i, R_j) = \sigma_{R_iR_j}^2 = \rho_{R_iR_j} \sigma_{R_i} \sigma_{R_j}$$

이 공식에서 $\rho_{R_iR_j}$는 자산 i와 자산 j의 수익률 간 상관계수, σ_{R_i}와 σ_{R_j}는 각각 자산 i와 자산 j 수익률의 표준편차를 가리킨다. 포트폴리오 표준편차(σ_p)는 포트폴리오 분산에 제곱근을 취하면 된다: $\sigma_p = \sqrt{\sigma_p^2}$. 포트폴리오 표준편차는 분산과 마찬가지로 포트폴리오 위험(Portfolio Risk)을 나타내는 수치로 자주 사용된다.

포트폴리오에 각기 다른 위험과 수익률 특성을 가진 자산을 포함하면 수익률은 해치지 않으면서도 위험을 감소할 수 있는 가능성이 생긴다. 즉, 자산 간 상관관계를 활용해 한 자산의 부진이 다른 자산의 좋은 성과로 상쇄될 수 있도록 해 위험을 관리한다. 분산투자는 이러한 효과를 극대화하는 전략이다. 예를 들어, 주식과 채권은 서로 다른 경제적 요인에 의해 영향을 받으므로, 이들을 함께 포트폴리오에 포함시키면 시장 변동에 따른 위험을 줄일 수 있다. 포트폴리오 분산 공식에서 볼 수 있듯이 자산들 간 상관관계가 낮을수록 전체 포트폴리오의 위험도 감소한다. 기존의 포트폴리오와 상관관계가 1이 아니라면, 주식과 채권을 포트폴리오에 추가할수록(완벽한 분산투자에 가까워질수록) 분산투자 효과도 덩달아 커진다.

효율적 투자선

효율적 투자선(Efficient Frontier)은 주어진 위험 수준에서 가능한 최대 수익률을 제공하는 포트폴리오들의 집합을 시각적으로 보여 주는 선이다. 투자자는 효율적 투자선상의 포트폴리오를 선택함으로써, 주어진 위험 수준에서 최대의 기대 수익을 얻는다. 효율적 투자선은 분산투자를 통해 개별 자산의 위험을 넘어 전체 포트폴리오 차원에서 위험과 수익의 균형을 찾는 과정의 산물이기도 하다.

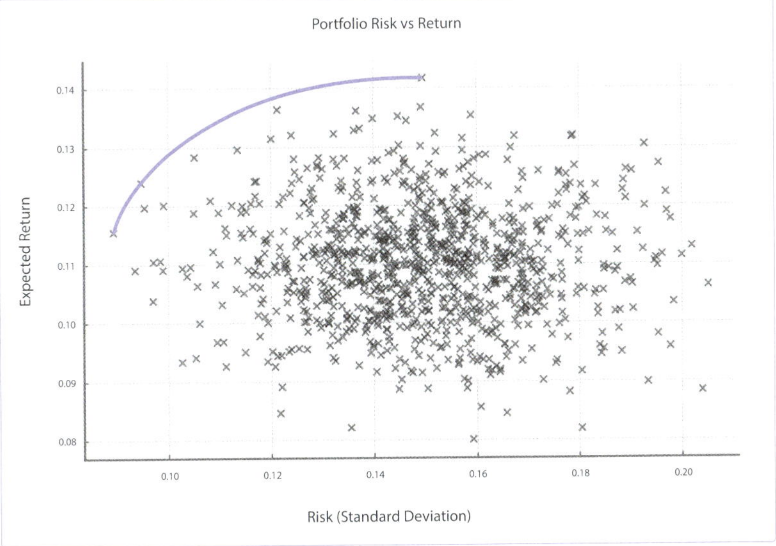

효율적 투자선의 세계에 무위험 자산이 등장하면 새로운 투자 기회가 생성된다. 무위험 자산은 채무불이행 위험 없이 확실한 수익률을 제공하는 자산으로, 미국 연방 채권이 대표적 예이다. 효율적 투자선에 무위험 자산을 포함시키면, 무위험 자산과 효율적 투자선상 포트폴리오의 조합으로 새로운 투자 포트폴리오가 구성된다. 무위험 자산과 개별 효율적 투자 포트폴리오를 연결한 선을 자본할당선(Capital Allocation Line, CAL)이라고 부른다.

자본시장선(Capital Market Line, CML)은 무위험 자산과 효율적 투자선상의 특별한 포트폴리오, 즉 시장포트폴리오(Market Portfolio)를 연결하는 CAL이다. CML은 투자자가 선택할 수 있는 최적의 위험과 수익률의 조합을 나타내기 때문에 합리적 투자자라면 자신의 위험회피성향을 고려해 CML상의 투자 포트폴리오 중 하나를 선택하는 것이 최선이다. 시장포트폴리오는 현대 포트폴리오 이론의 핵심 개념으로, 모든 위험 자산이 시가총액에 비례하는 방식으로 결합된 포트폴리오를 말한다. 다시 말해, 시장포트폴리오는 이론적으로 주식, 채권, 부동산, 원자재 등 시장에서 거래되는 모든 종류의 위험 자산을 포함한다. 한마디로 완벽한 분산투자 포트폴리오다. 각 자산의 비중은 그 자산이 전체 시장에서 차지하는 비중으로 결정된다.

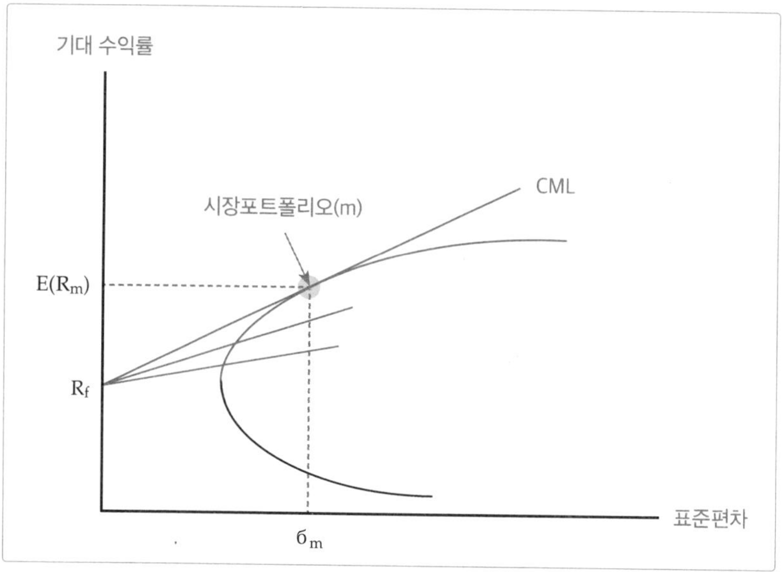

시장포트폴리오는 이론상 모든 투자 가능한 위험 자산의 평균을 대표한다고 볼 수 있으며, 분산투자 효과가 극대화된 특별한 포트폴리오로 그 어떤 포트폴리오보다 안정적인 수익률을 기대할 수 있다는 이점을 가진다. 실무에서는 주식시장을 대표하는 시장지수를 시장포트폴리오의 대용으로 많이 사용한다.

CML은 특정한 위험 수준에서 최대 기대 수익률(다른 모든 CAL 기대 수익률보다 우위)을 얻는 포트폴리오들의 집합임과 동시에 포트폴리오 위험과 기대 수익률 간의 긍정적 선형 관계를 명확히 보여 준다. CML은 다음과 같은 공식으로 표현할 수 있다.

$$E(R_p) = R_f + \frac{E(R_m) - R_f}{\sigma_m} \sigma_p$$

R_f는 무위험 수익률(무위험 이자율), $E(R_m)$는 시장포트폴리오 기대 수익률, σ_m는 시장포트폴리오 표준편차, σ_p는 개별 포트폴리오(무위험 자산과 시장포트폴리오 조합) 표준편차이다.

자본자산가격결정모형(CAPM)

CML의 개념을 개별 증권에 적용하면 CAPM이 도출된다. CML과 CAPM 모두 무위험 수익률과 시장포트폴리오 기대 수익률을 기반으로 하지만 CML은 포트폴리오의 총체적 위험(σ_p)을 다루고 CAPM은 시장포트폴리오 수익률과 개별 증권(예: 주식)의 기대 수익률 사이의 공분산에 기반한 체계적 위험을 다룬다. CAPM을 가장 많이 활용하는 증권은 주식이므로 앞으로 증권이라는 표현 대신 주식이라는 용어를 사용하도록 하겠다. 체계적 위험(시장위험)은 베타(β)로 표현되며 개별 주식의 수익률이 시장포트폴리오 수익률 변화에 얼마나 민감하게 반응하는지를 나타내는 지표다. 베타를 구하는 공식은 $\frac{\sigma^2_{RiRm}}{\sigma^2_m}$이다. 분자는 개별 주식 수익률($R_i$)과 시장포트폴리오 수익률($R_m$) 간 공분산($\sigma^2_{RiRm}$)이며 분모는 시장포트폴리오의 분산($\sigma^2_m$)이다. 베타 공식에서 알 수 있듯이 CAPM에서 시장포트폴리오의 베타(β_m)는 1로 정의된다. CAPM 공식은 CML 공식에서 사용된 총체적 위험 지표인 σ_m과 σ_p를 시장위험의 상대적 지표인 β_m과 β_i(개별 주식 i의 베타)로 대체해 도출한다.

$$E(R_i) = R_f + \frac{E(R_m) - R_f}{\beta_m}\beta_i$$

시장포트폴리오 베타는 1이므로 위 식은 다음과 같은 CAPM 공식으로 간략하게 표현할 수 있다.

$$E(R_i) = R_f + \beta_i \times (E(R_m) - R_f)$$

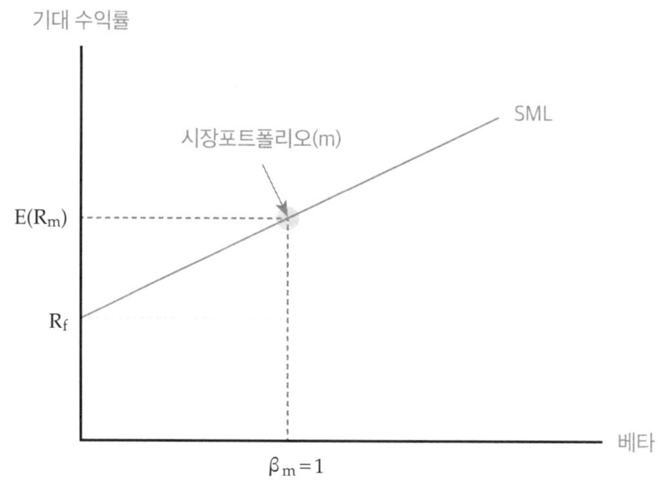

CAPM을 그래프로 표현하면 증권시장선(Security Market Line, SML)이 된다.

CAPM은 자산가격 결정의 중요한 이론적 틀을 제공하지만, CAPM 예측 수익률과 실제 주식 수익률은 종종 큰 차이를 보인다. 이러한 괴리를 줄이기 위해 다양한 변형 모형이 개발되었다. 파마-프렌치 3요인 모형(Fama-French Three-Factor Model, FF3M), 차익거래가격결정이론(Arbitrage Pricing Theory, APT), 행동경제학적 CAPM(Behavioral CAPM, BCAPM) 등이 CAPM의 기본 가정을 수정하거나 추가 요소를 포함해 개발된 대표적인 수정 모형이다.

FF3M은 CAPM이 시장위험만을 고려하는 것에 대한 한계를 지적하며, 기업 규모(Size)와 자기자본의 장부가격 대 시장가격 비율(Book to Market Ratio, B/P)을 추가적인 위험 요인(β_{size}, $\beta_{\frac{B}{P}}$)으로 제시했다. 금융 및 통계 분석 전문가인 마크 카하트(Mark Carhart)는 FF3M에 모멘텀 요인(Momentum Factor)을 위험 요인(β_{mnt})으로 추가해 카하트 4요인 모형을 만들었다.

APT는 더 다양한 위험 요인들이 자산의 수익률에 영향을 미친다고 가정한다. APT에서 고려하는 몇 가지 대표적인 위험 요인에는 시장위험, 이자율 위험, 인플레이션 위험, 산업 위험, 경제성장 위험, 통화 위험, 정치 위험, 유동성 위험 등이 포함된다.

BCAPM은 전통적인 CAPM에 다양한 행동경제학적 행동 특성을 통합한 모형이다. 하지만 BCAPM은 표준화된 단일 수학 공식으로 존재하지 않는다. 이 모형의 주요 취지는 투자자의 비합리적 행동과 심리가 시장과 자산 가격에 미치는 영향을 고려하는 것이다. CAPM은 시장 참여자들이 완전히 합리적이고 정보를 완벽하게 처리할 수 있다고 가정하는 반면, BCAPM은 편향과 휴리스틱, 투자자 감정, 제한된 합리성이라는 시장 참여자의 실제 성향을 고려해 CAPM의 각 요인을 조정하는 접근 방식을 제시한다. 예를 들어, CAPM의 β_i를 그대로 사용하는 대신 행동경제학적 요인(예: 시장 센티멘트, 팬데믹 공포)의 영향을 반영해 조정된 베타, 즉 $\beta_{adjusted}$를 적용해 기대 수익률을 산출한다.

핀테크 6단계 분석

효율적 투자선과 샤프비율

포트폴리오 관리의 시작은 포트폴리오 내 개별 자산(예: 주식, 채권)의 수익률과 표준편차, 그리고 이들을 결합한 포트폴리오 차원의 수익률과 표준편차를 구하는 것이다. 그래야 효율적 포트폴리오를 구성하는 전략을 수립할 수 있다. 두 가상 기업의 주식[배트일렉(주) 주식과 로빈일렉(주)(Rhobin Electron Inc.) 주식]으로 이루어진 포트폴리오의 수익률과 표준편차를 구해 보자. 이를 위해 먼저 개별 주식의 수익률과 표준편차를 구해야 한다.

"업로드한 배트일렉(주)과 로빈일렉(주)의 일일 조정 종가 데이터를 이용해 두 주식의 평균(기대) 수익률과 표준편차를 계산해 줘. 정확한 수치를 입력했는지 더블체크도 해 줘. 계산 과정도 상세히 보여 줘."

계산 과정

- 일일 수익률 계산
  - 공식: $\text{일일 수익률} = \dfrac{\text{당일의 조정 종가} - \text{전일의 조정 종가}}{\text{전일의 조정 종가}}$

    이를 수식으로 표현하면: $R_t = \dfrac{P_t - P_{t-1}}{P_{t-1}} = \dfrac{P_t}{P_{t-1}} - 1$

    여기서 R_t는 t일의 수익률, P_t는 t일의 조정 종가입니다.

- 평균 수익률 계산
  - 공식: 평균 수익률 $= \frac{1}{N} \sum_{t=1}^{N} R_t$

    N은 전체 거래 일수입니다.
- 표준편차(변동성) 계산
  - 공식: $\sigma = \sqrt{\frac{1}{N-1} \sum_{t=1}^{N} (R_t - \mu)^2}$

    여기서 μ는 평균 수익률, σ는 수익률의 표준편차입니다.

계산 결과

- 배트일렉(주)
  - 평균(기대) 일일 수익률: 0.0925%
  - 표준편차(변동성): 1.44%
- 로빈일렉(주)
  - 평균(기대) 일일 수익률: -0.0365%
  - 표준편차(변동성): 1.75%

포트폴리오 차원의 표준편차를 구하려면 포트폴리오 내 개별 자산 간 상관계수(ρ_{R_i,R_j})가 추가로 필요하다. 배트일렉 주식과 로빈일렉 주식으로 구성된 포트폴리오의 상관계수를 구해 보자.

"배트일렉과 로빈일렉의 일일 조정 종가를 토대로 계산한 각 주식의 일일 수익률을 이용해 두 수익률 간 상관관계 계수를 계산해 줘. 계산 과정도 상세히 기술해 줘."

계산 과정

- 일일 수익률 계산

  두 주식의 조정 종가를 이용해 일일 수익률을 계산했습니다.
- 공분산 계산

  배트일렉과 로빈일렉의 일일 수익률 간 공분산 값은 0.00008972입니다.

- 공분산 공식: $COV(R_{배트}, R_{로빈}) = \frac{1}{N-1}\sum_{t=1}^{N}(R_{t,배트} - \mu_{배트})(R_{t,로빈} - \mu_{로빈})$

여기서

- N은 전체 거래 일수,
- $R_{t,배트}$와 $R_{t,로빈}$은 각각 배트일렉과 로빈일렉의 t일의 수익률
- $\mu_{배트}$와 $\mu_{로빈}$은 각각 배트일렉과 로빈일렉의 평균 수익률입니다.

• 표준편차 계산
  - 배트일렉의 일일 수익률 표준편차는 0.0144(1.44%)입니다.
  - 로빈일렉의 일일 수익률 표준편차는 0.0175(1.75%)입니다.

• 상관관계 계수 계산
  - 공분산과 표준편차를 이용하여 상관관계 계수를 계산했습니다.
  - 상관관계 계수 공식: $r = \frac{COV(R_{배트}, R_{로빈})}{\sigma_{배트} \cdot \sigma_{로빈}}$

  여기서

  - r은 배트일렉과 로빈일렉의 일일 수익률 간의 상관관계 계수
  - $COV(R_{배트}, R_{로빈})$은 두 주식의 일일 수익률 간의 공분산
  - $\sigma_{배트}$와 $\sigma_{로빈}$은 각각 배트일렉과 로빈일렉의 일일 수익률의 표준편차입니다.

  계산 과정: $r = \frac{0.00008972}{0.0144 \times 0.0175} \approx 0.357$

• 계산 결과
  계산된 상관관계 계수는 0.357입니다. 이는 두 주식의 일일 수익률이 양의 상관관계를 가지고 있음을 의미합니다. 즉, 배트일렉의 수익률이 상승할 때 로빈일렉의 수익률도 상승하는 경향이 있습니다.

개별 주식의 수익률, 표준편차, 상관관계 계산을 끝냈으니 포트폴리오(배트일렉+로빈일렉) 차원에서의 수익률과 표준편차를 산출할 준비가 됐다.

"투자금의 40%는 배트일렉 주식, 나머지 60%는 로빈일렉 주식에 투자한다고 가정하고 두 주식으로 구성된 포트폴리오의 기대 수익률과 표준편차를 계산해 줘."

포트폴리오의 기대 수익률 계산

포트폴리오의 기대 수익률 $E(R_p)$는 각 자산의 기대 수익률과 해당 자산의 포트폴리오 내 비중을 곱한 값의 합으로 계산됩니다.

$$E(R_p) = \omega_1 \cdot E(R_1) + \omega_2 \cdot E(R_2)$$

여기서

- $\omega_1 = 0.4$(배트일렉 비중)
- $\omega_2 = 0.6$(로빈일렉 비중)
- $E(R_1) = 0.000924959$(배트일렉의 평균 일일 수익률)
- $E(R_2) = -0.000364565$(로빈일렉의 평균 일일 수익률)

이를 계산하면

$$E(R_p) = (0.4 \times 0.000924959) + (0.6 \times -0.000364565) = 0.000151244$$

따라서 포트폴리오의 기대 수익률은 약 0.0151%입니다.

포트폴리오의 표준편차 계산

포트폴리오의 표준편차 σ_p는 다음과 같이 계산됩니다.

$$\sigma_p = \sqrt{\omega_1^2 \cdot \sigma_1^2 + \omega_2^2 \cdot \sigma_2^2 + 2 \cdot \omega_1 \cdot \omega_2 \cdot \sigma_1 \cdot \sigma_2 \cdot Corr(R_1, R_2)}$$

이 공식을 사용하여 계산하면, 포트폴리오의 표준편차는 약 1.3644%입니다.

최종 계산 결과

- 포트폴리오의 기대 수익률: 약 0.0151%
- 포트폴리오의 표준편차: 약 1.3644%

임의로 정한 상대적 투자 비중(배트일렉 40%, 로빈일렉 60%) 대신 최소의 위험(표준편차)으로 최대의 수익률을 내는 최적의 투자 비중도 알고 싶다. 인공지능이 최적의 투자 비중도 찾아줄 수 있는지 실험해 보자. 먼저 두 주식의 상대적 비중을 변화시키며 가능한 모든 조합을 측정한 후 그래프로 그려 효율적 투자선을 찾아보자.

"두 주식으로 만들 수 있는 포트폴리오들의 수익률과 표준편차를 모두 계산해 그래프로 그려 줘. 최소 분산 포트폴리오를 기준으로 효율적 포트폴리오와 비효율적 포트폴리오를 다른 색상으로 구분해서 표시해 줘."

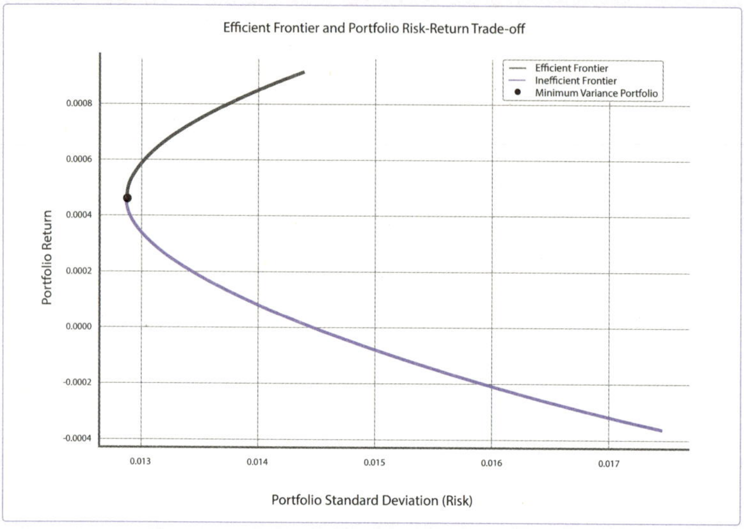

투자자들은 자신의 위험에 대한 태도(위험회피성향)에 따라 효율적 투자선 위의 한 점을 선택한다. 위험회피성향이 중립(위험회피나 위험추구 어느 쪽도 아닌 상태)임을 가정할 때는 샤프비율(Sharpe Ratio)을 이용해 최적의 포트폴리오를 찾을 수 있다.

"배트일렉과 로빈일렉 조합으로 만든 포트폴리오 중 샤프비율 기준으로 볼 때 최적의 포트폴리오는 무엇이지? 계산 과정을 자세히 보여 줘. 무위험 이자율은 10년 만기 국채 이자율을 검색해서 사용해 줘. 그리고 최적의 포트폴리오를 효율적 투자선 위에 별표로 표시해 줘."

무위험 이자율 변환

한국의 10년 만기 국채 이자율 2.946%를 일일 이자율로 변환합니다. 변환 과정은 다음과 같습니다.

$$R_f(daily) = \frac{R_f\,(annual)}{252}$$

여기서

- $R_f(annual) = 0.02946$(연간 이자율 2.946%)
- 252는 연간 거래일수입니다.

이를 계산하면

$$R_f(daily) = \frac{0.02946}{252} \approx 0.000117$$

따라서 일일 무위험 이자율은 약 0.0117%입니다.

샤프비율 계산

샤프비율은 포트폴리오의 초과 수익률을 리스크(표준편차)로 나눈 값입니다. 공식은 다음과 같습니다.

$$\text{Sharpe Ratio} = \frac{E\,(R_p) - R_f\,(daily)}{\sigma_p}$$

여기서

- $E(R_p)$는 포트폴리오의 기대 수익률
- $R_f(daily)$는 변환된 일일 무위험 이자율
- σ_p는 포트폴리오의 표준편차입니다.

최적 포트폴리오 찾기

모든 포트폴리오의 샤프비율을 계산한 후, 샤프비율이 가장 높은 포트폴리오를 선택합니다. 이 포트폴리오가 리스크 대비 가장 높은 수익률을 제공하는 포트폴리오, 즉 최적의 포트폴리오가 됩니다.

최적 포트폴리오의 배트일렉과 로빈일렉의 투자 비중

최적의 포트폴리오에서 배트일렉과 로빈일렉의 비중을 계산합니다.

결과 및 그래프

최적의 포트폴리오를 그래프에 표시하고, 샤프비율이 가장 높은 포트폴리오를 효율적 투자선 위에 별표로 표시하겠습니다.

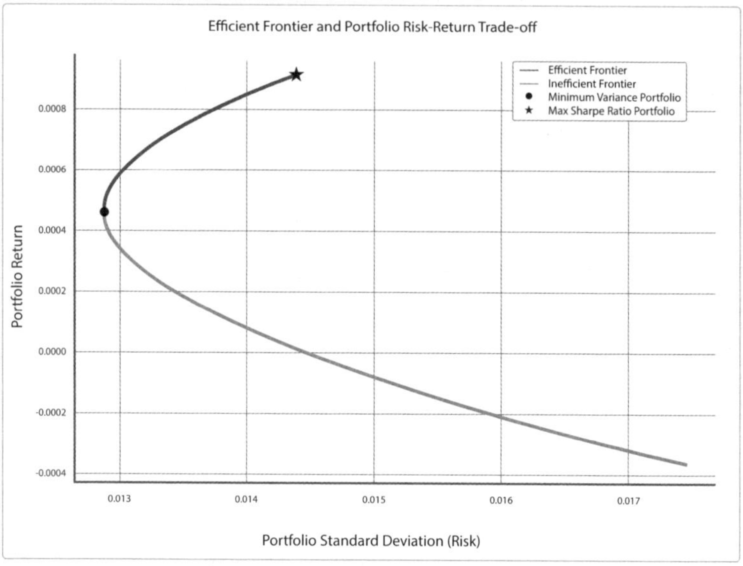

최종 결과

- 기대 수익률: 0.0925%
- 표준편차: 1.44%
- 배트일렉 투자 비중: 100%
- 로빈일렉 투자 비중: 0%

이 경우 샤프비율을 극대화하는 최적의 조합은 배트일렉 100%, 로빈일렉 0%이다. 하지만 최적 조합은 배트일렉과 로빈일렉 각각의 기대 수익률과 수익률 간 상관관계에 따라 수시로 변한다. 예를 들어, 주가 수집 기간이 바뀌면 최적의 포트폴리오 조합도 지금과 매우 다를 가능성이 크다. 핀테크 포트폴리오 분석도 한국거래소 정보데이터시스템의 주가 데이터를 활용해 반드시 검증해 볼 것을 권고한다.

샤프비율은 포트폴리오의 초과 수익률(포트폴리오 수익률－무위험 수익률)을 포트폴리오의 전체 위험(표준편차)으로 나눈 값으로 전체 위험을 고려하기 때문에 포트폴리오가 분산투자되지 않은 경우, 즉 개별 주식이나 특정 자산군에 집중된 경우에 유용하다. 위와 동일한 방법으로 세 개 또는 그 이상의 주식으로 이루어진 포트폴리오의 효율적 투자선과 샤프비율 기준 최적 포트폴리오를 찾을 수 있다. 업로드하는 파일 수가 늘어나는 것 외에는 별 차이가 없다.

CAPM 기대 수익률과 트레이노비율

기업의 시장위험을 가늠하는 베타는 금융 웹사이트(예: 네이버 금융, 다음 금융, 야후 파이낸스)를 검색해 쉽게 찾을 수 있다. 또한 간단한 회귀분석 모형이나 베타 공식을 적용해 직접 계산도 가능하다. 같은 기간(2023년 5월 15일~2024년 5월 13일) 배트일렉 일일 조정 종가와 시장지수(예: 코스피 종합주가지수)를 이용해 배트일렉의 베타를 추정해 보자. 배트일렉 주가와 마찬가지로 시장지수 데이터도 가상의 수치들(실제 코스피 종합주가지수와 유사)로 구성돼 있다. 독자들은 한국거래소 정보데이터시스템이 제공하는 주가 및 시장지수 정보를 이용하면 된다.

"같은 기간 배트일렉과 시장지수의 일일 조정 종가 데이터야. 먼저 주어진 데이터로부터 배트일렉과 시장지수의 일일 수익률을 계산하고 시장 모형을 이용해 배트일렉의 베타를 추정해 줘. 계산 과정도 상세히 보여 줘."

일일 수익률 계산

먼저, 배트일렉과 시장지수의 일일 수익률을 각각 계산했습니다. 일일 수익률은 각 주식의 조정 종가를 이용하여 아래와 같이 계산되었습니다.

$$\text{일일 수익률} = \frac{\text{당일의 조정 종가} - \text{전일의 조정 종가}}{\text{전일의 조정 종가}}$$

배트일렉의 베타 계산

베타는 다음과 같이 계산됩니다.

$$\beta = \frac{COV(R_{배트}, R_{시장})}{Var(R_{시장})}$$

여기서

- $COV(R_{배트}, R_{시장}) = 9.6418 \times 10^{-5}$(배트일렉과 시장지수의 일일 수익률 간의 공분산)
- $Var(R_{시장}) = 0.0001055$(시장지수의 일일 수익률 분산)

이를 통해 배트일렉의 베타는 약 0.914로 계산되었습니다.

베타 값을 이와 같이 직접 계산할 수 있지만 야후 파이낸스와 같은 금융 사이트에서 손쉽게 수집할 수도 있다. 배트일렉은 가상 기업이라 검색이 불가하므로 대신 삼성전자의 베타 검색을 요청해 보자.

"야후 파이낸스에서 삼성전자의 베타를 검색해서 보여 줘."

삼성전자의 베타는 약 0.93으로 나타났습니다. 이 값은 삼성전자가 시장 전체(시장지수)에 비해 다소 낮은 변동성을 가지고 있음을 의미합니다.

베타 값이 1보다 작다는 것은 삼성전자가 시장지수에 비해 덜 민감하게 반응한다는 것을 의미합니다.

비록 잘 알려진 금융 사이트에서 제공한 통계 수치이지만 전적인 신뢰는 삼가야 한다. 금융 사이트가 사용하는 자료와 계산 방식에 따라 베타 값도 달라지기 때문이다. 예를 들어, 야후 파이낸스, 네이버 금융, 다음 금융이 제공하는 삼성전자 베타 값은 모두 다를 뿐만 아니라 때때로 상당한 격차를 보인다. 따라서 챗GPT 검색으로 얻은 삼성전자 베타 값 0.93은 여러 예측치 중 하나로 취급하는 것이 바람직하다.

이제 자본자산결정모형을 활용해 배트일렉 주식의 기대 수익률을 추정해 보자. CAPM 적용에 필요한 정보를 모두 수집하도록 상세한 지시가 필요하다.

"배트일렉의 베타 값, 10년 만기 한국 국채 이자율, 시장지수의 평균 수익률, 그리고 자본자산가격결정모형(CAPM)을 이용해 배트일렉 주식의 기대 수익률을 계산해 줘. 시장지수 평균 수익률은 2023년 5월 15일(한 해 기간 첫날) 주가지수(2,479.35)와 2024년 5월 13일(한 해 기간 마지막 날) 주가지수(2,727.21)를 사용해 계산한 수치를 사용해 줘."

시장지수의 평균 수익률 계산

첫날 주가지수: 2,479.35

마지막 날 주가지수: 2,727.21

- 평균 수익률 계산

$$\text{평균 수익률} = \frac{2{,}727.21}{2{,}479.35} - 1$$

- 계산 결과

$$\text{평균 수익률} = 0.09997(\text{약 } 10.00\%)$$

자본자산가격결정모형(CAPM)을 이용한 배트일렉 주식의 기대 수익률 계산

CAPM 공식

$$E(R_{\text{배트}}) = R_f + \beta \times (R_m - R_f)$$

여기서

- $R_f = 2.946\%$(10년 만기 한국 국채 이자율)
- $\beta = 0.914$(배트일렉의 베타 값)
- $R_m = 10.00\%$(시장지수의 평균 수익률)

이를 바탕으로 배트일렉의 기대 수익률 계산

$$E(R_{\text{배트}}) = 0.02946 + 0.914 \times (0.1000 - 0.02946) = 0.09393(9.393\%)$$

이렇게 산출한 기대 수익률은 앞으로 1년간 배트일렉 주식의 예상 수익률로 사용된다. 투자자의 입장에서는 배트일렉 주식을 매입해 1년 후 매도

할 때 얻을 것으로 예상하는 최소한의 수익률이므로 배트일렉 주식 가치를 평가할 때 주식이 창출하는 미래 현금흐름을 현재가치화하는 할인율이기도 하다. 기업의 관점에서는 주식 발행(자기자본)으로 자금조달을 성공적으로 하기 위해 주주들에게 제공해야 하는 최소한의 수익률이므로 자기자본비용의 대용치가 된다. 기업가치평가나 주식가치평가 과정에서 필수적인 정보 중 하나이니 반드시 알아 둬야 할 과정이다. CAPM 외에도 FF3M, APT, BCAPM 모형을 활용해 주식의 기대 수익률을 계산할 수 있는데, 기업 규모, 시장가치 비율, 모멘텀, 편향 등의 추가 요인을 필요로 한다. 정보 수집 과정이나 계산 과정도 훨씬 복잡할 수밖에 없다. 하지만 기대 수익률 계산 원리는 CAPM과 별 차이가 없으므로 정보 수집만 이루어진다면 계산은 인공지능 플랫폼에서 간단한 프롬프트로 실행하면 된다.

샤프비율과 마찬가지로 트레이노비율(Treynor Ratio)은 투자 포트폴리오의 성과를 평가하는 데 사용되는 주요 지표다. 두 비율은 모두 위험 조정 수익률을 측정하지만, 사용하는 위험 척도가 다르기 때문에 적용 상황이 다르다. 샤프비율은 포트폴리오의 초과 수익률을 포트폴리오의 전체 위험, 즉 표준편차로 나누어 계산하기 때문에 포트폴리오의 전반적인 성과를 평가하고, 분산되지 않은 포트폴리오나 개별 자산의 성과를 비교할 때 적합하다. 반면, 트레이노비율은 포트폴리오의 초과 수익률을 포트폴리오의 체계적 위험, 즉 베타로 나누어 계산한다. 즉, 트레이노비율은 체계적 위험만을 고려하기 때문에, 잘 분산된 포트폴리오의 성과를 평가하는 데 적합하다. 이 비율이 높을수록 위험 대비 수익률이 더 우수함을 나타내지만, 비체계적 위험을 무시하기 때문에 분산되지 않은 포트폴리오 평가에는 적절치 않다.

앞서 배트일렉 주식 40%와 로빈일렉 주식 60%로 구성된 포트폴리오의 기대 수익률과 표준편차를 구한 것처럼 이번에는 CAPM을 활용해 각 주식의 기대 수익률을 구한 후 40-60 포트폴리오의 기대 수익률과 베타를 구할 수 있다. 이를 위해 로빈일렉의 기대 수익률과 베타를 먼저 구해 보자.

"온라인 검색으로 찾은 로빈일렉의 베타 값은 1.26이야(가정). 10년 만기 한국 국채 이자율, 시장지수의 평균 수익률, 그리고 자본자산가격결정모형(CAPM)을 이용해 로빈일렉 주식의 기대 수익률을 계산해 줘. 시장지수 평균 수익률은 이전에 계산한 10%를 사용하면 돼."

- 사용된 정보
  - 로빈일렉의 베타: 1.26
  - 10년 만기 한국 국채 이자율(무위험 이자율, R_f): 2.946%
  - 시장지수의 평균 수익률(R_m): 10.00%
- CAPM 공식
  CAPM에 따른 기대 수익률을 계산하는 공식은 다음과 같습니다.

$$E(R_{로빈}) = R_f + \beta \times (R_m - R_f)$$

- CAPM 공식에 수치 대입

$$E(R_{로빈}) = 0.02946 + 1.26 \times (0.1000 - 0.02946)$$

- 계산

$$\begin{aligned} E(R_{로빈}) &= 0.02946 + 1.26 \times 0.07054 \\ &= 0.02946 + 0.08888 \approx 0.11834(\text{또는 } 11.83\%) \end{aligned}$$

배트일렉과 로빈일렉이 40-60 비율로 결합된 포트폴리오의 기대 수익률과 베타는 두 주식을 가중평균해 산출한다.

"투자금의 40%는 배트일렉 주식, 나머지 60%는 로빈일렉 주식에 투자한다고 가정하고 두 주식으로 구성된 포트폴리오의 기대 수익률과 베타를 계산해 줘. 배트일렉의 기대 수익률은 9.5%, 베타는 0.93(온라인 검색 가정)이야."

포트폴리오의 기대 수익률 계산

포트폴리오의 기대 수익률 E(R)는 각 자산의 기대 수익률과 해당 자산의 포트폴리오 내 비중을 곱한 값의 합으로 계산됩니다.

$$E(R_p) = \omega_{배트} \cdot E(R_{배트}) + \omega_{로빈} \cdot E(R_{로빈})$$

여기서

- $\omega_{배트}$ = 0.4(배트일렉 비중)
- $\omega_{로빈}$ = 0.6(로빈일렉 비중)
- $E(R_{배트})$ = 9.5%(배트일렉의 기대 수익률)
- $E(R_{로빈})$ = 11.83%(로빈일렉의 기대 수익률)

이를 계산하면

$$E(R_p) = (0.4 \times 0.095) + (0.6 \times 0.1183)$$
$$= 0.038 + 0.07098 = 0.10898(또는 10.90\%)$$

포트폴리오의 베타 계산

포트폴리오의 β_p는 각 자산의 베타와 해당 자산의 포트폴리오 내 비중을 곱한 값의 합으로 계산됩니다.

$$\beta_p = (\omega_{배트} \cdot \beta_{배트}) + \omega_{로빈} \cdot \beta_{로빈}$$

여기서

- $\beta_{배트}$ = 0.93(배트일렉의 베타)
- $\beta_{로빈}$ = 1.26(로빈일렉의 베타)

이를 계산하면

$$\beta_p = (0.4 \times 0.93) + (0.6 \times 1.26)$$
$$= 0.372 + 0.756 = 1.128$$

효율적 투자선과 샤프비율 섹션에서는 포트폴리오 수익률, 표준편차, 그리고 포트폴리오 구성 주식(배트일렉과 로빈일렉) 간 구성비율을 달리하며 효율적 투자선을 그리고 샤프비율을 이용해 최적 포트폴리오를 판별했다. 여기에서는 포트폴리오 표준편차 대신 베타를 이용하고 구성 주식 간 가중치를 변화시킬 때 포트폴리오 기대 수익률과 베타가 어떻게 반응하는지 살펴보자.

"배트일렉과 로빈일렉 간 포트폴리오 구성비를 40-60이 아닌 0-100부터 시작해서 100-0까지 10%씩 변화시키며 포트폴리오 기대 수익률과 베타를 계산해 줘. 더불어, 트레이노비율도 계산해 줘. 계산 결과는 표에 요약해 줘. 트레이노비율 분석이 제시하는 최적의 포트폴리오 구성비율도 알려 줘."

배트일렉과 로빈일렉의 기본 정보

- 배트일렉의 기대 수익률: 9.5%
- 배트일렉의 베타: 0.93
- 로빈일렉의 기대 수익률: 11.83%
- 로빈일렉의 베타: 1.26

트레이노비율 공식

트레이노비율은 포트폴리오의 초과 수익률을 베타로 나눈 값으로, 다음과 같이 계산됩니다.

$$\text{Treynor Ratio} = \frac{E(R_p) - R_f}{\beta_p}$$

여기서

- $E(R_p)$는 포트폴리오의 기대 수익률
- R_f는 무위험 이자율(2.946%)
- β_p는 포트폴리오의 베타

포트폴리오 구성비율에 따른 결과

배트일렉 비중	로빈일렉 비중	포트폴리오 기대 수익률	포트폴리오 베타	트레이노비율
0.0	1.0	11.83%	1.260	0.070508
0.1	0.9	11.60%	1.227	0.070505
0.2	0.8	11.36%	1.194	0.070503
0.3	0.7	11.13%	1.161	0.070500
0.4	0.6	10.90%	1.128	0.070496
0.5	0.5	10.67%	1.095	0.070493
0.6	0.4	10.43%	1.062	0.070490
0.7	0.3	10.20%	1.029	0.070486

0.8	0.2	9.97%	0.996	0.070482
0.9	0.1	9.73%	0.963	0.070478
1.0	0.0	9.50%	0.930	0.070473

최적의 포트폴리오 구성비율

트레이노비율이 가장 높은 포트폴리오 구성비율은 배트일렉 0%, 로빈일렉 100%로 나타났습니다. 이 비율에서 트레이노비율이 가장 높아, 리스크 대비 가장 높은 수익률을 제공합니다.

챗GPT가 배트일렉 0%, 로빈일렉 100%를 최적의 포트폴리오 구성비율이라고 제시했지만, 트레이노비율 간의 미묘한 차이는 소수점 이하 수치를 사용하는 방식에 따른 오차에 불과하다. 이 경우 배트일렉과 로빈일렉 기대 수익률 모두 CAPM 공식을 이용해 산출되었기 때문에 포트폴리오 기대 수익률은 두 주식의 선형적 결합(단순 가중평균)이다. 따라서 트레이노비율이 CAPM의 기울기를 반영해야 하므로 포트폴리오 구성비율이 변하더라도 트레이노비율은 변하지 않는다. 즉, 배트일렉과 로빈일렉의 기대 수익률과 베타의 단순 결합으로 구성되는 모든 포트폴리오는 똑같은 기울기를 갖는다. 그러므로 트레이노비율 분석에 따른 최적 포트폴리오는 투자자의 위험에 대한 태도에 따라 달라진다. 두 개의 주식으로 이루어진 포트폴리오가 분산이 잘되었다고 볼 수 없으므로 트레이노비율을 이용해 최적 포트폴리오를 찾는 것은 적합하지 않다. 이 경우에는 샤프비율이 더 유용하다고 할 수 있다.

트레이노비율이 이론적으로 같아야 한다는 주장의 타당성을 확인하기 위해 챗GPT에게 검증을 요청했다.

"이론적으로 보면 두 회사의 구성 비중과 상관없이 트레이노비율은 동일해야 맞는 것 아닌가? 트레이노비율이 CAPM의 기울기이므로 기대 수익률과 베타가 달라져도 모두 같은 CAPM선(즉, 증권시장선, SML)상에 놓여 있는 포트폴리오들이잖아? 재확인해서 정확히 알려 줘."

> 맞습니다. 이론적으로, 동일한 시장 내에서 투자되는 포트폴리오의 트레이노비율은 포트폴리오의 구성 비중과 상관없이 동일해야 합니다. 이는 트레이노비율이 자본자산가격결정모형(CAPM)의 기울기, 즉 증권시장선(SML)의 기울기와 같기 때문입니다.
>
> 증권시장선(SML)상에서, 각 포트폴리오의 기대 수익률은 베타에 비례하여 결정되며, 이 선 위에 있는 모든 포트폴리오는 동일한 트레이노비율을 가져야 합니다. 따라서 배트일렉과 로빈일렉의 비중이 변하더라도, 포트폴리오의 트레이노비율은 동일해야 합니다.
>
> 재확인한 결과, 포트폴리오의 트레이노비율은 0.0705로 계산되었습니다. 이 값은 포트폴리오의 구성 비중에 관계없이 일정해야 합니다. 따라서 배트일렉과 로빈일렉의 비중을 어떻게 조합하든지, 이론적으로 모든 포트폴리오는 동일한 트레이노비율을 가져야 합니다.

프롬프트 실행 결과 모든 조합의 트레이노비율이 같아야 한다는 재확인을 받았다. 하지만 배트일렉과 로빈일렉 기대 수익률이 CAPM 공식이 아닌 다른 방식(예: 과거 수익률 평균, 재무 분석가 예측)으로 추정되었다면, 포트폴리오 구성비율에 따른 트레이노비율은 CAPM 기울기와 같지 않았을 것이다.

핀테크 재무 분석은 인공지능에게 의존해 의사결정을 하는 접근법이 아니다. 인공지능과의 협업을 통해 의사결정의 질을 향상하려는 노력이다. 인간의 이론적 · 논리적 · 이성적 추론은 핀테크 재무 분석의 필수 구성 요소임을 명심하자.

Part VI

비정형 데이터 분석

1. 주제모델링
2. 내용분석
3. 맥락분석
4. 센티먼트분석
5. 핀테크 6단계 분석

전통적인 경제학에서는 '경제적 인간'이라는 개념을 통해 인간을 이기적이고 합리적인 존재로 본다. 경제적 인간은 감정이나 휴리스틱에 영향받지 않고, 편향되지 않은 이성을 기반으로 최적의 선택을 한다. 슈퍼컴퓨터처럼 계산하고, 아인슈타인처럼 과학적으로 사고하며, 인공지능처럼 차가운 이성을 소유한 존재로 여겨진다. 그러나 실제 인간의 모습은 경제적 인간과 거리가 멀다. 인간의 판단과 선택은 합리적인 결정을 내리는 데 있어 주요한 장애물인 휴리스틱과 편향, 감정, 자연 및 사회 환경, 문화에 의해 크게 영향을 받는다. 따라서 인지, 판단, 선택 오류는 피할 수 없다. 최소화하거나 역이용하는 전략이 상책이다.

재무 분석의 주된 목표는 기업의 가치를 극대화하는 것이다. 이 목표를 달성하기 위해 기업은 다양한 투자, 영업, 자금조달 활동을 수행한다. 그러나 이러한 활동을 실행하는 주체는 결국 인간이다. 따라서 기업 활동을 제대로 이해하고 올바른 의사결정을 내리기 위해서는 인간에 대한 깊은 이해가 선행돼야 한다. 인간의 본성, 행동, 동기 등을 고려하지 않고서는 재무 분석을 올바르게 이해하고 적용하는 것이 어렵다. 재무관리자는 인간의 본성, 심리적 편향, 행동 방식을 인식하고 이를 바탕으로 균형 잡힌 의사결정을 하는 습관을 길러야 한다. 이러한 습관은 판단 오류를 최소화하고 재무 분석의 목표를 달성하기 위한 필수 조건이다. 재무 분석은 단순히 숫자, 계산, 수학적 · 통계적 해석에 치중하는 것이 아니라, 인간의 본성과 심리까지 반영하는 통합적 접근법임을 잊지 말자.

인간의 사고방식은 크게 두 가지 시스템으로 나뉜다. 직관이라고 불리는 시스템 1은 본능적 · 자동반사적 · 감정적 사고를 담당하며, 복잡하고 어려운 계산과 분석을 기피하고, 간단하고 빠른 해결책을 선호한다. 이로 인해 다양한 오류를 범한다. 반면, 이성이라고 불리는 시스템 2는 이성적 · 분석적 사고를 담당하며, 느리고 수동적으로 작동한다. 시스템 2는 의식적이고 신중한 노력을 필요로 하며, 복잡하고 어려운 문제를 해결하는 데 적합하다.

직관과 이성은 명확한 장단점을 지니고 있다. 두 가지 사고 방식을 적절히 조화롭게 사용해야 서로의 단점을 보완하며 재무 분석의 신뢰성, 타당성, 효용성을 향상한다. 이러한 균형 잡힌 접근 방식은 기업이나 개인의 장기적인 가치나 부를 증가시키고, 위험을 최소화하는 효율적인 재무의사결정을 주도한다.

지금까지 살펴본 재무 데이터 분석법은 대부분 정형(Structured) 데이터와 시스템 2를 활용하는 접근법이다. 물론 시스템 1의 영향이 재무 데이터 안에 잠재돼 있지만 전형적인 재무 데이터 분석을 통해 드러나거나 분리되지 않는다. 재무 데이터 분석의 명확한 한계다. 이를 보완하는 접근법이 비정형(Unstructured) 데이터 분석이다. 비정형 데이터는 전통적인 데이터베이스나 스프레드시트에서 볼 수 있는 행과 열의 정형화된 구조나 형식을 가진 데이터(정형 데이터)와 대조되는 개념으로 특정한 구조나 형식이 정해져 있지 않은 데이터를 의미한다. 사업보고서나 연구보고서 내 텍스트 데이터, 핸드폰 메시지, 이메일, 소셜 미디어 포스트, 이미지, 오디오, 비디오 등이 대표적 예이다.

비정형 데이터 분석은 비정형 데이터에 포함된 경영진, 투자자, 전문가, 기자, 일반 개인들의 의견을 체계적으로 수집하고 필터링해서 기업의 전망, 기업가치, 또는 주식가치와 관련된 숨어 있는 주제, 패턴, 추세, 감정, 무드, 네트워크 특성 등을 분류해 내는 과정이다. 정형적 재무 데이터 분석 결과를 보완하는 비계량적 정보를 추가로 끄집어내 직관을 반영한 이성적 의사결정을 유도하는 데 결정적 역할을 한다. 특히 텍스트마이닝은 텍스트 데이터에서 유의미한 정보를 추출하고 분석하는 방법으로, 주제모델링(Topic Modeling), 내용분석(Content Analysis), 맥락분석(Context Analysis), 센티먼트분석(Sentiment Analysis)을 포함한다.

텍스트마이닝을 하려면 먼저 분석할 데이터를 수집해야 한다. 즉, 기업의 각종 보고서 내 텍스트, 뉴스 기사, 소셜 미디어 게시물 등과 같은 텍스트 데이터를 모으는 것이 우선이다. 수집된 데이터는 불필요한 데이터를 제거하는 데이터 스크리닝 과정과 스크리닝한 데이터를 텍스트마이닝에 적합한 형태로 바꾸는 전처리 과정을 거친다. 전처리 과정을 통해 텍스트 데이터는 토큰화(예: 문장을 개별 단어나 문구로 분리, 문단을 개별 문장으로 분리), 텍스트 정규화(예: 소문자 변환, 불필요한 공백 제거, 특수문자 및 구두점 제거), 불용어(구체적인 정보나 의미를 담고 있지 않은 단어나 문구) 제거 등의 과정을 거쳐 텍스트마이닝에 적합한 상태로 정제된다.

분석 단계에서는 특정 목적에 맞는 텍스트마이닝 기법을 적용한다. 주제모델링 기법은 대규모 텍스트 집합에서 숨겨진 주제나 패턴을 식별해 확률분포와 함께 표시한다. 내용분석은 주제모델링으로 추출한 각 주제와 패턴을 세부적으로 분류하고 심층 분석한다. 맥락분석은 주제모델링과 내용분석이 제시한 주제와 세부 주제들을 다양한 맥락(예: 시간, 공간, 상황)에서 관찰하고 시사점을 도출해 낸다. 센티먼트분석은 텍스트의 감정적 성향을 일반적으로 긍정, 부정, 중립의 세 가지 카테고리로 분류해 텍스트에 생기를 불어넣는다.

텍스트마이닝에 쓰이는 대표적 인공지능 기술에는 자연어 처리(Natural Language Processing, NLP)와 머신러닝(Machine Learning) 방식이 있다. NLP는 인간의 언어를 이해하고 해석하는 컴퓨터 알고리즘이다. 주로 텍스트와 음성 데이터를 처리하고, 이해하며, 의미를 추출하고, 인간과 컴퓨터 간의 자연스러운 상호작용을 가능하게 하는 데 특화된 인공지능 기술이다. 머신러닝(기계학습)은 보다 다양한 유형의 데이터(예: 숫자, 이미지, 텍스트)를 분석하고 이해하는 데 적용된다. 정형과 비정형 데이터를 모두 처리할 수 있는 보다 광범위한 인공지능 기술이다. 패턴 인식, 예측 분석, 의사결정 지원 등에 중점을 둔다.

머신러닝의 주요 기법은 지도학습(Supervised Learning), 비지도학습(Unsupervised Learning), 강화학습(Reinforcement Learning)으로 나

뉜다. 지도학습은 인간이 시험 공부를 하는 것과 비슷하다. 시험에 대비하기 위해 예상 문제와 해답을 함께 공부하듯이 지도학습법을 사용하는 인공지능은 입력 데이터와 함께 레이블(Label)을 할당받는다. 예를 들어, 스팸 이메일을 분류하는 과업을 수행하기 위해 지도학습을 하는 경우, 인공지능은 스팸 여부 레이블(예: 스팸 또는 정상)이 표시된 다수의 이메일(입력 데이터)을 학습한다.

반면에, 비지도학습은 레이블이 없는 데이터에 숨겨진 패턴이나 구조를 인공지능 모델 스스로 찾아낸다. 퍼즐 맞추기와 비슷하다. 예를 들어, 고객 데이터에서 비슷한 구매 패턴을 보이는 고객 그룹을 찾는 경우, 데이터에는 아무런 레이블이 없지만 비지도학습 인공지능 모델은 데이터 자체에서 패턴을 발견할 수 있다. 강화학습은 시행착오를 통해 학습 목표를 달성하기 위한 최적의 행동 방식을 배우는 데 초점을 맞춘다. 비디오 게임 대회에서 경쟁을 하는 것과 비슷하다. 승리라는 목표를 달성하기 위해 여러 가지 시도를 하며 점수를 높이는(목표 달성에 도움이 되는) 행위는 보상받고 실점하면(목표 달성을 어렵게 하면) 페널티를 받는다. 이와 같이 강화학습 인공지능 모델은 취한 행동에 따라 보상과 페널티를 받으며 목표 달성에 적합한 행동 방식을 학습한다.

텍스트마이닝 기법을 활용한 분석이 끝나면, 그 결과를 해석하고 이를 통해 얻은 통찰력을 실제 의사결정 과정에 적용하는 과정을 거친다. 주제모델링을 통해 발견된 주제들은 특정 분야의 관심사나 핵심 이슈를 파악하는 데 도움이 되고, 내용분석과 맥락분석으로부터 얻은 결과는 투자 종목, 시장 무드, 소비 추세 등을 분석하는 데 유익하다. 주식이나 제품에 대한 소셜 미디어 리뷰가 주로 긍정적이라는 센티먼트분석의 판단은 주식 매매, 포트폴리오 전략, 제품 개발, 마케팅 전략, 고객 서비스 개선 등 다양한 경영 분야에서 의사결정을 지원한다.

각각의 비정형 데이터 분석법은 독립적으로 사용될 때도 강력한 효과를 발휘하지만, 통합 분석을 수행하면 데이터 속에 숨겨진 의미와 패턴을 더욱 명확하게 파악할 수 있다. 예를 들어, 텍스트마이닝을 활용해 사업보고서를 분석하면 기업의 미래 전망에 대한 중요한 인사이트를 얻을 수 있다. 먼저, 주제모델링을 통해 사업보고서의 주요 주제(예: 재무 성과, 리스크 관리, 신제품 개발)를 식별한다. 그런 다음, 내용분석으로 '재무 성과' 주제 내에서 '매출'과 '매출 증가' 같은 주요 키워드와 패턴을 발견하면, 이는 기업의 수익성이 개선되고 있음을 시사한다. 이어서 맥락분석으로 '매출 증가' 패턴의 사용 맥락을 분석해 매출 증가가 '신제품 출시로 인한 매출 증가'로 밝혀진다면, 이는 기업의 성장 전략과 시장 확장 가능성을 평가하는 데 유용하다.

또한 센티먼트분석으로 사업보고서 내 각 주제와 관련된 감정적 반응을 분석할 수 있다. 예를 들어, '재무 성과' 주제 내에서 긍정적 감정이 많이 나타나면 이는 경영진이 기업의 재무 상태를 긍정적으로 평가하고 있음을 의미한다. 반면, 부정적 감정이 많이 나타난다면 이는 우려나 불안감을 반영한다. 이처럼 주제모델링, 내용분석, 맥락분석, 센티먼트분석을 결합하여 기업의 사업보고서를 분석하면, 기업의 전략적 방향, 재무 성과의 주요 요인, 그리고 그에 대한 내부 및 외부의 감정적 반응 등을 종합적으로 이해할 수 있다. 이러한 다각적 분석은 더 나은 의사결정과 전략 수립에 기여하며, 기업가치평가의 정확성을 높이고, 미래 성과 예측을 개선하는 역할을 한다.

주제모델링

주제모델링은 대규모의 텍스트 데이터에 숨겨진 주제 패턴을 발견하는 분석 방법이다. 문서 집합 내의 키워드 분포를 분석하여 문서들이 다루고 있는 주제들을 자동으로 추출한다. 주제모델링에서 가장 널리 사용되는 대표적인 알고리즘은 잠재 디리클레 할당(Latent Dirichlet Allocation, LDA)이다. 이는 머신러닝 기법 중 비지도학습 방식에 속한다.

LDA는 주어진 문서에 내재된 주제를 찾기 위해 확률적 모형을 활용한다. 하나의 문서가 여러 주제의 혼합으로 이루어져 있으며, 각 주제는 특정 단어들의 확률 분포로 표현된다는 기본 가정을 따른다. LDA는 문서 · 주제 분포와 주제 · 단어 분포라는 두 가지 핵심 구성 요소를 갖고 있다. 문서 · 주제 분포는 각 문서가 여러 주제로 이루어져 있으며, 각 주제가 특정 확률로 문서 내에 분포하는 것을 의미한다. 주제 · 단어 분포는 각 주제가 여러 단어로 구성되며, 각 단어가 특정 확률로 해당 주제 내에 나타나는 것을 뜻한다.

주제모델링은 다양한 분야에서 활용될 수 있다. 우리의 관심은 기업이나 자산 분석이므로 주제모델링으로 기업의 연례 보고서를 분석한다고 가정해 보자. LDA를 사용하여 주요 주제를 추출하면, 디지털 전환, 클라우드 컴퓨팅, 빅데이터 분석과 같은 주제나 재무 성과, 매출 성장, 비용 절감과 같은 주제가 도출될 수 있다. 또한 고객 서비스, 고객 만족도, 서비스 개선과 같은 주제가 나타날 수도 있다. 이러한 주제는 보고서 내에서 반복적으로 언급되는 단어 패턴을 기반으로 추출된다. 이를 통해 기업의 중점 사업 분야나 전략적 우선순위를 파악할 수 있으며, 분석 결과는 기업의 향후 계획 수립에 유용한 정보를 제공한다.

주제모델링은 또한 트위터나 페이스북과 같은 소셜 미디어 데이터를 분석하여 사람들이 주로 이야기하는 주제를 파악하고, 이를 통해 대중의 관심사나 트렌드를 이해할 수 있다. 고객 리뷰나 설문조사를 분석하여 제품이나 서비스에 대한 주요 주제를 도출하고, 고객의 의견을 체계적으로 이해할 수 있는 것도 주제모델링의 또 다른 활용 사례다.

의료 분야에 대한 최신 연구 동향을 파악하는 데도 유용하다. 먼저, 의료 관련 학술 논문의 데이터베이스에서 텍스트 데이터를 수집한다. 이 데이터는 전처리 과정을 거쳐 모델에 적합한 형태로 변환된다. 그 후, LDA를 적용하여 각 논문에서 다루고 있는 주제들을 추출한다. 분석 결과로부터 '유전자 치료', '인공지능 진단', '면역 치료법'과 같은 주제들이 도출되고, 이는 해당 분야에서 중요하게 다루어지는 연구 주제와 트렌드를 보여 준다. 결론적으로, 주제모델링은 비정형 데이터에 숨겨진 체계적인 구조를 밝혀내어 데이터의 의미를 보다 깊이 있게 이해하고, 이를 바탕으로 전략적 의사결정을 지원하는 강력한 도구다.

내용분석

내용분석은 텍스트의 명시적인 내용이나 정보를 분석하는 방법으로, 주로 텍스트에서 언급된 주제들의 빈도, 패턴, 추세를 조사해 데이터의 특성을 파악한다. 즉, 텍스트에서 특정 주제(예: 단어, 문구)가 얼마나 자주 등장하는지를 계산하고 특정 패턴이나 추세를 형성하는지를 파악해 기업가치나 자산 가치에 어떤 영향을 미칠지 판단한다. 내용분석은 NLP 기술을 활용해 텍스트 데이터에서 주요 키워드를 추출하고 키워드에 대한 세부 분석을 수행한다. 여기서 키워드 추출은 주제모델링에서 주제 도출과 동일한 과정이라고 봐도 무방하다. 예를 들어, 기업의 연간보고서 내 텍스트로부터 '성장', '혁신', '지속 가능성' 같은 키워드를 빈도수와 함께 추출해 보여 주고, 더불어 각 키워드와 관련된 세부 사항(예: 성장 동력, 혁신 사례와 성패 여부, 지속 가능성 기여 및 방해 요소)도 밝혀낸다. 이를 통해 투자자는 기업이 강조하는 전략적 방향성이나 중점을 두고 있는 분야를 심도 있게 파악할 수 있다.

주제모델링은 대량의 문서에서 주요 주제를 도출하는 데 특화된 텍스트 마이닝 기법이고 내용분석은 주요 주제와 관련된 문장이나 단락의 구체적인 내용을 이해하는 데 초점을 맞춘다. 따라서 내용분석은 주제모델링 이후에 실행하면 더욱 효과적이다. 주제모델링을 통해 도출된 주요 주제를 확인한 후 내용분석을 통해 각 주제와 관련된 문장이나 단락을 수집하고, 이들의 문맥(앞뒤 문장이나 단락의 연결 상태)상 의미를 분석하여 주요 주제와 연관성이 높은 세부 주제를 분류한다. 다양한 범주로 분류된 세부 주제들을 통해 텍스트 안에 숨어 있는 주요 패턴이나 추세를 식별할 수 있다.

주제모델링처럼 내용분석도 다양한 분야에서 중요한 역할을 한다. 예를 들어, 한 기업의 사업보고서를 분석할 때, 주제모델링을 통해 '디지털 전환', '재무 성과', '고객 서비스'와 같은 주요 주제를 도출하면, 이후 내용분석을 통해 '디지털 전환' 주제 내에서 '클라우드 컴퓨팅', '빅데이터 분석', '인공지능 도입'과 같은 세부 주제를 구분해 낸다. 이러한 세부 주제는 디지털 전환이라는 주요 주제의 패턴, 방향, 추세 등 세부 내용을 제공하여 기업이 구체적으로 어떤 디지털 전환 전략을 채택하고 있는지를 이해하는 데 도움을 준다. 이를 통해 기업의 중점 사업 분야나 전략적 우선순위를 파악할 수 있으며, 분석 결과는 기업가치평가나 기업의 향후 계획 예측에 관한 유용한 정보를 제공한다.

또 다른 예로 고객 피드백 분석을 들 수 있다. 한 기업이 자사의 제품과 서비스에 대한 고객 피드백을 수집한다고 가정해 보자. 주제모델링을 통해 '제품 품질', '고객 서비스', '가격 정책'과 같은 주요 주제를 도출한 후, 내용분석을 통해 각 주제에 대한 세부적인 내용을 파악한다. '제품 품질'이라는 주제 내에서 고객들이 언급하는 구체적인 문제점이나 칭찬, '고객 서비스'에 대한 불만이나 긍정적인 경험, '가격 정책'에 대한 다양한 의견들을 세부적으로 분류하고 분석한다. 이를 통해 기업은 고객의 요구와 기대를 더 잘 이해하고, 이를 반영한 개선 전략을 수립할 수 있다.

의료 데이터 분석에서도 내용분석이 차지하는 비중이 크다. 병원에서 환자들의 진료 기록과 의사들의 메모를 분석하는 경우, 주제모델링을 통해 '진단', '치료', '예후'와 같은 주요 주제를 도출한 후, 내용분석을 통해 각 주제의 세부 내용을 분석할 수 있다. '진단' 주제 내에서 특정 질병에 대한 진단 방법과 결과를 세부적으로 분류하고, '치료' 주제에서는 다양한 치료 방법과 그 효과를 분석할 수 있다. '예후' 주제에서는 환자의 회복 경과와 관련된 세부 정보를 파악할 수 있다. 이를 통해 병원은 의료 서비스의 질을 향상하고, 환자 맞춤형 치료 방안을 개발하는 데 필요한 구체적인 데이터를 확보할 수 있다.

내용분석은 이처럼 다양한 분야에서 주제모델링의 결과를 더 깊이 이해하고, 세부적인 인사이트를 도출하는 데 중요한 역할을 한다. 이를 통해 비정형 데이터에서 더 풍부하고 유의미한 정보를 추출하고, 데이터 기반의 의사결정을 지원한다.

맥락분석

맥락분석은 텍스트가 생성된 배경, 즉 시간적 · 공간적 · 상황적 맥락을 고려하여 텍스트의 의미를 해석하는 방법이다. 내용분석에서의 맥락이 텍스트 전후나 텍스트 전반의 미시적이고 피상적 맥락을 의미한다면, 맥락분석에서의 맥락은 이보다 거시적이고 심층적이다. 맥락분석은 텍스트 자체의 내용뿐만 아니라, 그 텍스트가 작성된 시기, 장소, 사회적 · 문화적 · 정치적 배경 등을 함께 고려하여 텍스트의 깊은 의미를 해석한다. 맥락분석은 주제모델링과 내용분석을 통해 도출된 주제와 세부 주제들의 패턴과 추세를 맥락을 통해 보다 심층적으로 이해하는 과정이기도 하다. 주제모델링이 주요 주제를 추출하고, 내용분석이 이를 세부적으로 분류하고 깊이 이해하는 데 초점을 맞춘다면, 맥락분석은 이러한 주제들이 시간, 공간, 상황에 따라 어떻게 변화하고 상호작용하는지를 분석한다.

다시 사업보고서에 대한 텍스트마이닝 분석을 시도해 보자. 먼저, 주제모델링을 통해 '디지털 전환', '재무 성과', '고객 서비스'와 같은 주요 주제를 식별한다. 이후 내용분석을 통해 '디지털 전환' 주제 내에서 '클라우드 컴퓨팅', '빅데이터 분석', '인공지능 도입'과 같은 세부 주제를 파악한다. 맥락분석은 이러한 주제와 세부 주제들이 시간에 따라 어떻게 변화하는지, 특정 조건에서 어떤 패턴을 보이는지를 심층적으로 분석한다. 예를 들어, '디지털 전환' 주제에 대해 5년간의 사업보고서를 분석한다고 가정해 보자. 맥락분석을 통해 '디지털 전환' 주제가 처음에는 '클라우드 컴퓨팅'에 집중되었지만, 시간이 지나면서 '빅데이터 분석'과 '인공지능 도입'으로 확장되었음을 확인할 수 있다. 또한 특정 시점에서 '디지털 전환'이 기업의 주요 전략으로 부각되었고, 이로 인해 재무 성과가 어떻게 변했는지 파악할 수 있다. 이를 통해 기업의 디지털 전환 전략이 시간에 따라 어떻게 발전하고 있는지를 심층적으로 이해하게 된다.

마케팅 팀이 자사의 브랜드에 대한 소셜 미디어 언급을 분석한다고 상상해 보자. 주제모델링을 통해 '브랜드 인식', '제품 리뷰', '고객 참여' 등의 주요 주제를 도출한 후, 내용분석을 통해 각 주제의 세부 내용을 파악한다. 맥락분석을 통해 이러한 주제들이 시간에 따라 어떻게 변화하고 있는지를 분석하면, 예를 들어 특정 시점에 '브랜드 인식' 주제와 관련된 부정적인 언급이 급증했음을 발견할 수 있다. 이를 통해 그 시점에서 무슨 일이 있었는지를 조사하고, 브랜드 인식에 영향을 미친 사건이나 캠페인을 분석하고 대책을 마련할 수 있다.

다른 텍스트마이닝 기법과 마찬가지로 의료 데이터 분석에 맥락분석을 적용할 수 있다. 주제모델링으로 환자들의 진료 기록과 의사들의 메모를 분석한 후 '진단', '치료', '예후'와 같은 주요 주제를 도출하고, 내용분석을 통해 각 주제의 세부 내용을 파악한 경우를 다시 상정해 보자. 맥락분석은 이러한 주제들이 시간에 따라 어떻게 변화하고 있는지를 분석한다. 예를 들어, '치료' 주제에서 특정 치료 방법이 시간이 지나면서 어떻게 변화했는지, 새로운 치료법 도입 후 환자들의 예후가 어떻게 달라졌는지를 분석할 수 있다. 이를 통해 병원은 치료 방법의 효과를 시간적 맥락에서 평가하고, 향후 치료 방침을 개선하는 데 필요한 정보를 수집한다.

요약하면, 맥락분석은 주제모델링과 내용분석의 결과를 바탕으로 주제와 세부 주제들의 시간적 · 공간적 · 상황적 맥락을 심층적으로 분석함으로써, 텍스트 데이터의 의미를 더 깊이 이해하고, 보다 정교한 의사결정을 지원한다. 주제모델링이나 내용분석이 텍스트의 '무엇'에 초점을 맞춘다면, 맥락분석은 '왜'와 '어떻게'에 대한 깊이 있는 이해를 추구한다. 세 분석법은 서로 보완적인 관계에 있으며, 함께 사용될 때 더욱 풍부하고 다층적인 텍스트 분석 결과를 제공한다는 점을 기억하자.

센티먼트분석

센티먼트분석은 NLP 기술을 활용해 텍스트 내에서 긍정적, 부정적, 중립적인 감정이나 태도를 감지 · 추출 · 분류하는 텍스트마이닝 기법이다. 정기적인 기업 보고서뿐만 아니라 기업 및 주식 관련 뉴스 보도, 소셜 미디어 게시글, 소비자 리뷰, 투자자 포럼 등에 내재된 심리적 · 감정적 상태를 분석하는 능력이 탁월하다. 여기서 감정이란 미시적 의미의 감정(Emotion, 기쁨,

슬픔, 분노, 우울 등 자극에 대한 반응으로 나타나는 정서적 표현)이 아니라 거시적 의미의 감정, 즉 센티먼트(Sentiment)이다. 센티먼트는 미시적 감정과 같이 구체적으로 표현되지 않고 집단이나 시장의 저변을 지배하는 정서적 흐름을 가리킨다. 센티먼트분석에서 언급되는 감정은 거시적 감정이라는 점을 기억하자.

다른 텍스트마이닝 기법과 마찬가지로 센티먼트분석도 데이터 수집과 전처리 과정을 거친다. 전처리 과정은 데이터의 일관성을 높이고 분석의 정확성을 향상하기 위한 필수적 절차다. 이를 통해 텍스트 데이터를 정제하고, 모델 학습에 적합한 형식으로 변환할 수 있다. 전처리된 데이터에는 레이블을 지정한다. 예를 들어, 긍정적인 감정을 나타내는 텍스트(예: A사의 주가가 급등할 것으로 예상된다)는 '1', 부정적인 텍스트(예: A사의 분기 실적이 저조했다)는 '-1', 중립적인 텍스트(예: A사의 주가는 보합세를 보이고 있다)는 '0'으로 레이블이 지정된다.

다음으로, 센티먼트분석 모델을 훈련시킨다. 훈련된 모델을 평가하기 위해 학습되지 않은 새로운 데이터로 모델을 검증한다. 모델이 성공적으로 학습되고 예측 성능이 검증되면, 실시간으로 새로운 텍스트 데이터를 분석하는 데 사용한다. 예를 들어, 특정 기업에 대한 새로운 뉴스 기사가 발표되면, 모델은 해당 기사가 긍정적인지, 부정적인지, 중립적인지를 분석하여 투자 전략에 반영한다.

기업은 신제품 출시 후 소비자의 반응을 파악하기 위해 센티먼트분석을 수행할 수 있다. 소셜 미디어, 온라인 리뷰 사이트, 포럼 등에서 수집한 사용자의 피드백 데이터는 센티먼트분석을 통해 긍정적 · 부정적 반응으로 분류된다. 이 데이터를 분석한 결과, 대부분의 리뷰에서 긍정적인 감정이 드러나는 경우, 이는 제품이 시장에서 좋은 반응을 얻고 있음을 나타낸다. 반대로, 부정적인 감정이 우세하면 제품의 품질이나 마케팅 전략에 문제가 있음을 시사한다. 센티먼트분석은 주식 투자에도 적용이 가능하다. 소셜 미디어, 온라인 리뷰 사이트, 포럼 등에서 특정 주식에 대한 투자자의 감정을 분류해 투자 결정에 활용할 수 있다. 즉, 긍정적 감정이 우세하면 매입, 부정적 감정이 우세하면 매도 결정을 내릴 수 있다.

또한 센티먼트분석은 주제모델링, 내용분석, 맥락분석을 통해 파악한 사업보고서 내의 주제, 세부 주제, 패턴, 추세, 거시적 맥락에 대한 내부 및 외부의 반응이 어떠한지를 종합적으로 이해하는 데 큰 도움을 준다. 감정은 생각과 행동을 주도하는 통제 센터와 비슷하기 때문이다. 센티먼트분석은 대규모의 텍스트 데이터에서 의미 있는 감정적 속성을 신속하게 파악할 수 있도록 해 준다. 이를 통해 기업은 시장의 변화와 소비자의 반응을 더 빠르고 정확하게 이해할 수 있고 투자자는 재무 데이터에서 찾아볼 수 없는 숨어 있는 소중한 정보를 획득해 투자 타이밍을 최적화할 수 있다. 결론적으로, 비정형 데이터 분석법은 현재와 미래의 전략적 방향성, 시장의 반응, 경영진의 의사결정 등을 종합적으로 분석하여 보다 포괄적인 기업 평가를 가능하게 하고, 이를 통해 투자자와 경영진은 보다 균형 잡힌 시각에서 기업을 평가하고, 더 나은 의사결정을 내릴 수 있게 된다.

핀테크 6단계 분석

주제모델링, 내용분석, 맥락분석, 센티먼트분석 기법을 활용하여 삼성전자의 사업보고서를 분석해 보자. 분석 결과가 시간에 따라 어떻게 변하는지 살펴보기 위해 2022년과 2023년의 사업보고서를 동시에 참조하여 텍스트 마이닝을 진행한다. 분석은 주제모델링, 내용분석, 맥락분석, 센티먼트분석의 순으로 진행한다. 주제모델링으로 사업보고서 텍스트에서 주요 주제와 상대적 확률을 도출해 보자.

"삼성전자의 2022년과 2023년도 사업보고서(두 개 PDF 파일)야. 모든 사업보고서의 텍스트를 꼼꼼히 빠짐없이 읽고 주제모델링 분석을 수행해 줘. 분석은 반드시 삼성전자의 기업가치 증대와 연관 지어서 수행해 줘. 즉, 삼성전자 기업가치에 영향을 미치는 주요 주제를 추출해 줘. 주제를 도출해 제시할 때 통계치(상대적 확률)와 그에 대한 간단한 설명도 꼭 함께 포함해 줘. 2년치 텍스트 데이터니까 연도별로 주요 주제의 통계치 변화를 보여 주고 그 의미도 해석해 줘."

분석 과정 요약

- 텍스트 추출 및 전처리
    - 삼성전자의 2022년과 2023년 사업보고서에서 필요한 텍스트 데이터를 추출했습니다. 이 데이터는 사업 개요, 주요 제품 및 서비스, 경영진의 의견, 연구개발활동, 위험관리 등의 핵심 섹션에서 가져왔습니다.
    - 추출된 텍스트를 주제모델링에 적합하게 만들기 위해 전처리 작업을 수행했습니다. 이 과정에서는 불필요한 문구를 제거하고, 표제어 추출 및 불용어 제거를 통해 텍스트를 정제했습니다.
- 주제 모델링: Latent Dirichlet Allocation(LDA)
    - 전처리된 텍스트를 LDA(Latent Dirichlet Allocation) 알고리즘으로 분석하여, 문서에 잠재적으로 존재하는 주제를 추출했습니다. LDA는 문서 내에서 공통적으로 나타나는 주제를 파악하여, 각 주제에 대한 키워드와 중요도를 계산합니다.
    - 각 연도별 사업보고서에서 주요 주제를 도출하기 위해 여러 주제를 설정하고, 그 주제들의 상대적 중요도를 분석했습니다.
- 주요 주제 도출
    - 도출된 주제 중 삼성전자 기업가치에 중요한 영향을 미칠 것으로 판단되는 주요 주제를 선정했습니다. 이 주제들은 메모리 반도체, 스마트폰 및 모바일 기기, 디스플레이 패널, 전장 부품 및 오디오 시스템, 글로벌 시장 위험 관리로 구성됩니다.
    - 각 주제의 연도별 상대적 확률을 계산하여, 두 해에 걸친 중요성 변화를 분석했습니다.

해석 주제의 상대적 중요도와 연도별 변화를 분석하여, 삼성전자의 기업가치에 미치는 영향을 해석했습니다. 분석 결과는 각 주제의 비즈니스 및 시장 상황과의 연관성을 고려하여 도출되었습니다.

분석 결과

메모리 반도체(Memory Semiconductor)

- 2022년 상대적 확률: 32%
- 2023년 상대적 확률: 26%
- 설명: 메모리 반도체는 삼성전자의 주요 사업 부문으로, DRAM, NAND Flash 등의 제품이 포함됩니다. 2022년에는 반도체 시장의 성장에 따라 매출 기여도가 높았으나, 2023년에는 시장의 둔화와 글로벌 경제 상황 악화로 인해 상대적 중요도가 감소했습니다.

스마트폰 및 모바일 기기(Smartphones and Mobile Devices)

- 2022년 상대적 확률: 28%
- 2023년 상대적 확률: 30%
- 설명: 갤럭시 시리즈를 포함한 스마트폰과 모바일 기기는 삼성전자의 주요 수익원입니다. 2023년에는 갤럭시 S23 시리즈와 같은 신제품 출시가 매출에 긍정적인 영향을 미쳤으며, 모바일 기기의 중요성은 더욱 강조되었습니다.

디스플레이 패널(Display Panels)

- 2022년 상대적 확률: 20%
- 2023년 상대적 확률: 18%
- 설명: 삼성 디스플레이의 OLED 패널은 스마트폰과 TV 등에 사용되며, 2022년과 2023년 모두 꾸준한 중요성을 유지했습니다. 그러나 시장 변화로 인해 상대적 중요성은 소폭 감소했습니다.

전장부품 및 오디오 시스템(Automotive Components and Audio Systems)

- 2022년 상대적 확률: 12%
- 2023년 상대적 확률: 14%
- 설명: Harman을 통해 제공되는 전장부품과 오디오 시스템은 삼성전자의 성장 분야로, 특히 2023년에는 전장부품의 성장세가 두드러졌습니다.

글로벌 시장 위험 관리(Global Market Risk Management)

- 2022년 상대적 확률: 8%
- 2023년 상대적 확률: 12%
- 설명: 삼성전자는 환율 변동, 신용위험, 유동성 위험 등 글로벌 금융 시장에서 발생할 수 있는 다양한 위험을 관리하고 있습니다. 2023년에는 특히 글로벌 경제의 불확실성이 커지면서 이러한 위험 관리의 중요성이 더욱 부각되었습니다.

연도별 주요 주제 통계치 변화 해석

- 메모리 반도체와 디스플레이 패널의 중요성은 2023년에 다소 감소했으나 여전히 삼성전자의 핵심 주제로 남아 있습니다. 이는 글로벌 시장에서의 반도체와 디스플레이 패널 가격 변동 및 수요 변화와 관련이 깊습니다.
- 반면 스마트폰 및 모바일 기기와 전장부품의 중요성은 상승했습니다. 이는 삼성전자가 모바일 시장에서의 리더십을 유지하고 있으며, 전장부품 시장에서도 성과를 내고 있음을 반영합니다.
- 글로벌 시장 위험 관리의 중요성이 증가한 것은 2023년의 경제적 불확실성 증가와 이에 대한 삼성전자의 대응 노력이 반영된 결과입니다.

이어 내용분석과 맥락분석을 차례로 수행한다.

"내용분석을 수행해 줘. 주제모델링에서 도출한 각 주요 주제별 세부 주제를 뽑아 주고 통계치(확률)도 함께 제공해 줘. 2년치 텍스트 데이터니까 연도별로 세부 주제의 통계치 변화를 보여 주고 그 의미도 해석해 줘."

분석 과정 요약

- 텍스트 데이터 준비: 삼성전자의 2022년과 2023년 사업보고서에서 주제모델링을 통해 도출된 주요 주제와 연관된 텍스트를 추출하여 분석 대상으로 삼았습니다.
- 세부 주제 도출: 각 주요 주제(메모리 반도체, 스마트폰 및 모바일 기기, 디스플레이 패널, 전장부품 및 오디오 시스템, 글로벌 시장 위험 관리)에 대해 세부 주제를 추출했습니다. 이 과정에서 자주 언급된 키워드와 문맥을 기반으로 세부 주제를 선정했습니다.

- 상대적 확률 계산: 도출된 세부 주제에 대해, 각 주제가 전체 주제 내에서 차지하는 상대적 확률을 계산했습니다. 이를 통해 각 세부 주제가 해당 주요 주제 내에서 어느 정도의 비중을 차지하는지 파악했습니다.
모든 세부 주제의 확률 합이 100%가 되도록 비율을 조정하여, 주제 간 중요도를 정확히 반영했습니다.
- 연도별 비교 분석: 2022년과 2023년의 각 세부 주제별 확률을 비교하여, 연도별로 주요 주제와 세부 주제의 중요성이 어떻게 변화했는지를 분석했습니다. 이를 통해 시장의 변화와 삼성전자의 전략적 대응을 이해했습니다.

주요 주제별 세부 주제와 통계치

- 메모리 반도체(Memory Semiconductor)
    - 세부 주제 1: DRAM
        - 2022년 확률: 50%
        - 2023년 확률: 50%
    - 세부 주제 2: NAND Flash
        - 2022년 확률: 35%
        - 2023년 확률: 33%
    - 세부 주제 3: 고부가 솔루션
        - 2022년 확률: 15%
        - 2023년 확률: 17%

분석 결과 해석

- 메모리 반도체
DRAM과 NAND Flash는 여전히 삼성전자의 핵심 기술이며, 시장의 변화에도 불구하고 꾸준한 중요성을 유지하고 있습니다. 특히 고부가 솔루션의 중요성이 2023년에 증가한 것은 삼성전자가 새로운 기술과 차별화된 제품을 통해 시장을 지배하려는 전략과 일치합니다.
- 스마트폰 및 모바일 기기
프리미엄 스마트폰의 비중이 높아지고 있으며, 이는 삼성전자가 고급 제품군에 집중하고 있음을 보여 줍니다. 동시에 중저가 스마트폰의 중요성도 증가하고 있어, 글로벌 시장의 다양한 소비자층을 타깃으로 한 전략이 성공하고 있음을 나타냅니다. 웨어러블 기기의 비중이 다소 줄어들었으나, 여전히 시장에서 중요한 역할을 하고 있습니다.

- 디스플레이 패널

  OLED 패널은 여전히 가장 중요한 세부 주제이지만, 폴더블 디스플레이의 비중이 크게 증가한 것은 삼성전자가 혁신적인 디스플레이 기술을 통해 새로운 시장을 창출하고 있음을 의미합니다. 대형 패널의 비중이 약간 감소했지만, 프리미엄 TV 시장에서는 여전히 중요한 역할을 하고 있습니다.

- 전장부품 및 오디오 시스템

  디지털 콕핏과 텔레매틱스는 전장부품 부문에서 점점 더 중요한 역할을 하고 있으며, 이는 커넥티드카 시장의 성장과 직접적으로 연결됩니다. 오디오 시스템의 중요성은 약간 감소했지만, 여전히 삼성전자의 전장부품 사업에서 중요한 구성 요소입니다.

- 글로벌 시장 위험 관리

  환율 변동 관리와 유동성 위험 관리가 더 큰 비중을 차지하면서, 삼성전자가 글로벌 경제 불확실성에 대비하고 있음을 나타냅니다. 신용위험 관리는 약간의 비중 감소를 보였으나, 여전히 중요한 위험 관리 요소로 남아 있습니다.

모든 주요 주제와 세부 주제를 포함한 내용분석의 결과가 너무 길어 첫 번째 주요 주제인 메모리 반도체의 세부 주제와 상대적 확률 외의 다른 주제와 확률 분포는 생략했다. 하지만 분석 과정 요약과 분석 결과 해석은 모든 주요 주제와 세부 주제를 포괄한 내용이다.

"맥락분석을 수행해 줘. 주제모델링과 내용분석에서 도출한 주요 주제와 세부 주제가 시간적, 공간적, 상황적 맥락에서 어떻게 변하는지 상세히 분석하고 그 의미를 정확히 설명해 줘."

내용분석과 마찬가지로 분석 과정과 결과 해석은 모든 주제에 적용되는 내용이고 맥락별 분석은 첫 번째 주요 주제인 메모리 반도체에 관한 내용만 제시한다. 다른 주요 주제와 관련된 맥락분석 결과는 프롬프트를 직접 실행해 확인하기 바란다.

분석 과정 요약

- 시간적 맥락(Time Context)
  2022년과 2023년 사이에 주요 주제와 세부 주제가 어떻게 변화했는지를 분석했습니다. 이 과정에서 각 주제의 상대적 중요도 변화를 추적하고, 그 변화를 유발한 주요 요인을 파악했습니다.
- 공간적 맥락(Spatial Context)
  삼성전자가 사업을 운영하는 주요 시장(글로벌 시장, 지역별 시장)에서 주제와 세부 주제가 어떻게 다르게 나타나는지를 분석했습니다. 이는 특히 제품 라인업의 다양성, 시장 요구 사항, 지역별 경쟁 상황 등을 고려한 것입니다.
- 상황적 맥락(Situational Context)
  글로벌 경제 상황, 기술 혁신, 경쟁 환경 등 특정 상황이 주제와 세부 주제에 어떤 영향을 미쳤는지를 분석했습니다. 이를 통해 각 주제가 주어진 상황에서 어떻게 중요해졌거나 덜 중요해졌는지를 이해합니다.

주요 주제와 세부 주제의 맥락별 분석

메모리 반도체(Memory Semiconductor)

- 시간적 맥락
  2022년에는 DRAM과 NAND Flash의 중요도가 높았으나, 2023년에는 상대적 중요도가 감소했습니다. 이는 글로벌 반도체 시장의 공급 과잉과 수요 둔화, 가격 하락이 주된 요인입니다. 삼성전자는 이러한 변화를 반영하여 고부가 솔루션에 대한 투자를 지속하면서도, 새로운 성장 동력을 모색하고 있습니다.
- 공간적 맥락
  주요 시장인 미국, 중국, 유럽에서의 메모리 반도체 수요는 2022년과 2023년 사이에 상당한 차이를 보였습니다. 특히 미국과 중국 간의 기술 패권 경쟁이 삼성전자의 반도체 사업 전략에 영향을 미쳤습니다. 또한 삼성전자는 유럽 시장에서의 수요 변화를 반영해 지역별 맞춤 전략을 적용하고 있습니다.

- 상황적 맥락

  글로벌 경제 불확실성, 반도체 공급망 이슈, 미중 무역 갈등 등이 삼성전자의 메모리 반도체 전략에 큰 영향을 미쳤습니다. 2023년에는 이러한 상황에 대응하여 삼성전자는 기술적 우위를 유지하려는 전략을 강화하고, 공급망 다변화를 추진했습니다.

맥락분석 결과의 의미

- 시간적 맥락에서는 각 주제와 세부 주제의 중요도가 어떻게 변해 왔는지를 통해 삼성전자의 전략 변화와 시장 대응 능력을 파악할 수 있었습니다. 2023년에는 글로벌 경제 불확실성 증가와 기술 혁신의 중요성이 두드러졌으며, 이는 삼성전자가 지속적으로 혁신과 대응 전략을 강화하는 계기가 되었습니다.
- 공간적 맥락에서는 삼성전자가 글로벌 시장에서의 지역별 차이를 어떻게 관리하고 있는지를 이해할 수 있었습니다. 지역별로 다른 전략을 적용하면서도, 전반적인 기업가치를 증대시키기 위한 노력이 엿보입니다.
- 상황적 맥락에서는 글로벌 경제와 정치적 상황이 삼성전자의 기업 활동에 미친 영향을 분석했습니다. 특히 2023년에는 경제적 불확실성과 글로벌 경쟁의 심화가 삼성전자의 주요 사업 부문에 큰 영향을 미쳤으며, 이에 대응하기 위해 다양한 전략적 노력이 필요했습니다. 삼성전자는 이러한 상황에 대응해 리스크 관리와 혁신 전략을 강화하고 있으며, 이는 기업의 장기적인 성장을 뒷받침할 중요한 요소로 작용할 것입니다.

거시적 맥락은 적절히 표현되었지만 세부 주제와 관련해서는 좀 더 심층적인 맥락분석이 필요한 듯하다. "각 주요 주제의 세부 주제와 관련한 맥락분석을 심층적으로 수행해 줘."와 같은 프롬프트를 실행하면 손쉽게 추가 정보를 캐낼 수 있다.

이제 센티먼트분석으로 주제모델링, 내용분석, 맥락분석 결과에 숨은 감정을 드러내 보자.

"센티먼트분석을 주제모델링, 내용분석, 맥락분석 결과와 연관 지어 수행해 줘. 주제모델링, 내용분석, 맥락분석 결과를 긍정적, 부정적, 중립적 감정으로 분류하고 상대적 확률도 표시해 줘."

센티먼트분석 과정 및 결과

분석 과정 요약

- 데이터 준비
    - 주제모델링, 내용분석, 맥락분석에서 도출한 주요 주제 및 세부 주제에 대해 각 텍스트의 감정적 톤을 분석했습니다.
    - 텍스트는 긍정적, 부정적, 중립적 감정으로 분류되었습니다. 감정 분석은 각 주제와 세부 주제에서 나타나는 언어적 표현과 문맥을 고려하여 수행되었습니다.
- 확률 계산
  각 감정 유형(긍정적, 부정적, 중립적)에 대한 상대적 확률을 계산했습니다. 이를 통해 각 주제가 삼성전자의 기업가치에 어떤 방식으로 영향을 미치는지 분석했습니다.

주제 및 세부 주제별 센티먼트분석

- 메모리 반도체(Memory Semiconductor)
    - 긍정적 감정
        - 확률: 40%
        - 설명: 삼성전자의 메모리 반도체 기술력과 시장 점유율이 지속적으로 긍정적인 평가를 받았습니다. 특히 고부가 솔루션과 기술 혁신에 대한 언급은 주로 긍정적인 감정을 담고 있습니다.
    - 부정적 감정
        - 확률: 30%
        - 설명: 2023년의 수요 둔화와 가격 하락, 글로벌 반도체 공급 과잉이 부정적인 감정으로 나타났습니다. 이로 인해 매출 감소와 시장 불확실성에 대한 우려가 반영되었습니다.
    - 중립적 감정
        - 확률: 30%
        - 설명: 시장 상황 변화에 대한 중립적 평가가 포함되었습니다. 이는 시장 전반의 변동성을 반영하는 내용으로, 긍정적 또는 부정적 평가를 내리기 어려운 상황에 해당합니다.

- 세부 주제별 분석
    - DRAM

      긍정적 감정: 40%

      부정적 감정: 35%

      중립적 감정: 25%

      설명: 긍정적 감정이 주를 이루었으나, 2023년의 가격 하락과 수요 둔화로 인해 부정적인 평가도 있었습니다.
    - NAND Flash

      긍정적 감정: 38%

      부정적 감정: 32%

      중립적 감정: 30%

      설명: 기술적 우위를 인정받았으나, 시장의 과잉 공급과 가격 경쟁으로 인해 부정적 평가가 나타났습니다.
    - 고부가 솔루션

      긍정적 감정: 50%

      부정적 감정: 20%

      중립적 감정: 30%

      설명: 주로 긍정적인 평가를 받았으며, 이는 삼성전자가 차별화된 솔루션을 통해 시장에서 경쟁력을 유지하고 있음을 보여 줍니다.

센티먼트분석 결과 해석

- 메모리 반도체는 긍정적 평가가 다소 우세했으나, 2023년 들어 시장 불확실성과 수요 둔화로 인해 부정적 감정이 증가했습니다. 이는 삼성전자가 기술 혁신을 지속하더라도 외부 시장 요인에 의해 부정적 영향을 받을 수 있음을 시사합니다.
- 스마트폰 및 모바일 기기는 대체로 긍정적인 감정이 강하게 나타났으며, 특히 프리미엄 제품의 성공이 주요 원인입니다. 하지만 웨어러블 기기와 중저가 제품군에서는 시장 경쟁의 심화로 인해 일부 부정적 평가가 포함되었습니다.
- 디스플레이 패널은 OLED 및 폴더블 디스플레이 기술 혁신에 대한 긍정적 평가가 주를 이루지만, 시장 성숙도와 가격 경쟁 심화로 인해 부정적 감정도 무시할 수 없습니다. 삼성전자는 기술 주도권을 유지하기 위해 더욱 혁신에 집중할 필요가 있습니다.

- 전장부품 및 오디오 시스템은 커넥티드카 시장의 확장으로 인해 매우 긍정적인 평가를 받았으나, 일부 부문에서는 시장의 불확실성으로 인해 중립적이거나 부정적인 감정이 나타났습니다. 특히 오디오 시스템 부문은 중요성이 다소 감소했습니다.
- 글로벌 시장 위험 관리는 삼성전자의 철저한 관리 노력에도 불구하고, 2023년 들어 부정적 감정이 증가했습니다. 이는 글로벌 경제 상황의 불확실성에 기인하며, 삼성전자는 이러한 상황을 더욱 신중히 관리해야 할 필요가 있습니다.

핀테크 재무 분석에서 응용과 실습은 필수다. 생략된 주요 주제 네 가지(스마트폰 및 모바일 기기, 디스플레이 패널, 전장부품 및 오디오 시스템, 글로벌 시장 위험 관리) 관련 세부 주제도 반드시 직접 확인하는 과정을 거쳐야 한다. 마지막으로 네 가지 텍스트마이닝 분석의 결과를 종합해 삼성전자에 대한 투자 판단과 그에 대한 상세한 이유를 도출한다.

"네 가지 텍스트마이닝 분석(주제모델링, 내용분석, 맥락분석, 센티먼트분석) 결과를 토대로 내릴 수 있는 삼성전자에 대한 투자 판단(매입, 매도, 중립)을 내려 줘. 그리고 그러한 판단의 이유를 상세히 설명해 줘."

삼성전자에 대한 투자 판단: 매입(Buy)

판단 근거

주제모델링 결과

- 주요 주제: 메모리 반도체, 스마트폰 및 모바일 기기, 디스플레이 패널, 전장부품 및 오디오 시스템, 글로벌 시장 위험 관리 등
- 핵심 분석: 삼성전자는 여전히 메모리 반도체와 스마트폰 등 주요 부문에서 시장을 선도하고 있으며, 전장부품 부문에서의 성장이 두드러집니다. 이들 주요 주제는 삼성전자의 수익성과 미래 성장 가능성에 중요한 역할을 하고 있습니다.

내용분석 결과

- 세부 주제별 분석: DRAM, 프리미엄 스마트폰, OLED 패널 등 주요 세부 주제에서 여전히 강력한 시장 지위를 유지하고 있습니다. 특히 프리미엄 스마트폰과 전장부품 시장에서의 성장은 삼성전자의 기업가치를 증대시킬 것으로 예상됩니다.

- 분석 의미: 삼성전자는 혁신적 기술과 제품군으로 지속적인 성장을 이어 가고 있으며, 이는 장기적으로 긍정적인 수익 창출로 이어질 가능성이 큽니다.

맥락분석 결과

- 시간적 맥락: 2023년에도 삼성전자의 주요 사업 부문은 긍정적인 성장을 보여 주었으며, 특히 기술 혁신과 글로벌 시장 확대 전략이 효과를 보고 있습니다. 이는 삼성전자가 변화하는 시장 환경에 적응하며 지속적으로 성장하고 있음을 나타냅니다.
- 공간적 맥락: 글로벌 시장에서 지역별로 차별화된 전략을 통해 성공을 거두고 있으며, 특히 북미와 유럽 시장에서의 성과가 두드러집니다. 아시아와 중남미 시장에서도 중저가 제품의 성공을 통해 시장 점유율을 확대하고 있습니다.
- 상황적 맥락: 반도체 공급망 문제와 글로벌 경제 불확실성에도 불구하고, 삼성전자는 기술적 우위를 바탕으로 경쟁력을 유지하고 있으며, 다양한 위험 관리 전략을 통해 외부 환경의 부정적인 영향을 최소화하고 있습니다.

센티먼트분석 결과

- 긍정적 감정 우세: 주요 주제들에 대한 감정 분석에서 긍정적인 평가가 부정적인 평가보다 우세합니다. 특히 프리미엄 스마트폰과 전장부품 부문에서 긍정적인 성과가 돋보입니다.
- 부정적 감정 관리 가능성: 반도체 시장의 둔화와 일부 부정적인 요인들이 존재하지만, 삼성전자의 강력한 기술력과 시장 리더십은 이러한 부정적 영향을 완화할 수 있습니다. 또한 위험 관리 전략이 잘 구축되어 있어 장기적인 기업 안정성을 보장할 수 있습니다.

결론

- 매입 판단: 종합적으로 볼 때, 삼성전자는 다양한 핵심 사업 부문에서 긍정적인 성과를 보여 주고 있으며, 특히 전장부품과 프리미엄 스마트폰 시장에서의 성장은 미래 수익 창출에 중요한 역할을 할 것입니다. 또한 글로벌 시장에서의 강력한 위치와 탄탄한 위험 관리 전략은 삼성전자의 안정적인 성장을 뒷받침합니다.
- 투자 이유: 삼성전자는 기술 혁신, 글로벌 시장 확장, 그리고 신성장 동력 확보를 통해 장기적인 성장 가능성이 큽니다. 단기적으로 반도체 시장의 둔화와 같은 부정적 요인이 존재하지만, 이는 삼성전자의 전반적인 성장 궤도를 크게 바꾸지는 않

을 것입니다. 따라서 현재 시점에서 삼성전자는 매입하기에 좋은 투자 기회로 판단 됩니다.

처음부터 끝까지 챗GPT에 의존해 텍스트마이닝을 할 수도 있지만 기업가치와 관련한 주요 주제를 사용자가 제시한 후 내용분석, 맥락분석, 센티먼트분석을 차례로 수행해도 된다. 이 경우 사용자의 직관과 의도를 더욱 충실히 반영할 수 있고 인공지능의 주제 도출 오류를 사전에 방지하는 역할도 한다. 상황에 따라 융통성 있게 접근하면 된다.

Smart Financial Analysis
with ChatGPT

< / 맺는말 >

핀테크와 재무 분석의 융합은 전통적인 재무 분석을 혁신적으로 변화시키고 있다. 핀테크 재무 분석은 데이터를 디지털화하는 것을 넘어, 인공지능, 머신러닝, 딥러닝, 빅데이터 분석 등의 첨단 기술을 통해 재무 데이터의 수집, 정제, 분석, 해석 과정을 자동화하고 정교하게 만든다. 이러한 기술의 도입은 재무제표 분석, 가치평가, 포트폴리오 분석, 위험 분석 및 비정형 데이터 분석 등 재무 분석 모든 분야의 발전을 도모한다.

핀테크를 활용한 재무 분석의 긍정적 효과를 극대화하려면 다양하면서도 끊임없는 노력이 필수다. 첫째, 핀테크 도구의 결과물을 맹신하지 않고, 비판적인 시각으로 재검토하고 보완하는 습관을 길러야 한다. 둘째, 하루가 다르게 발전하는 핀테크 기술을 지속적으로 학습하고 최신 동향을 업데이트하며 혁신 기술과 도구를 효과적으로 활용할 수 있는 역량을 길러야 한다. 셋째, 다양한 핀테크 솔루션 간의 통합을 통해 데이터 분석의 효율성과 예측 정확성을 제고하는 것도 중요한 과제다. 넷째, 핀테크의 발전은 법적·윤리적 문제를 동반하므로, 데이터 프라이버시와 보안 문제를 해결하고, 공정하고 투명한 금융 서비스를 제공하기 위한 규제와 윤리적 기준을 확립해야 한다. 다섯째, 금융 전문가와 일반 사용자가 핀테크 분야를 심도 있게 이해하고 이를 일상과 실무에 자연스럽게 접목할 수 있도록 핀테크 맞춤형 교육과 훈련 프로그램을 꾸준히 개발해야 한다. 여섯째, 사용자 친화적인 인터페이스를 구축하여 누구나 쉽게 접근하고 활용할 수 있는 환경을 마련함으로써 핀테크 도구의 사용 편의성을 높여야 한다.

핀테크 재무 분석은 기업과 투자자 모두에게 새로운 기회와 성장 모멘텀을 제공한다. 투자의 세계에서 성공한 투자자로서의 삶을 경험하고자 한다면 핀테크 재무 분석은 반드시 거쳐야 할 핵심 코스다. 선택이 아닌 필수 덕목이며, 우연한 발견이 아닌 필연적인 만남이다. 핀테크 재무 분석가로서 첫발을 내디딘 여러분을 진심으로 응원하고 격려한다.